APRENDE UN IDIOMA
EN 7 DÍAS

RAMÓN CAMPAYO

APRENDE UN IDIOMA
EN 7 DÍAS

EDAF

PSICOLOGÍA Y AUTOAYUDA

MADRID - MÉXICO - BUENOS AIRES - SAN JUAN - SANTIAGO
2006

© 2006. Ramón Campayo
© 2006. De esta edición, Editorial Edaf, S. A., Jorge Juan, 30. 28001 Madrid

Diseño de la cubierta: Ricardo Sánchez

Editorial Edaf, S. A.
Jorge Juan, 30. 28001 Madrid
http://www.edaf.net
edaf@edaf.net

Edaf y Morales, S. A.
Oriente, 180, n.º 279. Colonia Moctezuma, 2da. Sec.
C.P. 15530 México D. F.
http://www.edaf-y-morales.com.mx
edafmorales@edaf.net

Edaf del Plata, S. A.
Chile, 2222
1227 Buenos Aires (Argentina)
edafdelplata@edaf.net

Edaf Antillas, Inc.
Av. J. T. Piñero, 1594
Caparra Terrace
San Juan, Puerto Rico (00921-1413)
edafantillas@edaf.net

Edaf Chile, S. A.
Huérfanos, 1178 - Of. 506
Santiago, Chile
edafchile@edaf.net

Mayo 2006

Depósito legal: M-20.017-2006
I.S.B.N.: 84-414-1810-1;   978-84-414-1810-3

PRINTED IN SPAIN   IMPRESO EN ESPAÑA
IBÉRICA GRAFIC, S. L.

«La mente no conoce ni *entiende* de resultados, pero sí *entiende* de ilusión y de disposición para realizar las cosas, eso es lo que la mueve. Pensar en obtener resultados la limitará, en cuanto a que solamente servirá para crear nerviosismo, tensión y miedo de no obtenerlos. Por tanto, enfoquémonos en la ilusión y el entusiasmo para realizar eso que queremos... Luego, los resultados vendrán solos.»

«Una persona que sabe usar su imaginación *siempre* encontrará ideas. Podrá solucionar problemas y ser feliz en la vida, porque *siempre* descubrirá alguna salida y *siempre* hallará algún consuelo.»

RAMÓN CAMPAYO

Índice

∾

Agradecimientos

～

No hace demasiado tiempo empecé a hacer mención sobre aprendizaje de los idiomas a aquellos alumnos que depositan su confianza en mí y asisten a alguno de mis cursos presenciales, y un poquito más tarde hice lo mismo en los cursos que ofrezco a través de Internet. Lo que comenzó siendo la mera mención de una técnica, pasó enseguida a ser algo de mucha expectación entre los asistentes, de forma que despertaba su interés y reclamaban más información al respecto.

Debido a ello, tuve que aumentar el tiempo dedicado a esta interesante materia, tan necesaria en los tiempos que corren y de paso tan necesitada. Al poco, el estudio de los idiomas se había convertido en uno de los platos fuertes de todos mis cursos, especialmente de los cursos presenciales. Muchos de mis alumnos dejaron de asistir a sus habituales academias de idiomas para ponerse a estudiar por su cuenta mediante un sistema de trabajo mucho más eficaz y entretenido que el que venían realizando habitualmente en sus centros, el cual describiré amplia y gustosamente en este libro.

Sé que alguno de ellos empezó a estudiar a la vez la friolera de ¡seis idiomas!, y al poco tiempo, en el foro del club de alumnos de mi página web, el aprendizaje de los idiomas pasó a ser, con mucho, la parte de él de mayor extensión, de más comunicación y, en definitiva, de más movimiento.

Gracias a esta respuesta, deseo dar prioridad en estos momentos al estudio de los idiomas, y a ellos dedico por tanto este libro, mi segundo libro.

Muchas gracias, queridos amigos, por compartir conmigo vuestra ilusión. Yo también he aprendido mucho de vosotros.

RAMÓN CAMPAYO

Introducción

❦

E L presente libro muestra la manera más efectiva de aprender cualquier idioma extranjero, incluso aunque el lector no tenga el menor conocimiento sobre él.

Con su lectura espero que lleguen a encantarle los idiomas incluso a aquellas personas que han tenido malas sensaciones mientras los estudiaban en la escuela, en academias, por libre o de cualquier otro modo. A aquellas que han llegado a pensar que estudiar un idioma es algo muy difícil, y que si no se consigue desde pequeño ya no podrá hacerse nunca más. Especialmente me gustaría dedicar el libro a los más desanimados, para que comprueben que tienen capacidad para esto y para mucho más, pues su mente y la de todos es ilimitada. Deseo demostrar que el principal secreto para aprender es adquirir una técnica que sea verdaderamente eficaz, que se adapte al funcionamiento de nuestra mente y que tenga en cuenta todos sus mecanismos automáticos e inconscientes.

Espero que el lector me dé la suficiente confianza como para empezar a leer este libro sin prisas, **por el principio y sin dejarse nada**. En los próximos capítulos empezarás a desarrollar una técnica de aprendizaje increíble que anulará enseguida cualquier sensación negativa que pudieses mantener respecto a una supuesta dificultad para el estudio de los idiomas, y que te hará progresar de un modo que ahora mismo ni te imaginas.

En definitiva, apuesto sinceramente a que a partir de hoy gustarán los idiomas a todas las personas de todas las edades. Creo también que este libro será una auténtica revolución mundial en el estudio de los idiomas, pues es aplicable a cualquier lengua, a cualquier país y a cualquier persona. También deseo encontrar, gracias a él, la ilusión y la satisfacción que se merecen todos mis lectores, una fenomenal subida de su autoestima, y que reconozcan y sean conscientes de la capacidad mental tan grande que sin duda tienen, la cual les ayudaré a mostrar y a aprovechar muy gustosamente mediante la lectura de las siguientes páginas.

Con este libro pretendo además desarrollar toda la capacidad de imaginación e inventiva de los lectores, así como una buena sensación de bienestar, para que de este modo mejoren aún más su rendimiento, pues ya sabemos que el sentimiento es el motor de nuestra fuerza mental.

A todos vosotros, a los niños, a los jóvenes y a los más mayores, os deseo mucha suerte y ¡¡hasta pronto!! Adiós. Auf Wiedersehen. Arrivederci. Au Revoir. Bye bye. Adeus. Paka. Hej då.

RAMÓN CAMPAYO

Aviso importante

⁓

A PRENDER un idioma correctamente es a menudo una tarea *task* muy larga y difícil para la mayoría de los estudiantes, los cuales descubren, tras varios años de estudio, que son incapaces de hablarlo con fluidez y de forma adecuada. *adequate*

Con el sistema de estudio que vamos a desarrollar en este libro, puedo asegurarte que, una vez lo hayas leído y comprendido, si haces todos los ejercicios y sigues las recomendaciones, conseguirás expresarte de manera fluida y eficaz en tan solo siete días de práctica; da igual el idioma que hayas elegido para ello.

Lógicamente, primero tienes que leer el libro y aprender a hacer las cosas adecuadamente, pues siempre habrá algún lector «prisas» que querrá hablar el idioma antes de empezar, tan ni siquiera haber completado satisfactoriamente el contenido del libro. Ciertamente, notarás muy pronto un progreso y un creciente interés muy importantes, pero ten paciencia y haz las cosas bien.

Para conseguir este objetivo, te haré una recomendación inicial que parece bastante obvia, pero que algunas personas no suelen cumplir, y eso sería algo desastroso en el estudio de este libro. Esta norma es tan sencilla como:

Leer el libro por orden, capítulo a capítulo.

Para que puedas controlar que, en efecto, así lo haces y que estudias avanzando adecuadamente sin dejarte atrás nada importante, verás al final del libro una sección llamada «Zona de control». Esta sección tiene unas casillas que tendrás que ir marcando por orden, de *boxes* forma que no puedes marcar una casilla determinada sin antes haber marcado la anterior.

La manera de cumplir este apartado es bien sencilla: marcas aquella casilla cuyo contenido hayas leído y cumplido.

Esta sección es también útil para que no te despistes en ningún caso y siempre sepas lo que tienes que hacer, pues a veces tendrás que volver sobre páginas ya leídas. Encontrarás más información en dicha sección.

Contarás también con otro interesante capítulo llamado «Ayuda», en el cual he intentado adelantar y contestar anticipadamente las dudas y preguntas que pudieran presentárseles a algunos lectores en determinados momentos.

Fiel a mi línea, el libro es sencillo de leer, está todo explicado con detalle y con muchos ejemplos para que puedas seguirlo fácilmente. Su lectura te ayudará especialmente a desarrollar importantes cualidades mentales tales como la concentración y la imaginación. Especialmente esta última, la cual constituye nuestra capacidad mental más importante. También mejorarás considerablemente tu memoria basal y tu capacidad de aprendizaje en general.

Una cuestión de confianza

∽

Es la Navidad del año 2005, una fría mañana del mes de diciembre, Ramón Campayo está trabajando en este libro y ya lo lleva muy avanzado. Se me ocurre que tengo algo importante que me gustaría deciros, a propósito de su técnica para aprender idiomas, que puede ser de utilidad y animar a muchos lectores. Por esta razón le dije a Ramón que me dejara escribir algunas palabras para que pudiera contar una experiencia personal. Ramón rápidamente guarda su trabajo en el ordenador y me abre un documento nuevo para que pueda escribir. Se levanta de la silla y me dice: «¡Adelante!».

Ahora estoy sola, frente a vosotros, y deseo contaros una experiencia personal increíble, digna de mención, y que de otro modo muy poquita gente conocería.

Cuando Ramón me dijo un día que iba a escribir un libro sobre la forma ideal de estudiar y de aprender un idioma, la idea me gustó mucho, en cuanto a que prácticamente todo el mundo tiene o quiere estudiar alguno en estos tiempos que corren, y pensé que sin duda sería muy bueno facilitar esta tarea a todos aquellos que vayan a estudiarlo.

Llevo diez años casada con Ramón y aunque tengo un pequeño negocio familiar de decoración en Albacete, suelo acompañarlo en sus viajes, en sus competiciones, en sus conferencias, en sus exhibiciones y en sus cursos. Así, hace unos años lo acompañé en su primer viaje a Alemania, un poquito antes de que consiguiese esos fantásticos 15 récords mundiales en noviembre del año 2003.

Tomamos el avión con destino a Múnich y, una vez habíamos despegado, Ramón sacó de una carpeta unas extrañas plantillas (como las que más adelante conoceréis) y un pequeño diccionario electrónico, al cual conectó unos auriculares que se los colocó en los oídos.

Aunque le he visto hacer cosas mucho más extrañas, le pregunté qué estaba haciendo, y me contestó que iba aprender alemán, porque la conferencia que tenía que dar esa misma tarde, al poco de llegar a Alemania, la quería dar en ese idioma.

En el acto me dio un súbito golpe de risa, pues Ramón no hablaba nada de alemán, ya que en la escuela estudió francés y sus conferencias acostumbra a darlas en inglés. *joke*

Le pregunto, un poco en son de guasa, que si va estar todo el viaje (de unas dos horas de duración) estudiando, y me dice que no, que tiene hambre, que piensa tomarse el menú que darán en el avión y que después se tomará el café tranquilamente.

Nunca he dudado de la capacidad de Ramón, ni tampoco de su técnica, pues lo he visto realizar hazañas increíbles con la mente, pero en esta ocasión pensé: «Chaladuras de genio». *Crazy ideas of a genius.*

Ramón estuvo bastante ocupado todo el viaje (salvo el tiempo empleado en el almuerzo) hasta unos diez minutos antes de aterrizar. En ese momento, y mientras recogía sus cosas, le pregunté que cómo se le había dado, y en tono algo bromista le dije también que si ya sabía hablar alemán, a lo que me contestó sonriendo que sí, que ya hablaba él suficiente.

Nos fuimos derechos al hotel, y casi acto seguido al lugar de la conferencia donde más adelante se celebraría el festival mundial de récords de Starnberg, y donde suelen participar algunos de los mejores memorizadores del mundo. Durante este tiempo, y hasta el momento de dar la conferencia, Ramón no repasó ni revisó documento alguno. Simplemente, y llegado el momento, inició su conferencia en alemán, y reconozco que me quedé con la boca abierta.

No sé bien qué decía, pero, evidentemente, yo escuchaba alemán. Recuerdo que Ramón me comentó que su primera frase sería decir al público, un poco en plan de broma: «Buenas tardes. Hablo muy bien alemán», para que estos se riesen. Y así sucedió cuando dijo esa frase. Pero la auténtica realidad fue que los asistentes escucharon con atención sus explicaciones y toda la conferencia hasta el final, momento en el que, para mi mayor sorpresa aún, el público empezó a preguntarle dudas o aclaraciones, y lo hicieron también en alemán, por supuesto.

Ramón entendía todas las preguntas que le decían, o a decir verdad, y para ser más precisa, casi todas, pues en un par de ocasiones tuvo que decirles cómo debían estructurar gramaticalmente las preguntas para que él las pudiese entender, lo cual cumplieron perfectamente a juzgar por cómo se desarrollaban los diálogos posteriormente.

Cuando terminó su conferencia, un asistente se puso en pie y le dijo a Ramón que le había gustado mucho lo que había escuchado, pero añadió:«Tienes que mejorar tu alemán», a lo cual Ramón le contestó: «Desde luego, pero dame algo más de tiempo». Esta persona del público, cayendo en la trampa que le había tendido Ramón con su respuesta anterior, le preguntó de nuevo: «¿Cuánto tiempo llevas estudiando esta lengua», a lo cual Ramón añadió: «Una hora y 45 minutos exactamente», lo que, como podéis figuraros, ocasionó una carcajada general, y por supuesto dejó con la boca abierta al chico que le acababa de preguntar eso.

Tras esta respuesta, y habiendo terminado la conferencia, sus declaraciones posteriores a los periodistas ya giraban solamente en torno a los idiomas, a cómo debían estudiarse y aprenderse. De hecho, en sus cursos presenciales sobre técnicas de estudio, de lectura rápida y de memorización, trata también sobre la manera ideal y más efectiva de aprender cualquier idioma, de forma que dedica a ello casi una hora de las veinte que consta cada curso, lo cual supone un tiempo de teoría y de práctica suficiente para que los alumnos se vayan muy motivados y con las ideas claras sobre cómo han de hacerse las cosas.

Cuando abandonamos el lugar de la conferencia le pregunté a Ramón que cómo lo había conseguido, que me lo había pasado muy bien, y me dijo que del mismo modo que memorizaba cientos de naipes en media hora, podía hacer lo mismo con cientos de palabras. Tras su respuesta le contesté que era más fácil saber decir «sota de bastos» o «siete de picas» que «treffen», o que «Gedächtnis», a lo cual me contestó que solamente si se pronunciaban aisladamente, pero que en un contexto, y a sabiendas de lo que vas a decir, una palabra te llevaba a la otra, al contrario de lo que sucede cuando se memorizan los naipes, ya que en este caso cada una tiene un orden azaroso y no existe ninguna relación entre ellas, por lo cual la cosa quedaba compensada.

Que nadie piense que Ramón se aprendió el texto de su conferencia de memoria, porque para nada fue así. Él adquirió el suficiente vocabulario y la suficiente agilidad como para poder expresar en alemán lo que pensaba en castellano y como para poder comprender lo que otras personas le preguntaban en alemán.

Para terminar, también deseo contaros que, a principios del año 2004, Ramón me propuso competir en noviembre de ese mismo año en un campeonato mundial de memorización rápida. Le dije que yo no estaba preparada para ello y que además jamás le podría ganar, a lo cual me contestó: «Pero podrías ser segunda». Yo le dije:

«Eso no puede ser, no me veo capacitada para ello. Además, tengo muy poco tiempo, apenas diez meses, como para querer ser la segunda a nivel mundial».

Él me contestó: «Nos sobra tiempo, por eso no te preocupes, pero, eso sí, tendrías que dedicarle una hora al día, cuatro o cinco veces por semana».

¿Una hora al día? En otras palabras, me reducía el trabajo de mi entrenamiento a solamente cuatro o cinco horas semanales. Nuevamente me sorprendía su respuesta y no sabía ciertamente cómo mirarlo, si como a un genio o como a un loco.

«¿Y solo con esa dedicación conseguiré algo? ¿Haré mejor marca que otros profesionales?»

«Sí, si realizas los entrenamientos que te vaya marcando.» Esa fue su respuesta, respuesta que, por supuesto, no me creí.

Ramón siempre me ha sorprendido con sus logros en el ámbito personal, aunque ahora cada vez menos, desde luego. Pero en este caso esto era algo mucho más difícil de creer, pues me pasaba la pelota a mí. Quería que yo fuese la protagonista de algo, la que obtuviese un logro importante. Dicho de otro modo, al final iba a depender todo de mí, no de él, y eso es lo que de algún modo me daba miedo, además de que, sinceramente, no me veía capaz de obtener una marca de competición en ninguna prueba de memorización. Tampoco confiaba en mí lo suficiente, pero ciertamente también pensé que tendría su apoyo y que no había nada que perder.

Mientras pensaba esto durante unos instantes, Ramón me observaba y me leía el pensamiento, pues es muy buen psicólogo. Él sabía que mi duda era una duda de aceptación, por lo que interrumpió mi pensamiento y añadió enseguida:

«Te prometo que te lo pasarás muy bien y que el entrenamiento te enganchará. Será una actividad que desearás hacer cada día. Te encantará superarte y disfrutarás con ello».

Le dije que muy bien, que me pondría a entrenar, pero que no le podía prometer nada. Así fueron pasando los días, y, en efecto, recuerdo muy buenas sensaciones entrenando. Era algo muy divertido, y mi hora diaria de entrenamiento se me pasaba rápidamente. Muchas veces Ramón me cortaba y no me dejaba entrenar más de ese tiempo. Yo le decía:

«Déjame un poquito más, que ahora se me está dando muy bien».

Él me decía que no, que precisamente era al momento de cortar:

«Has adquirido buenas sensaciones, y el cortarte ahora hará que mantengas cierta ansiedad durante todo el día, el cual te servirá para entrenar mañana todavía mejor».

Lógicamente tenía que hacerle caso, él era mi entrenador, y la idea de que yo compitiese también había sido suya. Mi progresión fue muy grande, y mi confianza también aumentó mucho, aunque sinceramente, cuando iba a empezar el campeonato en Starnberg (Alemania), el día 7 de noviembre de 2004, me asaltaban muchas dudas sobre el resultado que podía obtener. Él percibía mis dudas y me decía:

«No te preocupes por el resultado, este vendrá solo. Aquí hemos venido a disfrutar y a pasarlo bien».

Ramón compite primero, y como siempre, se encuentra rodeado de prensa, de organizadores y de jueces. Ha obtenido nueve récords mundiales en las cinco pruebas en las que ha participado y es el indudable número 1 mundial en pruebas de memorización rápida. Yo me preparo, pues compito tras él, según lo ha dispuesto la organización.

Tras el revuelo que crean sus hazañas entre el público, ahora me toca a mí sentarme frente al ordenador de competición aún más preocupada que antes, pues la gente ha presenciado con él un nivel increíble y pienso que inconscientemente me lo van a pedir a mí también. Igualmente, pienso:

«¡Vaya, creo que hubiese sido mejor competir antes que él!».

Siento cierta presión, y eso me molesta un poco. Una vez sentada, Ramón se me acerca, me sonríe y me dice que haga simplemente lo que tantas veces he hecho en casa. Yo le digo que sí, pero que diga al público y a la organización que lo que yo voy hacer no vale nada comparado con lo que tú has hecho, para que no los pille por sorpresa.

Él me replica: «¡Nada de eso! Tu esfuerzo es tan meritorio como el mío y como el de cualquiera. Mira con cariño esa pantalla que tienes delante. Relájate y disfruta como si no hubiese gente, como si estuvieses sola en casa. No te preocupes por más, yo estoy a unos metros de ti apoyándote mentalmente, y cuando termines te querré lo mismo que ahora, hagas lo que hagas».

Cuando Ramón se retira de mi lado veo que habla en voz baja con la juez principal unos instantes, y esta anuncia que ahora va a competir su esposa, la cual no es profesional y solamente lleva unos meses entrenando con él. Estas palabras me reconfortaron bastante, y tras ellas, aunque algunas personas. se retiraron, la mayoría se quedaron para verme actuar, aunque supongo que principalmente enganchadas por eso de que «había entrenado con él».

Recuerdo con mucho cariño esta competición. Se me pasó muy rápida, y de forma fugaz la resumo diciendo que, en efecto, quedé segunda del mundo por detrás de Ramón (eso ya lo sabía). Pero, además, mi marca memorizando números decimales en un segundo me colocaba la segunda en el ranquin mundial de todos los tiempos, por delante de Creighton Carvello, de Inglaterra, pues solo Ramón era capaz de realizar marcas superiores a la mía.

Mi conclusión tras esta competición, y lo que de verdad deseo transmitiros desde el principio, es que confiéis siempre en vosotros mismos, que no penséis en el resultado que se puede o no obtener, pues esto solo sirve para generar miedo y tensión, y que se puede estar a gusto y feliz en cualquier sitio, en cualquier situación.

Tenemos que aprender a confiar en nosotros mismos, aunque el resultado que obtengamos parezca no ser el mejor algunas veces. Pensemos que aun así, la vida sigue, y que siempre nos proporcionará nuevas oportunidades en las cuales podremos brillar si no hemos tenido malas sensaciones anteriormente y si hemos sabido aceptar cualquier resultado anterior, pues como Ramón dice, la verdadera fuerza mental reside en la sensación, en el sentimiento, en el ser.

muy imp.

Es una pena que Ramón no haya tenido ninguna respuesta del Gobierno español, pese a haberse ofrecido desinteresadamente para opinar y cooperar acerca de cómo debería ser la educación en las escuelas, en los institutos y en las universidades, y para que todos los estudiantes APRENDIESEN A APRENDER, igual que yo lo he hecho, igual que lo hacen sus alumnos. Para saber cómo reforzar la autoestima y la seguridad personal, para aprender a confiar en nosotros mismos y a ser nuestros mejores amigos.

Otro gallo cantaría si esto sucediese, pero desgraciadamente es al revés, y no tendrá apoyo. Mejor dicho, los poderes públicos nacionales no contarán con su apoyo porque prefieren ignorarlo, aunque posea la memoria más rápida y eficaz de todos los tiempos, aunque haya demostrado tener una capacidad, una inteligencia y un desarrollo personal asombroso. No lo apoyan tampoco en las investigaciones que quiere llevar acerca del entrenamiento mental para tratar ciertas enfermedades derivadas de la mente, algo muy necesario y que parece que solo las personas que tienen algún familiar con estos problemas sean conscientes de ello, pero a las que toda la sociedad tiende sistemáticamente cada vez más, pues indudablemente ahora se viven más años que antes.

Afortunadamente, siempre se podrá comunicar con todo el mundo mediante sus cursos, mediante sus competiciones, mediante sus libros, esté donde esté. Todos los que lo conocemos deseamos que el resultado de sus estudios y de sus investigaciones no caiga en saco roto y contribuya al desarrollo de la sociedad, tanto en el plano educativo como en el desarrollo de la personalidad individual, de forma que muchas enfermedades que ya empiezan a desarrollarse por comportamientos depresivos desde la infancia puedan erradicarse para siempre.

Para despedirme, solo me resta desearos que disfrutéis con este libro tanto como yo lo he hecho. No tenéis nada que perder y seguro que no os arrepentiréis.

M.ª JESÚS GARCÍA
(Esposa de Ramón)

CAPÍTULO 1

Aprender un idioma
es lo más fácil del mundo

∽

E N efecto, querido lector, y esto es algo muy fácil de demostrar. Por mi trabajo tengo que viajar mucho por todo el mundo; no sé si este será tu caso, pero hay un hecho muy evidente que seguro que compartes conmigo. Me refiero a que habrás observado que no importa el país que visites, todas las ciudades que se encuentran fuera de tus fronteras tienen algo en común, y es que todos sus habitantes hablan perfectamente su idioma natal y se entienden de maravilla entre ellos, ¿verdad? Incluso la gente más analfabeta, cuyo porcentaje es afortunadamente menor cada día, puede hacerlo muy bien y sin ninguna dificultad. En cambio, más difícil será aprender a escribirlo, algo que los nativos analfabetos no saben hacer correctamente. Ser conscientes de este hecho tiene una importancia vital para enseñarnos cómo debemos empezar a estudiar un idioma, lo cual veremos más adelante con mayor profundidad.

Si los nativos de menor nivel cultural de un país no saben escribirlo correctamente (por ser esto algo más complicado), todavía menos lo podrán hacer aquellas personas que empiezan a estudiar un idioma, las cuales, sin duda, *experimentarán un importante freno en su aprendizaje si, además de querer hablarlo, pretenden también querer escribirlo correctamente desde los primeros momentos,* desde las primeras horas de estudio. Piensa que los idiomas tienen palabras muy «raras», y buscar al principio la perfección para escribirlas (lo más difícil) nos llevará demasiado tiempo y servirá para desmotivar por lo menos al 95 % de los que intentan estudiarlo, como demuestran las altísimas estadísticas de fracaso existente en el aprendizaje de los idiomas, ya que cuando los estudiantes no se encuentren frenados por una cosa lo estarán por otra, o por otras dos. Siempre estarán estancados por algo, siempre sentirán dificultades, y como la verdadera fuerza mental está en el sentimiento, si sienten que es difícil aprenderlo, sin duda lo será; esa será la auténtica realidad que experimentarán.

No obstante, el hecho de que las personas de menor nivel cultural de un país sí puedan hablar su idioma nativo correctamente, evidencia que el idioma hablado es mucho más sencillo de aprender que el escrito, y a la vez mucho más importante, pues si viajas a un país y hablas su idioma suficientemente bien, podrás desenvolverte en él sin ningún problema, con toda facilidad (al menos en cuanto a la comunicación se refiere), del mismo modo que lo pueden hacer los nativos de menor nivel cultural.

Observa que esto es algo que también sucede con los niños, los que aprenden a hablarlo desde muy pequeños, pero en cambio aprenden a escribirlo mucho después. Si a un niño pequeño se le exigiese aprender a escribirlo al mismo tiempo que empieza a hablarlo, se le frenaría en su avance, dado que siempre encontraría alguna dificultad y por tanto quedaría estancado en su progresión, y probablemente desanimado, incluso acomplejado.

Algo similar sucede con el 95 % de los adultos estudiantes de un idioma, que apenas progresan tras varios años estudiándolo en las escuelas e institutos. Realmente esto sucede así porque los idiomas (y otras muchas materias) se estudian de forma antinatural, y los alumnos siempre experimentan dificultades, que detienen su progresión.

Entonces, ¿es difícil aprender un idioma? En absoluto, pues:

> **Si todos los nativos de un país son capaces de hablar su idioma a la perfección, si todos pueden hacerlo, por fuerza tiene que ser algo muy sencillo.**

Piensa en cualquier actividad que se te ocurra y verás que en muy pocos casos ocurre lo mismo que sucede con el aprendizaje de un idioma, es decir, que todo el mundo sea capaz de hacerlo muy bien.

Si a una persona le cuesta aprender un idioma, será porque está haciendo algo mal, no porque sea difícil para ella de aprender, y mucho menos porque le falte capacidad, como con frecuencia puede llegar a pensar, pues resulta que esta persona tan «torpe» ya aprendió a la perfección su idioma natal, y además lo hizo muy fácilmente. De hecho, si hubiese que puntuar su naturalidad y desenvoltura para hablarlo y entenderlo correctamente y con fluidez, cuando menos habría que darle una matrícula de honor.

Muchas personas pueden pensar que todos hemos aprendido bien nuestro idioma natal porque lo hicimos cuando éramos niños, pero no es cierto que esto sea así, y aprovecho para romper con una creencia muy antigua y consolidada. Me reafirmaré siempre en que un adulto tiene en todos los casos mayor capacidad para aprender que un niño. De hecho, mantengo que un adulto puede aprender un idioma con suficiente profundidad en solo siete días, pero esto es algo que no podrían conseguir los niños pequeños. Solamente pueden hacerlo las personas de cierta edad, y con un mínimo de capacidad, que posean el suficiente interés para ello.

Sin embargo, ¿qué posibilita que todos los niños puedan empezar a hablar su idioma natal desde pequeños y progresen con bastante rapidez? Pues es algo muy sencillo de explicar: lo hacen por obligación, por necesidad, por repetición, por constancia y por aburrimiento. En otras palabras: no tienen nada que hacer que sea de mayor importancia.

1. **Por obligación.** Nos le queda otra, ¿verdad? Los niños no pueden evitar escuchar hablar a los adultos de las mismas cosas todos los días. No estoy diciendo que esto sea algo malo, en absoluto, nada de eso. Está muy bien que sea así, y además no podría ser de otra manera. Solamente trato de explicar las ventajas (no las capacidades) con las que contarán los niños sobre los adultos para aprender a expresarse en su idioma natal.

2. **Por necesidad.** Se ven en la obligación de aprender a expresar sus necesidades: que necesitan comer, beber, ir al aseo, que les duele algo... Digamos que, al contrario de los adultos, se ven en la necesidad de aprender un idioma por cuestiones de supervivencia.

3. Por repetición. Los adultos siempre dicen delante de ellos las mismas cosas con mucha frecuencia, por lo que pronto estas les serán muy familiares.

4. Por constancia. Obsérvese que el niño que aprende su idioma natal lo escucha y lo habla todos los días, y muchas horas cada día. Compárese la diferencia con el adulto que acude a una academia para aprender un idioma solamente dos o tres horas escasas a la semana. Esto equivaldría a un niño que solo hablase una hora los martes y los jueves, por ejemplo, y que el resto de la semana permaneciese callado. ¿Cómo podría aprender así? Ciertamente un adulto no necesitará tanto tiempo para aprender, realmente necesitará muy poco, tal y como demostraré en este libro, pero considera esta comparativa solamente a título de ejemplo.

5. Por aburrimiento. O porque no tienen nada mejor que hacer en ese momento, pues son muchas horas muertas, o poca actividad, las que tendrán que soportar durante el transcurso del día.

También podríamos hacer mención especial a otras ayudas que tienen los niños desde muy pequeñitos, como ver programas infantiles en televisión, especialmente los dibujos animados de calidad (¡qué lástima que escaseen tanto!), donde cariñosos personajes hablan agradablemente en su idioma, etc.; todo ello expresado en el idioma que están aprendiendo. De este modo, el «bombardeo» final al que están sometidos es enorme y por fuerza tienen que aprender.

No obstante, si reuniésemos en un aula a un grupo de personas en las que hubiese niños pequeños y adultos, que tuviesen que aprender un idioma nuevo, y les fuesen impartidas a todos ellos un mismo número de horas de clase, aunque dichas clases se intentasen adaptar al nivel cultural y a la personalidad de cada alumno, que nadie dude de que los adultos conseguirían hablarlo mucho más rápida y eficazmente que los niños pequeños, que son los que supuestamente cuentan con una «mayor capacidad para aprender». Esta sería una comparativa justa, ya que ahora sí estarían todos los componentes del grupo en igualdad de condiciones para aprender.

Eso sí, en el hecho de que los niños utilicen una técnica forzosa para aprender su idioma natal, tal y como hemos visto anteriormente, reside precisamente su secreto más importante. Sin duda, será el resultado de un «quiero aprender a comunicarme porque lo necesito», y obtendrán un rápido dominio de su idioma natal, como no podría ser de otro modo.

Gracias a estos hechos, surge este libro con la mejor intención: la de demostrar a todo el mundo que aprender un idioma es algo muy sencillo de conseguir, independientemente de la edad. *Es lo más fácil del mundo,* y si no lo parece así será porque algo se está haciendo mal.

Observe el lector que no le sucede lo mismo a los niños cuando intentan aprender en la escuela otras asignaturas que no se les enseñan de forma natural, como las matemáticas, por ejemplo, que se «explican» de manera tan enrevesada e ilógica que los estudiantes terminan deduciendo por sí mismos que están ante algo muy difícil de aprender, solamente al alcance de los superdotados.

Si los niños tuviesen mayor facilidad innata de aprendizaje que los adultos, no tendrían tampoco ningún problema en el conocimiento de esta asignatura «más complicada». Pero, en los tiempos que corren, raro es el que aprueba esta materia, y si la aprueban es porque cada vez se exige un menor nivel cultural para compensar la deficiente calidad existente en la enseñanza. Estoy hablando más en concreto de España, precisamente uno de los países del mundo donde sus habitantes menos y peor hablan otros idiomas.

De esta manera, y volviendo al ejemplo de las matemáticas, muchos alumnos que suspenden y que estudian después con un profesor particular comprueban lo sencillas que realmente son; pero sucede que los estudiantes estudian las matemáticas perdidos fotográficamente en todo momento, a pesar de que nuestra mente funcione con imágenes.

Por ejemplo, todos hemos estudiado polinomios, trigonometría, límites, logaritmos, derivadas, integrales, etc., pero ¿cuántos lectores sabrían decirme qué son en realidad estas cosas y para qué sirven? ¿Hemos sabido alguna vez para qué sirve un logaritmo neperiano? ¿O qué es el número «e»? ¿O qué es una derivada?

El más nítido recuerdo que tiene la mayoría de los estudiantes al respecto es ver a su profesor de matemáticas llenar la pizarra de números, de signos raros y de «demostraciones», observando con la boca abierta cómo lo hace, y después diciendo interiormente algo así como «¡ah, pues muy bien!».

Como puede desprenderse de estos ejemplos, el secreto no es ser un niño o un adulto, sino poseer una técnica de aprendizaje adecuada, una técnica que nos permita estar centrados mental y fotográficamente, ayudándonos a la vez a comprender aquello que estamos estudiando, de modo que sepamos para qué, cuándo y cómo utilizarlo por nosotros mismos. Esa técnica bien aplicada debería permitir al estudiante incluso deducir mucha información complementaria por su propia cuenta. A esto le llamo realmente «APRENDER».

Por este motivo, que no se desanime ningún lector. Que nadie piense que él ya no tiene edad o capacidad para aprender idiomas, porque no es así. Si piensa esto, no solamente se equivocará, sino que también, y sintiéndolo mucho, esa será su realidad, puesto que el pensamiento es creador. En cambio, si sigue con ilusión y con confianza los pasos que irá encontrando en este libro, no solamente podrá aprenderlos con increíble facilidad, sino que además se sorprenderá de hasta dónde puede llegar su enorme capacidad. ¡Prometido!

Capítulo 2

Diferencias entre «quiero» y «me gustaría»

༺

AUNQUE me voy a centrar más en el aprendizaje de los idiomas, el título de este capítulo es perfectamente aplicable a numerosas actividades de nuestra vida. Si se supone que «queremos» hacer tal o cual actividad, deberíamos ser capaces de realizarla siempre, y si no la realizamos es porque, en el fondo, no queremos hacerla, y entonces, a lo sumo, «nos gustaría».

En efecto, ¿qué sucede con mucha frecuencia cuando una persona nos dice:

«Quiero apuntarme a un gimnasio», por ejemplo.

Supongamos ahora que ha pasado un cierto tiempo y que nos la encontramos de nuevo por la calle. Si le preguntásemos:

«¿Qué tal te va en el gimnasio?».

Es muy probable que nos contestase algo así como:

«Aún no me he apuntado».

Y si nos interesásemos por el motivo de no haberlo hecho, probablemente nos contestaría algo parecido a:

«Porque no he tenido tiempo» o *«Porque no he podido».*

Algo similar sucede con algunas personas que dicen:

*«**Quiero** hacer una dieta para adelgazar».*

Y así podríamos repetir la conversación anterior y llegaríamos igualmente a una respuesta similar:

*«Aún no me he puesto con ello, pero **quiero** empezar ya».*

Claro que otros con «más voluntad» pueden decirnos:

*«Aún no me he puesto en serio con ello, pero **quiero** empezar ya».*

¡Como si se hubiesen puesto de algún modo!

Igualmente, con muchas de las personas que dicen «querer» aprender un idioma lo que de verdad sucede es que «les gustaría aprenderlo».

La palabra «querer» es mucho más fuerte que «gustar»: Tiene que ver con el sentimiento y, de algún modo, implica a todo nuestro ser.

En cambio, cuando simplemente «nos gustaría» hacer algo, es probable que no lo lleguemos a hacer nunca, y aquí es donde está la verdadera diferencia entre ambos conceptos, lo que marca un claro límite y distingue a unas personas de otras:

• Así, quien de verdad **quiere algo,** siempre pone los medios, y por supuesto que al final lo consigue. «Querer» significa auténtica implicación, sin excusas.

• Por el contrario, a quien simplemente le **gustaría conseguir o tener algo** y en el fondo no quiere conseguirlo (aunque no sepa que no lo quiere), no podrá obtenerlo porque realmente no lo quiere obtener, porque se niega a ello, porque no actúa de modo que acredite que lo quiere, aunque es cierto que, a lo sumo, le gustaría obtenerlo. Así, siempre encontrará alguna oportuna excusa que lo libere de esa obligación que se ha impuesto y que dice a los demás «querer hacer», y por ello difícilmente encontrará el momento adecuado para empezarla o continuarla, por lo que siempre la tendrá en un segundo plano.

Estas personas desisten con facilidad de lo que creen querer hacer, y por este motivo será muy fácil convencerlas y apartarlas de esa obligación con cualquier excusa:

—«*Y vas a ponerte a estudiar ahora?*».
—«*Pues tienes razón, mejor lo dejo para luego. La verdad es que hoy he tenido un mal día y estoy algo cansado.*»

Y si hubiese algo de resistencia, solamente sería cuestión de presionar un poquito más:

—*¡Pero fíjate qué día tan bueno hace!*
—*¡Mira qué película van a echar ahora!*

Tal y como comenté anteriormente, hablamos sobre todo de empezar. Empezar es lo más difícil, y muchas veces nos cambian las ideas sobre lo que queríamos hacer nada más empezar a hacerlo. Puede suceder que una actividad se convierta en algo mejor (o peor) de lo que pensábamos que iba a ser y, de ese modo, esta circunstancia marcará el futuro inmediato de nuestra actividad, es decir, de su continuidad.

Lo que sí está claro es que el que de verdad desea algo pone los medios y no abandona fácilmente, y menos al primer contratiempo. Por eso, antes de aprender un idioma, por ejemplo, deberíamos plantearnos si de verdad queremos aprenderlo o no, pues puede que no sea así y suceda que simplemente nos «gustaría aprenderlo», es decir, nos gustaría que alguien nos regalase de repente su conocimiento con poco o ningún esfuerzo por nuestra parte, de igual modo que nos gustaría que alguien nos regalase el resultado de dos años de gimnasio, el de seis meses de dieta, etc.

Lo mejor es ver el lado bueno de cada cosa que decidimos emprender, sin fijarnos en los posibles resultados y sin menospreciar nuestras posibilidades o capacidades. Si disfrutas con aquello que haces, el tiempo pasará felizmente para ti y mantendrás tu ilusión por todas las cosas, al contrario de lo que sucederá si solamente piensas en obtener resultados, pues en este caso notarás que no disfrutas del proceso a recorrer. El tiempo no transcurrirá de forma agradable ni rápida, y el final no puede ser otro que desistir, antes o después, de aquello que iniciamos.

El trabajar con una técnica adecuada que te permita progresar felizmente y que te haga la tarea agradable será algo fundamental para llegar hasta el final, pues es inherente a la condición humana la acción de desistir ante el menor contratiempo.

CAPÍTULO 3

Dificultades en el aprendizaje de un idioma

❧

CUANDO una persona cualquiera intenta aprender un nuevo idioma, se encontrará con una serie de dificultades, o frenos, que le aparecerán por el orden siguiente:

a) **Vocabulario.**
b) **Pronunciación.**
c) **Gramática.**

• El *primer freno* en aparecer, y también el más importante, es el **vocabulario.** En efecto, cuando abrimos un libro escrito en un idioma desconocido para nosotros, como no tenemos vocabulario, las palabras serán un conjunto extraño de signos. Observe el lector que este será el primer freno con el que se encontrará, y no lo será la pronunciación, por ejemplo, puesto que nuestro neófito estudiante lo primero que verá son las palabras escritas, las cuales no sabrá lo que significan (por falta de vocabulario), y solamente más tarde, cuando empiece a serle familiar alguna, se planteará su pronunciación. Dicho de otro modo:

Si no poseemos nada de vocabulario, mucho menos podremos pronunciar las palabras o aprender la gramática de un idioma, pues al faltar la esencia de este, las palabras, no tendremos ningún material con el que trabajar.

• El *segundo freno* es el de la **pronunciación.** Aunque este viene después en el tiempo, realmente lo hace muy cerca del freno del vocabulario, justo a continuación, puesto que el estudiante se planteará enseguida cómo se pronuncia cada palabra que ve escrita.

La pronunciación no es difícil, especialmente en algunos idiomas como el castellano, el francés o el alemán, en los que simplemente obedeciendo sus sencillas reglas, y con un mínimo de práctica, no encontraremos ninguna dificultad. Otros idiomas, como el inglés, presentan mayor problemática y requerirán más práctica, dado que están plagados de numerosas excepciones o irregularidades, pero ello no los hace ser más difíciles a medio plazo, aunque sí al principio de su estudio. En cualquier caso, el idioma necesita mucha práctica para obtener una gran fluidez, y el estudio de los idiomas con características similares al inglés nos obligará a ello, lo cual no es malo. No obstante, con nuestro sistema de aprendizaje de idiomas conseguiremos desenvolvernos de manera rápida y fiable, y nos costará mucho menos esfuerzo adquirir una desenvoltura total en cualquier idioma.

• El *tercer y último freno* que encontraremos estará constituido por la **gramática.** La gramática engloba las conjugaciones de los verbos, los verbos irregulares, los modismos o frases hechas, la estructura de las oraciones, etc. Este freno surge al final, debido a que al principio, como nuestro estudiante ni siquiera conoce aún el significado de una palabra, todavía menos podrá saber si se trata de un tiempo verbal determinado, y por ello, esto será algo que no estará en condiciones de plantearse aún.

Con los actuales sistemas de aprendizaje de idiomas, el estudiante siempre se sentirá frenado por alguna de las tres dificultades antes mencionadas, puesto que estudia las tres a la vez desde el primer día. En realidad, el estudiante se verá frenado por una, por dos o por las tres dificultades a la vez, y aquí es donde empieza el problema:

> **Si un estudiante siempre se encuentra atascado por algo en sus estudios, no podrá evitar pensar ni sentir que su aprendizaje es realmente difícil y costoso.**

Como pensará de este modo, creará con dicho pensamiento su realidad. ¿Quién no ha pensado alguna vez que estudiar un idioma es muy difícil, o incluso que él no tiene la suficiente capacidad para hacerlo bien? Pues bien, nosotros ya sabemos que aprender un idioma es lo más fácil que existe, puesto que es de las pocas cosas que todo el mundo consigue hacer muy bien. No es cuestión de ser un superdotado, sino de eliminar los inoportunos frenos que persisten ante una inadecuada y antinatural técnica de aprendizaje.

Pensemos por un momento en lo que sucede cuando aprendemos un idioma siendo niños. En realidad los niños lo aprenden con bastante facilidad porque no tienen esos frenos, y si sienten alguno lo evitan sin más. A un niño no le importa pronunciar bien o mal una palabra, simplemente la pronuncia. Si la pronunciación correcta no le importa y solo busca que se le entienda, ¿qué podríamos decirle acerca de la «importancia» de la gramática? El niño no sabe lo que es, y además le tiene sin cuidado saberlo. Es más, como ni le importa conocerla ni la necesita todavía (igual que debiera sucederle a un estudiante de idiomas cuando empieza a estudiarlos), se niega incluso a su aprendizaje, algo que hace tanto cuando es muy pequeño como cuando, un poco mayor, la estudia en la escuela.

A medida de que el niño va creciendo y se va familiarizando con el idioma, poco a poco irá aprendiendo sus reglas gramaticales, pero lo que está muy claro es que si cualquier niño intentase aprender su idioma natal luchando contra los tres frenos anteriores a la vez (vocabulario, pronunciación y gramática), no solamente no lo conseguiría, sino que experimentaría un enorme retraso en el conocimiento de su lengua. Finalmente, lo hablaría debido a toda la dedicación y presión a la que se vería sometido (ya explicada en el capítulo anterior), pero sentiría una sensación de dificultad que podría incluso acomplejarlo para el estudio de otras materias, y por supuesto de otros idiomas. Recuerda que:

El sentimiento es la verdadera fuerza de la mente. Según lo que sientas ante las cosas que te rodean, así crearás y formarás tu realidad y obtendrás tu verdad, aunque esta no sea la verdad general o universal.

Piensa que ante un mismo problema algunas personas sentirán indiferencia y otras un exceso de preocupación. Por este motivo, solamente podremos aprender y mejorar rápidamente *si nos sentimos bien ante lo que hacemos, si no somos víctimas de ningún freno, si creamos ilusión para realizar nuestra actividad, y si somos capaces hasta incluso de generar cierta adicción para ello.*

Esto último es algo perfectamente factible si, gracias a nuestra forma de proceder, hemos generado el suficiente entusiasmo, lo cual nos supondrá además una de las cosas más bonitas y motivantes de la vida:

El auténtico placer de realizar bien las cosas que nos gustan.

Capítulo 4

Sistema «SRCI» para el aprendizaje de los idiomas

∽

C ON el fin de emplear todos un lenguaje común para el estudio de los idiomas, al igual que en su día denominé a mi sistema personal de estudio y memorización SRC (Sistema Ramón Campayo), a este sistema de aprendizaje de idiomas lo voy a llamar SRCI (Sistema Ramón Campayo de Idiomas). De este modo podremos hablar de forma abreviada y precisa para referirnos a él.

El vocabulario básico que debes adquirir y manejar con soltura para hablar un nuevo idioma estará formado en principio por algo más de 600 palabras, las cuales deberán estar muy bien escogidas. Para ello atenderemos a la frecuencia de su uso y a la posibilidad combinatoria que tienen para formar otras palabras nuevas.

Nosotros podremos, en efecto, llegar a este nivel en solo siete días de práctica, a razón de una hora diaria aproximadamente, lo cual parece imposible a primera vista, pero es algo que sucederá una vez hayas leído este libro y te pongas manos a la obra. Pero, lógicamente, para poder conseguir nuestros objetivos, antes será necesario haber leído y comprendido correctamente todo el libro, algo evidente. Yo no puedo saber de antemano el tiempo que cada persona le va a dedicar a ello ni lo que va tardar en terminarlo, pero también es cierto que quien más adelante desee aprender un segundo idioma ya no tendrá que volver a leer este libro, aunque siempre será muy conveniente darle un repaso, y entonces sí que tardará siete días netos en hacerlo, o puede que incluso menos.

Así pues, una vez se complete la lectura de este libro y se rellenen las tablas que aparecerán en un capítulo posterior, todo lector estará a solo siete horas de conseguir lo que parece imposible, de demostrarse a sí mismo que su capacidad de aprendizaje es tremendamente alta si sabe emplearla.

Fundamental será que consigas un buen diccionario donde también figure la pronunciación figurada de cada palabra. Igualmente sería muy interesante el uso de una agenda de traducción, así como el de un diccionario para el ordenador, de forma que puedas buscar las palabras a traducir con mayor velocidad. Después habrá que hacer asociaciones inverosímiles, y aquí sí que todos aquellos que han hecho cursos conmigo (incluyo a los fieles lectores de mi primer libro *Desarrolla una mente prodigiosa**) tendrán clara ventaja sobre los lectores que sean primerizos en estos temas, a los cuales, desde luego que voy a ayudar al máximo proporcionándoles una clara información junto con buenos ejemplos y todo tipo de recomendaciones.

En efecto, uno de mis alumnos más avanzados tardaría menos de una hora en tener todo el vocabulario necesario asociado y conocer por tanto a la perfección la correlación entre las palabras de su idioma natal y las del idioma extranjero que desea aprender. Como será conveniente escribir cada asociación inverosímil, se tardará un poquito más de tiempo en tenerlo todo idealmente preparado para estos siete días de sorpresas que pronto comenzarán. En el propio libro he preparado las tablas, buscando con ello una mayor comodidad para el lector, quien podrá aprender escribiendo cómodamente en ellas todo el vocabulario que necesita.

Voy a suponer que tienes una capacidad normal y un interés también normal, aunque probablemente este empiece a ser más alto cada vez. Es importante que no corras al principio, pues para obtener los resultados óptimos, primero hay que terminar de leer el libro y entenderlo completamente. Por ello, a partir de ahora te rogaré que leas con mucha atención todo lo que ha de venir, será muy fácil, ameno y seguro que te gustará.

¿Cómo podremos hablar un idioma transcurridos esos siete días de práctica?

---

* Publicado en 2004 por Editorial Edaf en esta colección.

Imagina que vas andando por una calle de tu ciudad y de repente se te presenta una persona extranjera, que, muy educadamente, te habla de la siguiente manera:

1. «*Buenos días. Por favor, ¿cómo poder ir a la calle Mayor?*».

O bien:

2. «*Buenos días. Por favor, ¿cómo poder llegar a la calle Mayor?*».

Observa que podremos expresar una misma idea con frases distintas.

Nuestro primer objetivo, el que se consigue prácticamente desde el primer día, será que puedas hablar con todo el vocabulario necesario como lo haría Tarzán, es decir, usando los verbos en infinitivo. No obstante, no creas que será hablar simplemente como Tarzán, será el equivalente al lenguaje de un Tarzán muy refinado. Así, para aprender a hablar un idioma, este deberá ser siempre el primer paso. Más adelante explicaremos cómo el lector debe proseguir para ir refinando su lenguaje y hablarlo de una manera más técnica a medida que avanza.

Piensa que el primer freno en el camino de aprender un idioma, y a la vez el más importante, está, como sabemos, en la adquisición de su vocabulario, pero nosotros podremos aprenderlo con mucha facilidad, y aquí es donde reside uno de los mayores secretos de nuestra técnica, aunque esto será materia del siguiente capítulo.

Prosigamos. Hemos dicho que tenemos que aprender a hablar inicialmente como Tarzán, usando infinitivos, los cuales comunicarán perfectamente nuestra idea y darán agilidad a las frases. Te comenté que hablaríamos como un Tarzán refinado. Las dos frases anteriores (la 1 y la 2) podríamos también haberlas expresado como las que siguen a continuación:

3. «*Buenos días. Por favor, ¿para ir a la calle Mayor?*».

O bien:

4. *«Buenos días. Por favor, ¿para llegar a la calle Mayor?».*

Las cuatro frases son correctas y responden a nuestro objetivo, aunque las número 3 y 4 son más técnicas y quedan más bonitas. Todo está en saber escoger bien las palabras para ello.

Pues bien, según lo anterior, si tras solo unos días de aprendizaje te comunicases de esta forma con una persona extranjera (frases 3 y 4), podrías tener un pequeño problema, y es que el extranjero pensaría que hablas muy bien su idioma, motivo por el cual seguramente procedería a hablarte a su vez con mucha velocidad, usando demasiada gramática y conjugando verbos, lo cual haría que te pudieses perder. Si ello sucediese, tendrías que rogarle que te hablase de la misma manera que tú a él, es decir, que lo haga también como Tarzán. Para él será muy fácil, y de este modo podréis entenderos a la perfección. Para ello tendrás que aprender a decir esta frase:

—*«Por favor, hábleme de la misma forma que yo a usted».*

O bien, si vieses que no se ha enterado muy bien, puedes darle más información con esta otra frase:

—*«Por favor, hábleme usted también usando infinitivos, para que yo pueda entenderlo».*

Lógico, ¿no? De esta manera podrás comunicarte y entablar una conversación desde el primer día. Así, el nativo debería contestarte a cualquiera de las cuatro preguntas anteriores con algo como esto:

—*«Tú seguir por esta calle y, al llegar a la plaza, girar a la derecha».*

Incluso aunque no te hablase del todo como Tarzán, y te dijese:

—*«Tú seguir por esta calle y, cuando **llegues** a la plaza, girar a la derecha».*

Te sucederá casi con toda probabilidad que, aunque emplee la palabra «llegues» en vez del infinitivo «llegar», como las raíces gramaticales se mantienen constantes en casi todos los verbos, no tendrás ningún problema en comprender su *desliz*. Y desde luego también es muy probable que os riáis la primera vez y pronto empieces a tener los primeros amigos allí.

Si introdujese alguna palabra corta que no comprendieses en ese momento, como «al», que aparece en esta frase:

—«*Tú seguir por esta calle, y al llegar a la plaza, girar a la derecha*».

Aun ignorándola, seguirás recibiendo la información de manera efectiva, en cuanto a que sí comprenderás el verbo «llegar» junto con los sustantivos (calle, plaza...), mucho más importantes que el resto de palabras de la oración. Fíjate, por tanto, la importancia que tiene el conocer y dominar bien los infinitivos de los verbos.

Tras unos pocos días de práctica podrás desenvolverte perfectamente en todas las situaciones, y la soltura que obtendrás hablando como nuestro refinado amigo Tarzán será tan grande que podrás empezar a pulir y perfeccionar el idioma con toda facilidad, pues como te sentirás muy satisfecho, tu «cuerpo» te pedirá entrar poco a poco en el estudio de su gramática. Estate ahora tranquilo, pues también veremos en este libro cómo debe estudiarse la gramática y cómo deberemos seguir progresando en el conocimiento del idioma.

Como te decía, tras esos siete días de práctica podrías entrar en una cafetería y pedir una cerveza de este modo:

—«*Por favor, yo querer una cerveza*».

Es muy evidente y acorde con nuestro sistema. Claro, que también podrás decir:

—«*Por favor, yo querer tomar una cerveza*».

Vamos, recreándote y todo. Pero observa otra vez el riesgo que correremos si empleamos el primer día la palabra «quiero» en vez del infinitivo «querer». De este modo, si dijeses:

—*«Por favor, **quiero tomar** una cerveza».*

Al expresarte tan correctamente, en este caso tú estarías invitando al camarero, no a tomar una cerveza, sino a que él te contestase usando un grado superior de gramática, y aunque probablemente podrías comprender todo o casi todo lo que él te dijese, preferiría que al principio usases mejor la frase construida así:

—*«Por favor, yo querer tomar una cerveza».*

Para que siempre te sientas dueño de la situación.

NOTA: Más adelante veremos cómo el séptimo día de práctica ya podrás decir «Yo quiero» en vez de «Yo querer», y del mismo modo podrás realizar conjugaciones sencillas con los verbos más importantes.

Observa que la expresión «quiero tomar» podría sernos perfectamente factible desde el principio, y con ella construiríamos la frase de modo totalmente correcto. Ya veremos en el siguiente capítulo que el verbo *«querer»*, en el sentido de «desear», es el más importante de todos, ya que siempre *querrás* expresar algo, querrás pedir algo, querrás comprar algo, querrás ir a algún sitio, etc.

Además de resultar muy eficaz y constituir con mucho la manera más rápida de aprender un idioma, el hablar de este modo:

—*«Por favor, yo querer tomar una cerveza».*

También tiene una parte muy divertida, tal y como te he insinuado anteriormente, y es que te ayudará a fomentar las relaciones sociales.

En efecto, dada mi experiencia personal de aprender idiomas con este sistema (junto con las más recientes de algunos de mis alumnos), si tras solo unos días de estudio llegas a un país extranjero, bajas del avión y empiezas a expresarte como nuestro querido amigo Tarzán, notarás que muchos nativos te sonríen y te miran con cierto cariño, justo antes de empezar a hablarte con amabilidad. Y es que nuestro peculiar sistema de aprendizaje de idiomas solo tiene ventajas, pues fomenta además la amistad y el sentido del humor, ¿verdad?

Resumiendo, es mejor evitar riesgos y enterarnos siempre de la máxima información posible en todas las conversaciones, empezando al principio por lo conocido y ganando poco a poco en velocidad y soltura. Así pues, expresiones importantes como saber decir correctamente «Yo quiero...», también las veremos en nuestro curso, pero todo a su debido tiempo.

Por otra parte, observa que los verbos en infinitivo que empleemos hablando como Tarzán corresponderán a la forma real de habla de lenguas como la inglesa, ya que ellos dicen realmente «Yo comer» (I eat) para decir «Yo como», lo cual nos facilitará mucho la tarea de hablar correctamente estos idiomas desde los primeros momentos.

Una historia con expresiones y situaciones típicas

Encontrarás a continuación muchas de las expresiones y frases que habitualmente tendrás que decir en tu país de destino, con el fin de que puedas observar de qué forma podrás expresarte tras estos siete días de práctica (incluso antes) y cómo podrán los nativos de allí entenderte.

Para ello vas a leer una historieta en la que dos amigos tuyos de otro país se encuentran por casualidad contigo en tu ciudad. Trata de imaginar que estás en tu ciudad de residencia y que te encuentras con tus amigos extranjeros. Presta atención a la forma de comunicación.

Supongamos que estas personas han leído este libro completo y han practicado después durante los siete días que más adelante detallaré. La forma en la que ellos se comunicarían contigo en tu idioma natal (en este caso el castellano) sería la siguiente:

Tus dos amigos van buscando la estación de autobuses, pero como no saben dónde se encuentra, preguntan a un ciudadano del siguiente modo:

—*Hola. Por favor, ¿para poder llegar a la estación de autobuses?*

Una vez en dicha estación, tus amigos tendrán que hablar con el personal que trabaja allí. Por ello se dirigen hacia una ventanilla y le preguntan al empleado:

—*Por favor, ¿cuánto costar dos billetes para Madrid?*

Una vez que han sido informados del precio de los billetes, continúan preguntando al empleado de la ventanilla del siguiente modo:

—*¿Cuándo salir el autobús de aquí?*
—*A las doce de la mañana* —les contesta el empleado.
—*¿Y a qué hora llegar el autobús a Madrid?*
—*Llega allí a las cuatro de la tarde.*
—*Perdón, ¿y por qué tardar tanto en llegar? Nada menos que cuatro horas.*
—*Porque este autobús para a la hora de comer.*
—*¿A qué hora, por favor?*
—*Para a las dos de la tarde, aproximadamente.*
—*Muchas gracias. Pues quiero dos billetes.*

¿Qué te parece? No está nada mal, ¿eh?
Como todavía es muy temprano y tienen tiempo, deciden salir a pasear un rato. Ahora es cuando tú te los encuentras, nada más salir de la estación. Os saludáis llenos de sorpresa, y como todavía es temprano, deciden invitarte a desayunar:

—*Es muy temprano aún. ¿Quieres desayunar con nosotros?*
—*Muy bien* —les dices—. *¿Dónde podemos ir?*

—Yo conocer un lugar muy bueno donde hay una cafetería con muchas cosas para tomar. Esta cafetería está en la calle Arboleda, pero yo no saber ir desde aquí a esa calle.

—Pues, lamentablemente, yo tampoco sé ir allí. Vamos a preguntar el camino —les contestas tú.

Uno de ellos se acerca a un ciudadano y le pregunta:

—Por favor, ¿para ir a la calle Arboleda?

—Sí, claro. Mire usted, tiene que seguir recto y girar a la izquierda por la segunda calle. Llegará a una plaza y entonces es la primera a la derecha.

***Apunte.** En esta respuesta el ciudadano usa todos los tiempos verbales, es decir, no habla como Tarzán. En la mayoría de los casos será entendible casi toda su información, puesto que la mayoría de las raíces de los verbos se mantienen invariables. Además, te será familiar el resto del vocabulario empleado: verbos en infinitivo (seguir, girar...), preposiciones (a, para, por...), sustantivos (favor, calle...), artículos (la), etc., así como el orden gramatical correcto que ha de seguirse en la construcción de las frases.

Una vez en la cafetería, uno de tus amigos extranjeros pide al camarero el desayuno para los tres:

—Por favor, quiero tres cafés con leche, un bollo de estos y dos magdalenas de aquellas.

—Muy bien, aquí tiene usted. ¿Algo más?

—No, nada más, muchas gracias. ¿Cuánto costar todo esto?

Una vez han desayunado contigo, y disponiendo todavía de un rato, volvéis los tres dando un pequeño rodeo por un parque cercano.

—*¡Revistas! Esperar un momento, deseo comprar alguna. Hola, quiero comprar esta revista, por favor.*

Ya en la estación de autobuses, tú les preguntas sobre qué han hecho en tu país y sobre cuándo volverán a su casa:

—*Nosotros llevar aquí de vacaciones una semana. Tu país es muy bonito, y nosotros queremos volver aquí el próximo año también.*

El otro extranjero añade:

—*Antes de venir aquí nosotros pensar en hacer un crucero por el mar Mediterráneo, pero al final no encontrar billetes porque estar todo completo. El próximo año queremos volver a tu país otra vez, pero antes intentar hacer ese crucero, pues a nosotros gustar mucho el mar.*
—*Nuestras vacaciones acabar ahora. Nosotros llegar a Madrid esta tarde, y mañana por la mañana tomar un avión desde el aeropuerto hasta nuestro país.*

Tú les dices ahora:

—*Pues me alegro de que todo os* **haya ido** *bien.*

Pero en ese momento, uno de ellos te interrumpe y te dice:

—*Perdón. ¿Qué quiere decir «haya ido»? Por favor, tú hablar como nosotros.*
—*Lo siento, «haya ido» quiere decir aquí «estar». Me alegro de que todo estar bien. Por cierto, ¿cuánto tiempo estudiar vosotros este idioma?, pues vosotros hablar bastante bien.*
—*Hacer siete días que nosotros llegar a Madrid, y entonces no saber hablar nada, no conocer nada de este idioma, pero desde entonces nosotros estudiar todos los días una hora. Hoy hablar mejor que ayer, y queremos estudiar más para hablar mejor.*

—*Pero eso no puede ser. ¿Cómo poder vosotros hablar así, con esta velocidad y además entendiendo todo?*

—*¿Entendiendo?*

—*Entender.*

—**¡Ah! Gracias por hablar como nosotros. Yo explicar: Nosotros comprar y leer el libro para aprender idiomas:** *Aprende cualquier idioma en siete días.*

—*¿Y qué suceder después de esos siete días?*

—**Bueno, eso venir después. Tú dejar a nosotros terminar de leer todo el libro primero.**

Espero que te hayas divertido con esta sencilla historieta, cuya principal misión es mostrar cuáles deben ser los primeros pasos en el aprendizaje de un idioma. Tras escuchar la calidad de las expresiones anteriores, muchas personas firmarían ya mismo por hablar y entender así un idioma. De hecho, conozco no pocos estudiantes de idiomas que no llegan a obtener este nivel tras varios años de estudio.

NOTA: Que nadie piense que con nuestro sistema de estudiar idiomas se adquirirán vicios que luego podrían ser difíciles de corregir. Nada de eso, no cogeremos ningún vicio en absoluto.

Además de por su técnica, este sistema nos permitirá progresar tan rápidamente porque nos enseñará a expresarnos desde el primer momento con rapidez y agilidad, sin frenos, sin miedo y sin sentido del ridículo, del que muchas personas son víctimas cuando empiezan a aprender un idioma (e incluso después), siendo esta otra de las causas que les impedirá hablarlo correctamente en el futuro.

Capítulo 5

Sobre la memorización
de los datos puros

∾

Los datos puros son aquella información que estamos estudiando sobre algo, la cual pende de ese algo de forma completamente azarosa e imprevisible. Por este motivo, nunca podremos deducir dicha información pura por nosotros mismos, en cuanto a que no existe ninguna secuencia más o menos lógica que nos pueda llevar a ella. Por eso los llamo «DATOS PUROS», puesto que son *pura* y llanamente eso: datos sin más.

Observe el lector que si desea memorizar todas las capitales del mundo, por ejemplo, en ningún caso podrá entresacar ninguna relación lógica entre un determinado país y su capital, por lo cual la capital de un país representará un dato puro de ese país.

Por ejemplo, si decimos que la capital de Dinamarca es Copenhague, yo nunca podría concluir esa información por mí mismo ni antes ni después de haberla leído, es decir, nadie puede llegar a deducir: «¡Claro, lógicamente esa debe ser su capital!».

Por este motivo, nuestra única posibilidad de memorizarla será mediante una asociación inverosímil, dado que nuestra memoria funciona por asociación de imágenes y de ideas, y siempre podrá recordar mucho mejor aquellas que representen una escena o una acción que llame nuestra atención, tal y como expliqué más en detalle en mi primer libro *Desarrolla una mente prodigiosa,* que recomiendo al lector para que aprenda más sobre los datos puros,

Por este motivo, si deseo memorizar correctamente esta capital (y lo mismo para el resto de las capitales del mundo), tendré que pensar en la *dinamo* de una bicicleta o en otra palabra que sustituya eficazmente a *Dinamarca.* Una dinamo es un aparato que gira por acción de la rueda donde se apoya produciendo electricidad. También tendré que pensar en una *copa*, por ejemplo, la cual sustituirá a *Copenhague*. Ahora se trata de unir ambas palabras: «dinamo» y «copa» mediante una asociación inverosímil, tal y como podría ser la siguiente:

Podemos *visualizar una bicicleta cuya **dinamo** es una **copa** que gira. Esta no produce luz eléctrica, pero sí destellos luminosos que iluminan el terreno, pues el roce con la rueda la limpia y la hacer brillar.*

De este modo, al igual que la relación entre «Dinamo» y «Copa» está clara y perdurará, también lo estará la relación entre «Dinamarca» y «Copenhague».

Obsérvese que yo tampoco podré deducir nunca el número de habitantes de una ciudad cualquiera, ni sus años de antigüedad, ni su ubicación geográfica, ni el color de la bandera de su país, ni su unidad monetaria, ni sus datos históricos, etcétera, porque todos estos datos son datos puros de dicha ciudad, son datos caprichosos como lo podían haber sido otros cualesquiera, y por tanto carecen de algún tipo de secuencia lógica que me permita deducirlos. Son datos sin más, datos no deducibles, los cuales solamente podré memorizar mediante asociaciones inverosímiles.

Gracias a que ahora sabemos memorizar los datos puros, empezaremos a darle forma a nuestro sistema de aprendizaje de idiomas en su parte más importante, es decir, en cuanto a la adquisición de vocabulario se refiere. Para esta tarea vamos a crear las asociaciones inverosímiles necesarias, puesto que la correspondencia existente entre un término y su homólogo extranjero es la propia de los datos puros.

En efecto, la adquisición del vocabulario de un idioma extranjero deberá realizarse mediante asociaciones inverosímiles debido a que, como hemos dicho, los vocablos de otro idioma son datos puros y, por ese motivo, la repetición de ellos no será nunca un sistema eficaz para su retentiva, aunque bien es cierto que la repetición será el medio ideal para adquirir posteriormente la soltura necesaria en su habla. Así, nosotros podríamos memorizar todo el vocabulario necesario para poder relacionarnos con los nativos de un país en apenas un par de horas, pero después necesitaremos siete días de prácticas, trabajando aproximadamente una hora diaria, para adquirir la soltura necesaria que nos permita hablarlo y comprenderlo con fluidez.

> **No podremos adquirir adecuadamente el vocabulario de un idioma si simplemente nos limitamos a leerlo y a repasarlo, siendo este uno de los motivos más importantes de fracaso en el aprendizaje de los idiomas.**

Por todo lo dicho anteriormente, una persona que haya trabajado su imaginación y su técnica para realizar asociaciones inverosímiles, podrá adquirir con mucha facilidad, rapidez y precisión todo el vocabulario que necesita, y por supuesto todo el que desee aprender. Incluso se creará un círculo vicioso, pues a medida que vayamos obteniendo mayor práctica, más se desarrollará nuestra capacidad para asociar, y a su vez podremos asociar después mucho mejor y en menos tiempo, incrementando continuamente nuestra capacidad para ello. Ni que decir tiene que podremos aprender más idiomas y adquirir un vocabulario más complejo según vayamos siendo más expertos en la materia.

Dada la importancia que tiene la adecuada memorización de los datos puros para el aprendizaje de un idioma, realizaremos en este capítulo algún ejercicio sencillo que nos permita obtener un mínimo de práctica antes de tratar de adquirir el vocabulario que necesitamos.

Ejercicios de datos puros

A) Asociación de palabras visualizables

Imagina que tuvieses que memorizar varias palabras seguidas, las cuales no formasen parte del entramado de una frase, sino que fuesen palabras sueltas, sin ninguna relación entre ellas. Puesto que yo no podré deducir en ningún caso la palabra siguiente de la cadena, tales palabras formarán una relación propia de los datos puros. Al ser datos puros, mi único sistema de memorización eficaz será el basado en las asociaciones o relaciones inverosímiles.

Supongamos a modo de ejemplo el siguiente grupo de palabras:

dardo, escopeta, lazo, ojos, pantalones, vaso, olfato

Ahora se trataría de visualizar con toda la nitidez posible una escena o bien una serie de escenas inverosímiles, es decir, que de ningún modo pudiesen ser acciones reales, de forma que todas las palabras encadenadas lo sean por acciones que llamen poderosamente nuestra atención.

Debido a que el subconsciente de nuestra mente retiene con gran facilidad todo aquello que nos llama mucho la atención, podrá recordar todas las palabras que deseemos siempre y cuando formen entre ellas una relación no creíble y que sea a su vez espectacular, aunque fuesen miles de palabras y solamente las hubiésemos escuchado una vez. Por este motivo, presta atención, por favor, a la película inverosímil que voy a crear ahora mismo, de forma que la veas y la sientas en tu mente como si realmente estuviese sucediendo en estos mismos momentos:

*Visualicemos una partida de **dardos**. Un jugador los está lanzando a una diana (recrea en tu mente los dardos volando hacia la diana y el ruido que hacen al clavarse en ella), cuando de repente aparece un ladrón armado con una **escopeta**, quien le intimida con ella para robarle la diana (puesto que tiene muchos dardos metidos en el centro).*

*Pero en ese momento entra en acción un vaquero del oeste americano, quien velozmente lanza su **lazo** hacia la diana atrapando con él dos de los dardos clavados en el centro y, de un latigazo con su brazo, dirige el lazo con los dos dardos sujetos en su punta hacia la escopeta, los cuales se introducen por los dos cañones del arma hasta el fondo, dejándola inutilizada.*

*Todo ha sido en un abrir y cerrar de **ojos**:* la gente parpadea incrédula con ellos *y al atracador se le caen los **pantalones** por el miedo que tiene al ver semejante exhibición, optando por esconderse del vaquero dentro de un **vaso** (veamos el esfuerzo que hace para introducirse dentro de un pequeño vaso).*

*Pero que no crea el atracador que ya se ha librado en su escondite. Ahora vemos cómo el vaquero se pone a cuatro patas y empieza a **olfatear** el suelo (como un perro) buscando su rastro.*

B) Asociación de palabras NO visualizables

Muchas veces tendremos que asociar palabras que no podamos visualizar debido a que carecerán de imagen propia, y por tanto no podrán transmitirnos ninguna. En este caso, la única forma de hacerlo (que también resultará muy eficaz) será transformando esas palabras no visualizables en otras que sí podamos visualizar, las cuales tendrán que tener entre sí cierta similitud escrita, pronunciada o de cualquier otro tipo.

Esto es algo que nos sucederá con:

— **Sustantivos,** como salud, alegría, paz, etc.
— **Adjetivos,** como verde, fuerte, grande, etc.
— **Verbos,** como querer, tener, saber, etc.
— **Adverbios,** como mayor, ahora, pronto, etc.
— **Preposiciones,** como desde, entre, para, etc.
— Etcétera.

Pero no hay que preocuparse en absoluto, todo es afinar un poquito la imaginación y siempre encontraremos algo eficaz.

Veamos a continuación unos ejemplos con verbos. Lógicamente, tendremos que asociar los verbos de nuestro idioma con los del idioma que estemos aprendiendo. Para ello emplearemos siempre el modo infinitivo.

Con algunos verbos lo tendremos aparentemente un poquito más sencillo que con otros. Así, verbos como «andar», «comer», «dormir», «viajar», etc., no presentarán ninguna dificultad en cuanto a que podremos visualizar la acción que representan de manera clara e inequívoca. Sin embargo, tendremos que crear una imagen para aquellos verbos que sean más difíciles de imaginar, como «pensar», «desear», etc. Pero esto es algo que veremos más adelante, en otro capítulo posterior (capítulo 9).

Otro grupo de verbos son los que expresan acciones similares en nuestro idioma, como «subir» y «montar», pero pueden no significar lo mismo en el idioma que estemos estudiando. Llegado este caso, tendremos que diferenciarlos con imágenes o escenas particulares que los diferencien.

Por ejemplo, para el verbo **«subir»** puedo visualizar la escena de subir por unas escaleras, y el verbo **«montar»** me sugiere montar en un coche, montar a caballo o montar guardia, por citar distintas posibilidades, y lo distinguiremos del verbo «subir» en cuanto a que «subir» sería hacer esa acción a través de, o por medio de algo, y «montar» sería «hacerlo en o sobre algo». Conviene tener en cuenta estas sutilezas para no confundirnos de verbo al memorizarlos.

Por ejemplo, imagina que la traducción del verbo «subir» en otro idioma fuese la palabra **«Flanten»** (me la acabo de inventar), de modo que tuvieses que emplear dicha palabra en ese idioma para referirte a la acción de «subir».

Necesitaré encontrar entonces una palabra que sustituya a «Flanten», y ya que tengo que buscarla, lo haré a ser posible con alguna que pueda visualizar fácilmente. No hace falta que esta palabra se parezca demasiado, simplemente será suficiente con que me proporcione una idea o una aproximación. Si esta aproximación empieza de forma similar a la palabra que sustituye a «Flanten», todavía mejor que mejor.

Así, la palabra **«Flan»** sería una buena sustituta del verbo extranjero imaginario «Flanten», por lo que para recordar esta traducción de **«subir»** podría ver, por ejemplo:

*A un electricista **subiendo** por una escalera de mano y llevando en equilibrio un **«flan»** en su nariz (además de sus herramientas colgadas del cinturón).*

En cambio, si el verbo «Flanten» significase **«montar»**, podría ver:

*A una persona **montando** en un flan con ruedas, como si fuese un coche.*

Si el verbo imaginario «Flanten» hubiese sido la traducción de **«trepar»** en vez de la de «subir» o de «montar», hubiese visto:

*A un **flan trepando** por una soga para alejarse de una cuchara que se lo quiere comer (lo vería balanceándose y mostrando su flacidez).*

---

* Para asociar los verbos, visualizaremos siempre que sea posible la acción que marca su infinitivo, y será muy conveniente usar también alguna otra palabra o imagen de refuerzo que nos centre aún más en la escena principal, tal y como hemos hecho en este último ejemplo con la palabra «cuchara», la cual perseguía al flan.

CAPÍTULO 6

Primera toma de contacto: Adquisición del vocabulario

∽

ENTENDER perfectamente este capítulo será fundamental para que puedas completar las casillas de vocabulario que aparecen en el capítulo siguiente, y que en su momento tendremos que abordar. Por esta razón, incluiré aquí muchos ejemplos, para que no te falten armas ni ideas cuando llegue ese momento.

> **La adquisición del vocabulario consiste en memorizar la libre relación que tienen entre sí palabras pertenecientes a idiomas distintos que signifiquen lo mismo.**

¿Qué significa eso de memorizar una relación libre? Pues significa que la correspondencia entre tales palabras es totalmente caprichosa, totalmente azarosa. ¿Por qué «árbol» ha de traducirse por «tree» en inglés? Como ves, no existe ninguna lógica para ello, y por esta razón nos encontramos ante un dato puro.

Ciertamente, en algunos casos obtendrás palabras similares en varios idiomas, pero en la gran mayoría de ellos nunca podremos deducir ninguna correlación o similitud entre las que posee nuestro idioma y las que posee el que estamos estudiando. Por este motivo, por no existir normalmente similitudes, memorizar vocabulario extranjero será lo mismo que memorizar datos puros, pues el vocabulario extranjero es un dato puro por definición. Son datos que no obedecen a ninguna lógica que podamos deducir.

Pues bien, aquí tenemos una de las claves más importantes para aprender un idioma. En efecto, los estudiantes de lenguas extranjeras simplemente usan la repetición para adquirir el vocabulario, y como nuestra mente no funciona de esa manera, pues la repetición solo es eficaz para memorizar datos secuenciales y para ganar en soltura (no para memorizar datos puros), tendrán que leer y releer cientos de veces las mismas palabras, de forma que así se vayan asentando muy lentamente en su memoria. Pero por si fuese poco, pronto empezarán a olvidarlas y a confundirlas, salvo que se le dedique todo el tiempo del mundo a ello, algo que en sí es frustrante además de aburrido. La mayoría de ellos se verán obligados a buscar las mismas palabras en el diccionario una y otra vez, al no ser capaces de retener su significado de forma duradera.

Este es uno de los principales motivos por el cual los estudiantes que intentan aprender una lengua extranjera progresan tan poco y se desaniman tan rápidamente, ya que, indudablemente, trabajan contra natura y desaprovechan su auténtico potencial mental, su verdadera capacidad de aprendizaje, la cual podría salir a relucir rápidamente, y para su asombro (tal y como demostraré en este libro), si se hiciesen las cosas de la manera más apropiada.

Empecemos con unos ejemplos sencillos

Un buen día me propuse aprender algo de alemán, y la primera palabra que cayó mis manos fue el verbo «COMER». A esta palabra le tengo un especial cariño, no porque me guste comer (aparte de eso), sino porque fue la primera que asocié, y por tanto que memoricé de verdad y para siempre en dicha lengua.

La correspondencia alemana del verbo castellano **«comer»** es **«essen»,** por lo cual, si yo quiero aprender de verdad a decir «comer» en alemán, no podré limitarme a leer «essen» una y otra vez. Pretender hacer eso con todas las palabras de un idioma sería terriblemente aburrido, deprimente y por supuesto ineficaz, además de antinatural. Por ello, y sabiendo que la palabra castellana «comer» nos sugiere una acción clara que todos conocemos (la de ingerir alimentos), ahora tendremos que encontrar *otra palabra castellana que sea similar a «essen»,* es decir, que me proporcione algún indicio, aunque sea mínimo, de dicha palabra alemana.

¡Atención! Hemos dicho un *indicio mínimo,* pues muchas personas buscarán sustituciones «perfectas» que no existen. Deseo avisar con mucha antelación de esto, ya que este defecto de buscar sustituciones «perfectas» o «casi perfectas» constituye una acción imposible de conseguir, además de innecesaria, la cual solo servirá para frenar nuestro ritmo de trabajo y nuestro nivel.

Continuando con la relación «comer/essen», me vino a la cabeza la letra «S» para sustituir a la palabra germana «essen», pues la letra «ese» es fácilmente visualizable, además de tener un gran parecido escrito con dicha palabra alemana. En este caso, la aproximación: «ese»/«essen» no es perfecta, pero casi, y desde luego que no debemos hacerle ascos si nos surge alguna palabra sustituta así, lo cual, y dicho sea de paso, también sucederá con cierta frecuencia.

Ahora solamente me restaba asociar de forma inverosímil la palabra «comer» con «ese», es decir, con la consonante «S». La relación la vi muy rápidamente, pues pienso que si una persona utiliza mucho la acción de «comer», su cuerpo empezará a formar la letra «S». En efecto, a más comer más forma de «S» tendrá su cuerpo, ya que se formará más barriga y más culo.

* *Imagine el lector a un señor muy gordo que no para de **comer,*** y por eso su *cuerpo tiene más forma de «ese»* cada vez:

Podemos verlo comiéndose un *sándwich,* por ejemplo, que, dicho sea de paso, también es un alimento cuyo nombre empieza por «ese».

Ni que decir tiene que me estoy refiriendo al *infinitivo «comer»,* que es el que expresa la verdadera acción, y no a «comiendo», «comido» u otras formas verbales, pues solamente tendremos que asociar los infinitivos de los verbos.

Para cuadrar nuestro sistema de aprendizaje tendremos que disponer de unas tablas donde traducir las palabras y donde anotar las divertidas asociaciones inverosímiles que hagamos. Estas tablas son materia del capítulo siguiente, luego no te preocupes ahora por ellas.

En este capítulo lo que sí vamos a hacer es seguir poniendo muchos ejemplos para que veas todas las posibilidades que tenemos para transformar y asociar inverosímilmente el vocabulario, con el fin de que después rellenes las tablas de manera rápida y eficaz.

— La segunda palabra que asocié, es decir, la segunda que adquirí de manera perpetua como parte de mi vocabulario alemán, fue en este caso un sustantivo. Pensé en la palabra castellana **«Habitación»** (pensaba en que tendría que pedirla cuando llegase al hotel), cuya correspondencia en alemán es **«Zimmer»**.

Aprovecho esta extraordinaria ocasión para recordar que:

Es muy importante empezar asociando primero aquellas palabras que representan una mayor amplitud o generalidad, es decir, aquellas que de algún modo puedan englobar a otras.

Según esta norma, será más importante aprender a decir primero *«habitación»* que «comedor» o que «dormitorio» (los tipos de habitaciones), algo que es completamente lógico y coherente con la línea que siempre he mantenido, en la cual aconsejo estudiar de más a menos, de forma que nos dediquemos a memorizar en primer lugar aquellos datos que representan una mayor magnitud, amplitud o generalidad.

Así pues, nosotros podremos visualizar fácilmente una habitación, una habitación cualquiera, una habitación general que no posea muchos detalles. Puedes ver simplemente sus cuatro paredes, su suelo y su techo. Hasta aquí bien, pero resulta que su correspondencia en alemán es «Zimmer», y ahora yo no puedo visualizar eso. No podemos visualizar una «Zimmer» porque no es una palabra que forme parte de nuestro vocabulario castellano y por tanto la desconozco. Observa que, por el contrario, un alemán sí podrá visualizar una «Zimmer» y no podría hacerlo con una «habitación», aun siendo la misma imagen para ambas palabras, puesto que no sabrá lo que este término significa para él.

Decíamos que no podremos visualizar una «Zimmer» puesto que es una palabra nueva para nosotros. Por ese motivo tendremos que buscar una palabra castellana (cuya imagen sí conozca) que la sustituya y que me ayude de algún modo a recordarla.

La palabra que se me ocurrió fue «Cima», cuya pronunciación figurada es «Zima», o sea, una palabra muy parecida a la germana «Zimmer» y muy fácil de visualizar. Una vez hemos escogido las dos imágenes, en este caso «habitación» y «cima», realizaremos finalmente una asociación inverosímil entre ambas.

IMPORTANTE: Observe el lector que en este caso he utilizado la palabra «Cima» por el gran parecido acústico que tiene su pronunciación «Zima» con la palabra escrita «Zimmer», no por la similitud en sus escrituras, pues no existe (cima/zimmer).

También existe una relación entre ambas palabras en cuanto a que se pronuncian de forma parecida, ya que «Zimmer» se pronuncia «tsima», lo cual, como puede verse, guarda un importante parecido acústico con la palabra castellana que se pronuncia «zima».

Saca como conclusión que no debes buscar solamente palabras que se escriban de forma similar, sino que puedes y debes atender también a la forma tal y como se pronuncian, y de este modo tendrás cuatro veces más opciones, pues podrás mezclar todas las posibilidades. Esto es especialmente interesante si estudias idiomas en los que, como el inglés, la pronunciación de una palabra difiere mucho de su escritura.

Volviendo a la relación entre «Habitación» y «Zimmer» (Cima), la asociación inverosímil que establecí fue la siguiente:

—V*isualicé una* **habitación** *en la* **cima** *de un pico.*

Esta habitación estaba en equilibrio y sobresalía en lo alto de la cima. La gente que estaba en ella se movía con cuidado para no romper dicho equilibrio, de forma que si la habitación se balanceaba hacia algún lado de la cima, las personas que estaban dentro se iban rápidamente hacia el lado opuesto para contrarrestar dicho movimiento con su peso y evitar que la habitación se cayese por el precipicio.

En lo sucesivo, cuando yo piense en la palabra castellana *«habitación»*, me vendrá enseguida el recuerdo de verla en la *cima* de un pico, y sabré al instante que en alemán es algo muy parecido a «zima».

Lo mejor de todo es que gracias a estas asociaciones, dicha correlación inverosímil entre las palabras hará que puedas retenerlas fácilmente en tu memoria de largo plazo y enseguida recordarás su traducción, sin tener que pensar ya nunca más en la asociación que creaste al principio (aunque ciertamente esta tampoco la olvidarás). También podrás recordar la traducción a la inversa, es decir, cuando escuches el sonido «tsima» sabrás enseguida que te están hablando de una habitación. ¡Nuestra memoria es genial!, ¿eh?

Con un mínimo de práctica, nuestras asociaciones irán siendo cada vez mejores y más nítidas, más imaginativas, así como nuestra capacidad para visualizarlas y para recordarlas posteriormente. Asimismo, la duración y la calidad de su recuerdo también se incrementarán notablemente.

Observe ahora el lector que si un alemán quisiese aprender a decir la palabra castellana «Habitación» (suponemos que estudia castellano), como la palabra alemana «Zimmer» es para él fotográficamente lo mismo que para los hablantes de la lengua castellana «Habitación», es decir, en ambos casos se visualiza la misma imagen, el alemán estudiante de castellano tendrá que buscar una palabra en su idioma que sea, por escritura o por pronunciación, similar a «Habitación». Una palabra que podría valerle para ello sería «Habicht», que en castellano significa «azor» (es un ave rapaz).

Así, ante la misma imagen de una habitación los castellanos dirían «Habitación» y los alemanes dirían «Zimmer». De igual modo, ante la imagen de un azor los españoles dirían «Azor» y los alemanes «Habicht».

El estudiante alemán tendrá que asociar de forma inverosímil la imagen correspondiente a una «Zimmer» («habitación» para él) y la correspondiente a un «Habicht» («azor» para él), la cual le dará pie a recodar la palabra española «habitación». De este modo, el alemán podría visualizar:

*Una «**Zimmer**» volando enganchada entre las garras de un «**Habicht**».*

Por ello sabrá que la palabra equivalente en castellano a su «Zimmer» se escribe de manera similar a «Habicht». Evidentemente será así, porque la palabra que busca, y con la que se familiarizará enseguida (tras tres o cuatro repasos), es «Habitación».

Por cierto, si el lector se imagina ahora a un **«azor»** sentado en la mesa y comiéndose un plato de **«habichuelas»** con chorizo, podrá suponer que para decir «azor» en alemán tendría que emplear una palabra similar a «habichuela». De este modo se acercará muchísimo a su traducción real: «Habicht». Si quieres, puedes visualizar:

*Un «**azor**» comiendo con mucho «**azogue**» un plato de **habichuelas**.*

La palabra «*azo*gue» nos servirá para reforzar que el protagonista es un *azor* (por su gran parecido escrito), y que no se trata, por ejemplo, de un águila, de un halcón, de un búho o de cualquier otra rapaz, pues podrías confundirte al ser similares las imágenes de todas estas aves. Recuerda, pues, esta rima:

Si existe posibilidad de confusión, tendrás que reforzar la asociación.

Hagamos ahora un repaso de los dos ejemplos iniciales. Si yo le pregunto a mi querido lector:

¿Cómo se dice «comer» en alemán?

Piénsalo un instante...

* * *

Realmente existe como mínimo un 99 % de probabilidad de que relaciones este verbo con la letra «S». ¿Te acuerdas?

¿Y si te pregunto que cómo se dice habitación?

* * *

Sin duda, recordarás una de ellas puesta en equilibrio en la cima de una montaña.

Bien. Sabiendo que el alemán es un idioma que guarda bastante lógica, y si ya sabes que «Comer» se dice «Essen» y que «Habitación» se traduce por «Zimmer»:

¿Cómo se diría en alemán la palabra castellana «Comedor»?, la cual es la suma de las dos anteriores.

Piénsalo durante unos segundos...

* * *

La palabra «Comedor» es la resultante de unir las dos palabras anteriores: «Comer» y «Habitación», pues se trata de una habitación donde se come. Por ello, ¿te atreverías a escribir en un papel la palabra resultante de la suma de ambas palabras?

Dicho de otro modo:

¿Quieres intentar deducir cómo se dice «Comedor» en alemán?

¡Venga!, inténtalo. Te espero unos segundos...

* * *

Suponiendo que no sepas alemán, si has escrito una palabra similar a «Essenzimmer», o a «Zimmeressen», sin duda vas por el buen camino, pues también comprendes que no será necesario asociar todo el vocabulario puesto que siempre tendremos otra poderosa arma a nuestro lado: la **lógica,** la cual nos permitirá poder adquirir nuevas palabras razonándolas por nosotros mismos.

La palabra escrita correctamente es *Esszimmer,* una palabra muy parecida a «Essenzimmer». No es del todo igual porque en todos los idiomas siempre podremos encontrarnos con pequeños arreglos gramaticales, y en este caso, para formar la palabra resultante se han suprimido las dos letras finales del verbo «Ess*en*» («en»), quedando finalmente en «Ess». Tampoco es difícil de comprender esto si tenemos en cuenta que los verbos alemanes terminan con la partícula «en», y lo que sucede es que para formar este vocabulario se suprime dicha terminación común.

Igual que sin duda has encontrado esta lógica (si no es que estabas un poquito despistado o despistada), este será un suceso bastante habitual en el estudio de los idiomas, es decir, siempre encontraremos casos en los que podremos deducir muchas palabras de vocabulario nuevo partiendo de otras que ya conozcamos.

Observa otra vez la importancia de una de mis reglas favoritas: la de estudiar de más a menos, es decir, partiendo de las ideas más amplias y generales, pero a la vez las menos profundas, para llegar finalmente a aquellas que son menos amplias y más profundas y específicas, las cuales podremos entender entonces mucho mejor e incluso deducirlas con bastante frecuencia.

Si aplicamos esta norma al último ejemplo que hemos visto, veremos que es más importante conocer en primer lugar el significado de «habitación» que el de «comedor», pues «habitación» tiene un significado más amplio y general que «comedor», y ello nos establecerá el orden correcto de estudio.

Así, gracias a conocer inicialmente la palabra «Zimmer» (Habitación), cuando lleguemos a otras palabras que como «Esszimmer» tienen la terminación «...zimmer», podremos deducir enseguida y por nosotros mismos que se trata de distintos tipos de habitaciones. Comprobémoslo:

¿Qué me dirías si te preguntase que qué puede significar (aproximadamente) en castellano la palabra alemana **«Badezimmer»**?

Por tu experiencia adquirida unas líneas antes en esta lengua, cuando encuentras otra vez la misma terminación: «...zimmer», podrías deducir con facilidad que se trata nuevamente de algún tipo de habitación. La palabra inicial «Bade» será sin duda la que nos marque el tipo de habitación del que se trata.

Si relacionas la similitud que tiene la palabra alemana *«Bade»* con la castellana *«Bidé»,* encontrarás la solución final.

Piensa en cuál puede ser... (Creo que me he pasado y que te he dado una pista demasiado grande.)

Realmente, lo que he hecho es buscar una palabra castellana que sea similar a «Bade». Elegí «Bidé» porque ¿dónde podemos encontrar un bidé? Pues en el cuarto de baño, ¿no? Muy bien, gracias a esta relación ya sabremos que la palabra «Bidezimmer», perdón, quería decir *«Badezimmer»* significará *«Cuarto de baño».* Tan bonito como eficaz, ¿verdad?

Bueno, ahora vamos a razonar un poquito:

a) Sabemos que la palabra «Badezimmer» («bade» + «zimmer») significa «Cuarto de baño», y que «Esszimmer» («ess» + «zimmer») quiere decir «Comedor».

b) Es cierto que para formar «Esszimmer» tuvimos que quitar la terminación «en» a «essen», por lo cual, si ahora añadimos «en» a «ess», formaremos otra vez «essen» (comer).

c) Del mismo modo podríamos añadir «en» a «bade», y al igual que antes formábamos el verbo «essen», ahora formaríamos el verbo «baden», el cual tendrá la misma relación con «cuarto de baño» que «essen» con «comedor». Así, si «essen» significaba «comer», «baden» significará «Bañar». Lógico, ¿no?

Gracias a esta deducción, ya tendremos otra nueva palabra de vocabulario alemán, y de la misma manera, y gracias a conocer la traducción del término general «Habitación» (Zimmer), podríamos seguir deduciendo y saber fácilmente cuándo nos encontramos con el resto de los tipos de habitaciones.

Recuerda que el razonamiento es el primer sistema de memorización, y por este motivo no tendrá sentido que intentemos memorizar de manera distinta todo aquello que podamos razonar o deducir por nosotros mismos. Saber razonar nos ayudará a su vez a adquirir más conocimientos, los cuales se irán consolidando de forma segura en nuestra memoria. Por tanto, siempre trataremos inicialmente de encontrar alguna lógica en todo aquello que estemos estudiando.

Todas las palabras pueden ser asociadas. Aquellas que no nos transmitan ninguna imagen de forma directa tendremos que sustituirlas por otras similares que nos ayuden a recordarlas y que sí podamos visualizar.

Además, nos encontraremos con otro grupo de palabras que, aparte de no transmitirnos ninguna imagen, serán demasiado cortas como para buscarles una palabra sustituta del modo tradicional, pues no habrá «de donde sacarles sustancia». Encima podrán significar a veces muchas cosas distintas. Te pongo un ejemplo a continuación:

Si tomamos la preposición alemana **«zu»,** nos haremos cargo enseguida que no podemos visualizar un «zu», debido a que sencillamente no tendremos ninguna imagen creada para esa palabra tan pequeñita que desconocemos. Por otra parte, al ser una palabra tan corta admite menos posibilidades para sustituirla por otras palabras que si fuese una palabra mayor (de más letras). Y lo que es peor, esta dichosa palabrita puede traducirse al castellano nada menos que por estas cuatro preposiciones: **«a** (hacia)**, en, para, por».** Pues bien, ¿cómo podríamos asociar esto?

Cuando llegué en su día al estudio de esta preposición, y dado que era demasiado corta, pensé enseguida en su sonido, es decir, en cómo se pronunciaba. Su pronunciación figurada es «tsu», y por aquí me vino a la cabeza la palabra japonesa «*tsu*nami», por la que se conoce comúnmente a una ola gigante producida por un maremoto. Esta imagen resultaría muy fácil de visualizar, y su similitud con la pronunciación de la preposición alemana es enorme, ya que empieza también por «tsu». Del mismo modo, y como opción alternativa al sonido, podía haber elegido una palabra mayor que empezase a escribirse por «zu», como «*zu*mo».

Sinceramente, te diré que en parte me desilusioné un poco, pues, inicialmente, «zu» parecía una palabra más difícil, demasiado corta como para encontrarle alguna sustituta eficaz, y ya se me habían ocurrido dos posibilidades distintas: «*zu*mo» y «*tsu*nami». ¿Cómo iba a disfrutar así?

Por este motivo quise encontrar algo más original, y como disfruto mucho asociando y usando la imaginación, te describo a continuación detalladamente el resultado que al final elegí, por considerarlo personalmente como uno de los más brillantes que he obtenido en mi carrera.

¿Qué sucede cuando pronunciamos la palabra alemana «zu» varias veces seguidas? Pues sucede que, como su pronunciación figurada es «tsu», sin duda escucharíamos esto:

«tsu», «tsu», «tsu», «tsu»...

Por favor, prueba a pronunciar los sonidos anteriores varias veces seguidas y te darás cuenta de que parece que estás estornudando. Por este motivo decidí sustituir la preposición «*zu*» por la acción de «*estornudar*».

Es evidente que, en mi asociación inverosímil, la acción de estornudar tendría que estar ahora presente junto con los cuatro significados de la palabra «zu» anteriormente mencionados. En efecto, el diccionario me los estaba mostrando por orden alfabético: «a, en, para, por».

Por otra parte, yo siempre he pensado que la ciudad española donde más se estornuda es *Jaén*. Quizá esté equivocado, pero para aquellas personas que no lo sepan, en primavera, aparte de las gramíneas y de otras plantas que producen alergias, Jaén es con diferencia la ciudad española con mayor cantidad de olivos, cuyos árboles producen también muchas alergias, y con ellas llegan indudablemente los estornudos.

Bien, ya sabemos que para poder traducir la preposición alemana «zu» se trata de estornudar, y que Jaén se lleva el primer puesto en ello. Ahora sigamos deduciendo:

Está claro que la gente estornuda mucho en Jaén, y por tanto, esta será la ciudad donde más «pasa» eso, y como donde más pasa eso es por Jaén, ya tendremos felizmente resuelto el enigma si simplemente digo que eso:

«Pasa por Jaén».

Obsérvese el enorme parecido de la frase:

«Pasa por Jaén» con todas las traducciones posibles de «zu» tras cambiarles el orden: **«Para, por, a, en».** En efecto, si pronuncias de forma rápida **«Para por a en»,** verás la gran similitud que tiene lo que dices con la frase **«Pasa por Jaén».**

Como me gustó mucho, dije: «Ahora sí, caso *cerrado*», y de paso recuerdo que «zu» tiene además otro significado, el de **«cerrado».**

Este ejemplo demuestra que siempre podremos encontrar palabras sustitutivas suficientemente buenas. Nuestro límite es nuestra imaginación, pero esta siempre se puede desarrollar y mejorar, y lo mejor es que puedes divertirte mucho con ello.

Frases hechas: Otras opciones para memorizar

Imagina, por ejemplo, que estás estudiando inglés y quieres memorizar que el verbo castellano **«necesitar»** se escribe **«need».**

Una opción distinta a lo que hemos visto hasta ahora sería la de construir una frase en la cual apareciesen ambos vocablos. Así, supongamos que para la palabra inglesa *«need»* usásemos la imagen de un *«nene».* Entonces podríamos formar la frase:

«Necesitar un nene».

Podríamos visualizar ahora un almacén donde hay muchos **nenes necesitados,** *y a varias parejas buscando entre ellos para ver si encuentran alguno que les guste.*

Observa, además, que tanto la palabra castellana *«necesitar»* como la inglesa *«need»* empiezan por *«ne»,* por lo que también podríamos formar la palabra «*nene*» si leemos de forma seguida los inicios de ambas palabras: «*ne + ne*».

Por otra parte, también podríamos fijarnos en el sonido de la palabra «need»: **«ni:d»,** el cual me sugiere imaginar un *nido*.

De este modo, la frase hecha:

«*Necesitar un **nido**».*

Podría ser más que suficiente, pero mejor sería reforzarla con una imagen en la que viese un pajarillo muy pequeño, en una delgada rama, a punto de caerse, y pensar que dicho pajarillo *necesita un nido*.

Si uniésemos ahora las dos posibilidades que me ofrece la palabra «need», formaríamos una «frase hecha» muy llamativa, razón por la cual se alojaría en mi memoria con solo repetirla una vez, aunque no la visualizase:

«*Podríamos imaginar a una pareja que **necesitan** un **nido** para su necesitado nene».*

*   *   *

Especial utilidad tendrán las frases hechas cuando trabajamos con **palabras muy cortas,** tal y como los pronombres personales, las conjunciones, las preposiciones, los artículos o las palabras interrogativas.

— Por ejemplo, para recordar que la palabra interrogativa castellana **«¿qué?»** se traduce al alemán por **«was?»,** la cual se pronuncia como «*vas*», podríamos construir sencillamente la frase:

«*¿**Qué vas** a hacer?».*

— Otro ejemplo. Imaginemos que estudias inglés y quieres memorizar que el verbo castellano **«conseguir»** se corresponde con el verbo inglés **«get».**

Una vez que encuentro una palabra que sustituya al verbo inglés «*get*», tal y como «*jeta*» (que significa «cara»), podríamos crear seguidamente una frase como esta:

*«Para **conseguir** algo hay que tener mucha jeta».*

Pruébalo y verás cómo te da resultado. Si quieres, puedes reforzar la frase anterior de este modo:

*«Visualizando a una persona con una cabeza sin cara. La veo estirar la mano para **conseguir** la jeta de otra persona que está enfrente».*

Otra opción para sustituir a *«get»* podría ser la palabra *«gato».* Así, imaginaría ahora que:

*«Para **conseguir** algo necesitas un **gato**».*

Como si fuese una especie de gato de la suerte. O también puedo imaginar la acción de:

*«**Conseguir** un **gato** con mucha jeta».*

O bien:

*«El señor que no tenía jeta **consigue** una gracias a que su **gato** arranca la jeta de otra persona».*

— En alemán podemos traducir el verbo **«conseguir»** por **«erreichen»**. Una frase chocante que nos permitirá memorizar este verbo podría ser la siguiente:

*«Para **conseguir** algo en la vida hay que estar siempre **erre que erre**».*

Y si quieres, la refuerzo aún más así:

*«El que está **erre que erre** siempre **consigue** lo que le **echen**».*

Es evidente que la suma de *«erre»* y *«echen»* constituye un excelente sustituto del verbo alemán *«erreichen».*

— Si las palabras interrogativas castellanas **«¿por qué?»** se traducen por **«why?»** en inglés, lo cual se pronuncia como **«uái»**, podríamos crear la siguiente frase para recordarlas:

«¿Por qué es siempre tan way?».

De forma que en esta frase ya tendremos ambos vocablos incluidos.

Y como la continuación a la pregunta anterior empieza siempre por la conjunción: **«porque...»**, que corresponde en inglés a **«because»**, la cual se pronuncia **«bicó:s»**, podríamos contestar a dicha pregunta diciendo:

«Porque es bizco».

Dicha respuesta sería algo así como una compensación que emplea esta persona, pues como es *bizca,* en contrapartida intenta ser *«way»* para poder tener amigos (algo que además puede suceder en la vida real).

* Obsérvese cómo las palabras destacadas sustituyen eficazmente a los términos de ambos idiomas.

— Podríamos aprender a decir en inglés **«maestro»** o **«profesor»** de la siguiente manera:

«Visualizando a un profesor que no para de tachar los ejercicios de sus alumnos porque están todos mal».

(La traducción inglesa es **«teacher».**)

Más ejemplos

Inteligente: Se puede traducir al inglés por *«intelligent»* o por *«clever».*

a) El primer resultado: *«intelligent»* no tendríamos por qué asociarlo con *«inteligente»*, puesto que ambas palabras ya poseen de por sí un gran parecido.

b) En cambio, para recordar su segunda traducción: *«clever»*, sí tendríamos que realizar en este caso una asociación inverosímil, ya que las dos palabras son muy distintas entre sí.

¿A ver qué tal te resulta esta frase hecha?

*«El que es **inteligente** siempre da en el **clavo**.»*

*   *   *

Enfermo: Podemos traducirlo al inglés por *«sick»*.
Una frase podría ser esta:

*«Pues **sí que** está **enfermo**».*

Ya que *«sí que»* se parece mucho a *«sick»*.

*   *   *

Alcanzar, coronar: Podemos traducirlo al inglés por *«reach»*.

*«Vemos cómo una **racha** de viento impide a un rey **alcanzar su corona** de papel, la cual se aleja de él rodando.»*

Como sabemos que el verbo *coronar* se refiere a *alcanzar* la cima de una montaña, podría reforzar la película anterior viendo a una especie de rey alpinista que acaba de coronar la cima de una montaña, pero como allí hace mucho más viento:

*«Tras **coronar** la cima, la **racha** de viento lanza su **corona** ladera abajo y no puede **alcanzarla**».*

Como puedes ver, queda bastante claro que, tras *alcanzar* y *coronar* la cima, viene una gran *racha* de viento **(reach)**.

* * *

Llorar: Se pronuncia: *«plákat»* en ruso.

Como el alfabeto ruso es muy distinto del nuestro, deberemos asociar las palabras castellanas con la pronunciación figurada de su traducción en ruso, no con su escritura.

Así, libero mi imaginación y pienso que en Rusia está prohibido llorar en la calle por el peligro que ello conlleva, pues como allí hace mucho frío:

*«Al **llorar**, las lágrimas que caen al suelo se transforman en **placas** de hielo».*

* * *

Maleta: Se pronuncia *«chimadán»* en ruso.

*«Visualizo una gran **chimenea** de la que en vez de humo salen maletas hacia arriba. Los rusos se acercan a ella porque en esa **chimenea dan maletas**.»*

* * *

Creer: Se pronuncia *«dúmat»* en ruso.

Voy a hacer esta asociación partiendo desde el principio.

Lo primero sería buscar algo (una imagen) para el verbo castellano *«creer»*, dado que no la tiene. Imagina que transcurridos unos segundos no se te ocurriese nada, pues a fin de cuentas se trata de un verbo no visualizable.

Ahora deberías consultar el capítulo 9 de este libro, el cual trata sobre «Orientación y ayuda con los verbos», pues «creer» es uno de los verbos esenciales que tendrás que conocer bien. Aquí encontrarás la imagen que yo utilizo para el verbo «creer»:

*«Veo a muchas personas **creyentes** rezando con un **rosario**. Evidentemente rezan el **credo** y otras oraciones porque **creen**».*

Ahora solamente te restará buscar una aproximación para la pronunciación rusa de «creer», que, como ya sabes, es *«dúmat»*. Para ello puede valernos sobradamente visualizar la **duna** de un desierto. Finalmente, realizo la asociación inverosímil, la cual incluirá las transformaciones de ambos términos:

*«Visualizo a unos camellos rezando el **credo** en una **duna** (Si te fijas bien, este rosario está formado por muchas jorobas de camello unidas)».*

Si quisiésemos, podríamos reforzar la escena anterior de este modo:

*«Viendo cómo el viento levanta el polvo de la **duna** y ciega los ojos de los camellos, lo cual nos hace **creer** que rezan el **credo** aún con más fervor, ya que tienen los ojos cerrados y así parecen más **creyentes**».*

Este refuerzo de imágenes no solamente no hará que nos confundamos y pensemos que estamos traduciendo otra palabra, como camello o joroba, sino que, por el contrario, nos centrará más todavía en la asociación que deseamos establecer, en este caso en la de rezar el *credo* y en la *duna* (creer = dúmat).

Piensa que la memoria trabaja a nivel de nuestro subconsciente, y ciertos resortes automáticos que este posee harán que podamos entresacar de cada película inverosímil y sin equivocarnos precisamente aquella información que deseamos. Por ello podremos reforzarlas sin ningún miedo.

Así, puedo ver también si quiero:

*«Como se moja el camello que tiene el rosario (el que más **cree**), pues las jorobas que lo forman están llenas de agua».*

*«Y veo además cómo se va formando barro al caer después esa agua sobre la arena de la **duna**.»*

Etcétera.

No tengas miedo ni te dé pereza desarrollar tu imaginación; es nuestra mejor herramienta mental, y pronto habrás multiplicado tu capacidad con ello.

Otra opción sería visualizar un **«dumie»** (dúmat), que es un muñeco con sensores utilizado en las pruebas experimentales de colisiones de coches.

De este modo podríamos visualizar:

*«A un **dumie** rezando el **credo** con su rosario porque tiene mucho miedo de la colisión a la que va a ser sometido».*

* * *

Sueco: Se escribe *«svensk»* en el idioma sueco.

En mis cursos presenciales siempre hay alguien que pone a prueba mi imaginación, y la de toda la clase, para traducir alguna palabra de un idioma que aparenta ser complicada. En este caso fue un culto y aplicado alumno en un curso sobre técnicas de estudio que di recientemente en Mallorca, quien quería ver una asociación para este ejemplo que acabamos de citar.

Como tenemos la expresión: «hacerse el sueco», que significa «no hacer caso», propuse inicialmente la acción de llamar a un *sueco:*

«Ssssh».

Y cuando este me miraba, decirle después:

«Ven acá».

Pero como se hacía el *sueco* y no nos hacía caso, le seguíamos llamando:

«Sss ven a K».

Pero nada. Seguía haciéndose el *sueco* y nos vimos obligados a insistirle más y más, cada vez más rápido:

«Ss ven a K».
«Ssven a K».
«Sven aK».
«SvenK».

* * *

Diarrea: Se pronuncia *«gueri»* en japonés.

*«Veamos a un valiente **guer**rero samurái con **diarrea** antes de combatir en una **guer**ra.»*

* * *

Ducha: Se pronuncia *«shawaa»* en japonés.

*«Imagino a un pobre japonés tomando una **ducha**. Lo veo con sus ojillos casi cerrados debido al champú que tiene en ellos y que no puede quitarse porque se ha quedado sin agua.»*

El pobre grita a su compañero:

*«**Hecha aguaa**».*

* * *

Cementerio: Se pronuncia *«bochi»* en japonés.
Mi imaginación da vida a los muertos del *cementerio* y los visualizo:

*«Echando una partida de **bochas**».*

También imagino que utilizan para ello:

*«Los **baches** del **cementerio**».*

Los cuales son realmente las tumbas del suelo una vez abiertas y vacías (son *baches* rectangulares).

* * *

Amigo: Se pronuncia «*tomodachi*» en japonés.
Si el que afirma ser tu mejor *amigo* te dijese:

«*Toma del hacha*».

Y acto seguido te clavase un hacha por la espalda:
¡Deberías desconfiar de su amistad!

* * *

Ambulancia: Se pronuncia «*kyuukyuusha*» en japonés.
No te asustes. Si quitamos tanta «u», las letras que quedan me sugieren algo parecido a:

«*Ky usa*».

Y así imagino que, el *que usa* la ambulancia, hace también el ruido de la sirena con la boca:

«*uuu uuu*».

Debido a la emergencia, el «que usa» la *ambulancia* conduce y maneja la sirena al mismo tiempo, luego lo tiene que hacer todo a la vez. De este modo expondría ahora todo lo anterior un poco entremezclado:

El «*que yuuu que yuuusa*» la ambulancia...

O afinando un poquito más:

El «*k yuuu k yuuusa*» la ambulancia...

Y afinando un poco más, diría:

«K yuuu k yuuusa».

Y finalmente:

«kyuuu kyuuusa».

Recuerda que el *«que usa»* la ambulancia tiene que hacer también la sirena, por lo que parece que la usa dos veces:

«kyuuu kyuuusa».

* * *

Plato: Se pronuncia *«pán zi»* en chino.
Un andaluz diría:

*«Zi nos comemos muchos **platos** de **pan zi** que echaremos **panza**».*

* * *

Sofá: Se pronuncia *«sha fa»* en chino.
Podemos ver a una persona muy gorda que *chafa* un *sofá* al sentarse en él.

* * *

Cama: Se pronuncia *«chuáng»* en chino.
Imagino a un perro tan pequeño que solamente parece medio chucho, es decir, solo un *«chu»*. Así, su dueño le dice por la noche:

*«**Chu, an**da a la cama».*

* * *

Camión: Se pronuncia «*Ka che*» en chino.
Lógicamente, un camión es el *coche* con más *caché,* pues es el de mayor tamaño.

* * *

Avión: Se pronuncia «*fei ji*» en chino.
¿No te lo crees? Pues *feíjate feíjate* como despega.

* * *

Lluvia: Se pronuncia «*yu*» en chino.

«*Yupi, lluvia por fin.*»

Otra buena opción sería:

a) Los nativos decían en las películas que Tarzán tenía mucho «yu yu».
b) «Yu yu» nos sugiere mucha lluvia, el doble para ser exactos, ya que «yu» significa solamente «lluvia».

Por este motivo, visualizaré finalmente una enorme *lluvia* de Tarzanes (nuestro querido amigo y maestro), los cuales caen desde las lianas. Se trata por tanto de una *lluvia* de mucho «*yu yu*».

* * *

Bien, ya podrás divertirte mucho más con el capítulo que viene. Por cierto, y esto es muy interesante: si te juntas con más personas que deseen aprender el mismo idioma que tú, te puedo garantizar que aprenderéis todo su vocabulario muy rápidamente y disfrutando del mismo modo que lo haríais jugando a algún juego de mesa, pues será muy divertido escuchar las ideas inverosímiles que se os irán ocurriendo entre todos. Lástima que no pueda estar con vosotros para escucharos, seguro que también me lo pasaría muy bien.

Como puedes ver, no existe idioma difícil si sabemos hacer bien las cosas. Tenemos que trabajar siempre con ilusión y sin sentirnos frenados, retirando para ello todo lo que nos estorbe y nos cree sensación de dificultad, lo cual podremos retomar después, cuando hayamos progresado y estemos más preparados.

Resumiendo, con los idiomas debemos:

— **Adquirir su vocabulario,** haciéndolo en varias etapas si fuese necesario, de forma que dejemos para el final las palabras más «difíciles». De igual modo, dejaremos para más tarde el aprender a escribirlo si ciertamente poseyese una caligrafía extraña para nosotros.

— **Repasar.** Si repasases todos los ejemplos que hemos citado durante siete días consecutivos, tal y como señala el título de este libro...

¿No te parece que transcurrido ese tiempo (o incluso mucho antes), los conocerías con total perfección?

Todos estos ejercicios constituyen un trabajo agradable y divertido de hacer, el cual, además de ayudarnos a aprender un idioma pasando un rato entretenido, contribuirá al desarrollo de nuestra principal capacidad mental:

¡¡¡LA IMAGINACIÓN!!!

CAPÍTULO 7

Confección de las tablas de memorización

෴

C ON el fin de adquirir y memorizar el vocabulario lo más rápida y fácilmente posible, vamos a confeccionar unas tablas especiales que nos facilitarán esta labor de manera excepcional.

Saber construir estas tablas y entender todo su significado es algo necesario, por lo que te pediré que leas detenidamente este apartado.

Cada tabla agrupará un conjunto de palabras, unas 850 en total, pero de ellas tendrás que conocer primeramente poco más de 600, las cuales van a constituir el vocabulario básico. Las palabras de cada tabla presentan unas características comunes, de forma que la primera de ellas será la más representativa o general, es decir, la más importante, y por ello estará escrita siempre con letras mayúsculas. A esta palabra le seguirán otras que estén relacionadas con ella por tener un contexto común o parecido.

Las tablas estarán formadas por cuatro columnas verticales que repartiremos de la siguiente manera:

— **En la primera columna** estará escrita la palabra del *idioma extranjero* que deseamos adquirir.
— **En la segunda columna** estará escrita su *pronunciación figurada*. Es fundamental que coloques la tilde para saber cómo se pronuncia exactamente, es decir, qué sílaba se acentúa en la pronunciación. Esta tilde deberá ir siempre colocada (aunque la palabra original no la lleve), salvo en la pronunciación de los monosílabos, en los cuales lógicamente no será necesario.
— **En la tercera columna** estará escrita la palabra correspondiente a nuestro *idioma natal*. Idealmente esta debería estar escrita en otro color para poder distinguirla más fácilmente.

— **En la cuarta columna** tendremos escrita la *asociación inverosímil* que enlace la palabra central, correspondiente a nuestro idioma nativo, con la del idioma que queremos aprender (situada en la primera columna), o bien con su pronunciación figurada (segunda columna). También sería interesante escribir esta asociación en otro color.

Yo siempre utilizo el color azul para las asociaciones de datos puros, es decir, para la fantasía. De este modo, al trabajar siempre de la misma manera, cuando encuentre en mis apuntes un texto azul sabré a golpe de vista que se trata de una película sobre asociaciones inverosímiles.

Según lo explicado anteriormente, las tablas que crearemos tendrán el siguiente formato:

Idioma extranjero	Pronunciación figurada	Idioma natal	* Asociación inverosímil
XXXXXX	«xxxxxx»	XXXXXXX	* Xxxxxxxxxxxxxxxxxx
XXXXXX	«xxxxxx»	XXXXXXX	* Xxxxxxxxxxxxxxxxxx
XXXXXX	«xxxxxx»	XXXXXXX	* Xxxxxxxxxxxxxxxxxx
XXXXXX	«xxxxxx»	XXXXXXX	* Xxxxxxxxxxxxxxxxxx
Columna 1	Columna 2	Columna 3	Columna 4

La letra «X» que aparece repetida en cada cuadrícula simplemente representa una palabra, o, en el caso de la columna 4, un texto inverosímil.

Prosigamos. Observa seguidamente y con mucha atención la fila que te desarrollo a continuación:

Greet	«Grit»	SALUDAR	* Es bueno *saludar* a *gritos* (te oye más gente)

Esta sería una fila que similarmente tendrían que rellenar todas aquellas personas cuyo idioma natal fuese el castellano y que deseasen aprender inglés, la cual encabezaría la tabla que relaciona el vocabulario referente a los saludos y a las despedidas.

En la fila anterior podemos ver en primer lugar, y escrita con letra negrita, la palabra inglesa **«greet»** (primera columna). Tras ella figura su pronunciación figurada: **«grit»** (segunda columna). Después tenemos la palabra **«SALUDAR»,** la cual es la más importante y corresponde al idioma natal (tercera columna). Finalmente, haremos una **asociación inverosímil** que deberá relacionar la palabra de la columna 3 con la de la primera o con la de la segunda columna; podremos elegir cualquiera de las dos, y la escribiremos en la cuarta y última columna.

Por ejemplo, una asociación inverosímil que me haría adquirir una nueva palabra de vocabulario, en este caso que **«Saludar»** se pronuncia **«grit»** en inglés, sería esta:

«Es bueno **saludar** *a* **gritos,** *porque de este modo podremos saludar a muchas personas a la vez».*

Es evidente que así nos escucharían incluso las personas que estén situadas más lejos de nosotros.

Recuerda que para poder memorizar un dato puro teníamos que relacionar inverosímilmente al menos dos cosas (dos focos), en este caso lo hacemos con la palabra **«saludar»** y la palabra **«gritos»,** la cual sustituye eficazmente a la palabra inglesa **«greet».**

IMPORTANTE: En este caso he utilizado para la asociación inverosímil el sonido **«grit»** y no la palabra escrita **«greet».** Siempre podré elegir entre la columna 1 y la 2, según me convenga o me resulte más sencillo.

---

* Podríamos reforzar la asociación anterior visualizando en nuestra imaginación (al pronunciar la frase) como todo el mundo va **gritando** *por la calle mientras* **saluda** *con sus manos.*

Si quisiésemos aprender el significado de la palabra «saludar» *en distintos idiomas al mismo tiempo,* para evitar que pudiésemos confundirnos y mezclar el vocabulario de ellos entre sí, tendríamos que emplear además una situación comodín (un objeto o una característica del país) que estuviese relacionada directamente con ese país en cuestión, y por tanto que nos permitiese distinguir fácilmente de qué idioma se trata en cada caso. Así, un comodín para el idioma inglés podría ser ver la Torre de Londres, en cuyo caso podría reforzar la asociación anterior del siguiente modo:

** La gente se ve obligada a **saludar** a **gritos**, ya que el **reloj de dicha torre** produce tanto ruido que ni deja escuchar ni **saludar** con las manos, pues tienen que taparse con ellas los oídos.*

No obstante, aprovecho ahora para recordarte que todo lo que asociemos de forma inverosímil pasará rápidamente a nuestra memoria de largo plazo, y pronto tendrás bien asentado en tu memoria que la palabra castellana **«saludar»** se pronuncia **«grit»** en inglés. Por esta razón, y tras un mínimo de repasos, no te confundirás de idioma en la traducción de ninguna palabra, aunque estudiases varios simultáneamente.

Por otro lado, piensa que si solamente estudias un idioma no tendrás que emplear ningún comodín; bastará con que realices una asociación inverosímil directa. Profundizaremos más sobre este asunto en un capítulo posterior.

Pues bien, decíamos anteriormente que nos íbamos a quedar con la idea inverosímil de que:

*«Es bueno **saludar** a **gritos** porque de este modo podremos saludar a muchas personas a la vez».*

De este modo:

** Es bueno **saludar** a **gritos** (te oye más gente).*

Sería un buen resumen de la asociación inverosímil anterior para escribir definitivamente en el recuadro correspondiente a la cuarta columna. Resulta conveniente hacerlo tras un símbolo que nos facilite aún más la tarea de reconocer en el acto los datos puros, tal y como explicaba en mi primer libro, *Desarrolla una mente prodigiosa*.

Aunque pienses que estos detalles no tienen mucha importancia, sí que la tienen, y cuando te acostumbras a ellos consigues moverte más rápido y a golpe de vista por las distintas partes de un temario, reconociendo enseguida el significado que nos transmiten los signos y los colores que empleamos y donde empieza y termina cada asociación.

Insisto otra vez, dada su importancia, en que:

Para establecer una asociación inverosímil (columna 4) podremos relacionar la columna 3 (término castellano) con la palabra extranjera *escrita* (columna 1), o bien con su *pronunciación figurada* (columna 2).

Esta flexibilidad representará una mayor ventaja para aprender el vocabulario de lenguas como la inglesa, cuya pronunciación suele ser muy distinta de su escritura. Así, la dificultad inicial que presentan estas lenguas para su pronunciación, que prácticamente implica conocer cada palabra por separado, nos dará en realidad mayores posibilidades de asociación.

En efecto, puedes comprobar que, gracias a la considerable diferencia existente entre las palabras de las columnas 1 y 2 (escritura y pronunciación del vocablo extranjero), aunque hemos utilizado la pronunciación figurada «grit» (columna 2), también podríamos haber utilizado una palabra castellana que nos diese pie a recordar la palabra escrita «greet» (columna 1), como «greña».

Esta posibilidad de elegir a nuestra conveniencia entre las columnas 1 y 2 no existiría si el término extranjero se pronunciase del mismo modo que se escribe, como sucede casi siempre en la lengua castellana y otras similares.

FUNDAMENTAL: Si te fijas en el ejemplo anterior, la palabra castellana y la inglesa «solamente» tienen en común las primeras letras de su escritura, es decir **«gre»,** pero esto nos resultará más que suficiente para crear una relación efectiva entre ambas. No busques palabras sustitutivas perfectas porque no existen, y si pierdes mucho tiempo buscándolas, sentirás dificultad donde realmente no la hay. Así pues, busca solamente pequeños indicios y refuérzalos en tu mente. Evitarás el principal error de los que empiezan a asociar: Demorar excesivamente el trabajo buscando «perfecciones».

Dijimos que si encontrabas dos palabras distintas en las dos primeras columnas, una con la palabra escrita y la otra con la pronunciación figurada, podrías quedarte con cualquiera de ellas. No obstante, será preferible escoger la palabra concerniente a la pronunciación ante un idioma cuya escritura tenga caracteres desconocidos.

Imagina lo que sucedería si quisieses aprender chino. Al ser su escritura más difícil, estarías siempre frenado si acudieses a ella para memorizar el vocabulario. En cambio, te será realmente sencillo aprender a hablarlo si no te preocupas al principio de cómo se escribe. Si quisieses aprender a la vez a escribirlo y a pronunciarlo, no podrías progresar adecuadamente, pues cuando no encontrases dificultad y estancamiento por la pronunciación lo sería por la escritura. Sentirías que es difícil de aprender, y desde luego que esa sería tu realidad, pues nuestra mente sintoniza con el sentimiento. Por ello debemos empezar a estudiar un idioma aprendiendo a expresarnos en él. Esto es lo más importante, y como te decía al principio del libro, hasta las personas más analfabetas lo hablan muy bien y con mucha facilidad. Gracias a ello pueden hacer una vida perfectamente normal en su país natal, aunque no sepan escribirlo.

Aprovecho también para decirte al respecto de las lenguas que, como el chino, nos cambian todos los esquemas en cuanto a su escritura se refiere, que el alfabeto deberás aprenderlo en varias vueltas, atendiendo primero a la formación de aquellas palabras más importantes cuya escritura se corresponda con lo que vayas estudiando. Piensa igualmente que muchas palabras se formarán aplicando una lógica, lógica que tendrás que aprender y aplicar progresivamente.

En cambio, para los idiomas como el castellano, mucho más coincidentes en la forma de escribirse y de pronunciarse (las columnas 1 y 2 serán idénticas la mayoría de las veces), estableceremos preferiblemente la asociación inverosímil entre las palabras escritas (columnas 1 y 3), en cuanto a que enseguida podrás pronunciarlas a la perfección. Bastará para ello con conocer las normas básicas de pronunciación y usarlas unas cuantas veces.

Bien. Según lo que hemos visto hasta ahora, una de las tablas que tendremos que crear comprenderá los saludos más importantes de cualquier idioma, y estará constituida por el siguiente vocabulario:

Greet	«Grit»	SALUDAR	* Es bueno *saludar* a *gritos* (te oye más gente)
XXXXX	«xxxxx»	**Hola**	* Xxxxxxxxxxxxxxxxxxxxxxxx
XXXXX	«xxxxx»	**Buenos días**	* Xxxxxxxxxxxxxxxxxxxxxxxx
XXXXX	«xxxxx»	**Buenas tardes**	* Xxxxxxxxxxxxxxxxxxxxxxxx
XXXXX	«xxxxx»	**Buenas noches**	* Xxxxxxxxxxxxxxxxxxxxxxxx
XXXXX	«xxxxx»	**Hasta pronto**	* Xxxxxxxxxxxxxxxxxxxxxxxx
XXXXX	«xxxxx»	**Adiós**	* Xxxxxxxxxxxxxxxxxxxxxxxx

Ahora tendrías que completar todas las filas de la tabla anterior, tal y como hemos hecho con su palabra más importante y genérica: «SALUDAR».

Para rellenar estas tablas deberás utilizar un *diccionario* de ambos idiomas que contemple la pronunciación figurada, algo que suelen incluir la gran mayoría de ellos. No obstante, siempre será preferible usar unos códigos de pronunciación propios, puesto que en los diccionarios suele venir la pronunciación internacional, la cual será inferior a una personal que esté basada en nuestra pronunciación real. Un poquito más adelante te mostraré mi sistema particular de pronunciación.

También puedes servirte de una *agenda de traducción electrónica,* la cual te ofrecerá mucha rapidez de trabajo en cuanto a que solamente tendrás que escribir la palabra de tu idioma natal para ver reflejada enseguida su traducción al otro idioma. Estas agendas son rápidas y sencillas de manejar, y realmente económicas. Si la compras, procura que incluya la pronunciación clara y precisa de todos los términos del idioma que deseas aprender, incluso de algunas oraciones.

Igualmente son interesantes los *diccionarios que existen en Internet.* Algunos de ellos pueden descargarse para un tiempo de prueba que suele rondar el mes, tiempo suficiente para que completes tus tablas, lo que puedes conseguir en solo unas horas. Algunos de estos diccionarios también poseen voz para pronunciar todos los términos, incluso admiten la instalación de otras voces adicionales muy bien trabajadas y fiables, la cuales te permitirán afinar mucho tu pronunciación una vez las instales en ellos. Dada la gran utilidad que tienen, puedes plantearte incluso comprar alguno para tenerlo siempre fijo en tu ordenador. Piensa también que ahorrarás dinero, pues no tendrás que gastártelo en una academia convencional.

La forma de empezar consistirá en buscar cada palabra castellana en el diccionario para traducirla. También debes escribir a la vez la pronunciación figurada de cada una de ellas, es decir, completa al mismo tiempo las dos primeras columnas. Antes de escribir la pronunciación figurada debes leer las reglas de pronunciación que trae tu diccionario (normalmente en las primeras hojas). Si conoces bien estas reglas, podrás entender mucho mejor la pronunciación de cada palabra, incluso deducirla por ti mismo en la mayoría de los casos.

Recuerda que la pronunciación figurada es conveniente escribirla usando un lenguaje propio. Particularmente me gusta escribirla además entre comillas, para resaltarla más fácilmente como tal. No olvides poner los acentos figurados (las tildes), de forma que sepas en qué sílaba tienes que aplicar la pronunciación fuerte (sílaba tónica). Por ejemplo, la palabra «comida» se escribiría «Komída».

Mientras escribes cada palabra y su pronunciación figurada, repítela de paso un par de veces en voz alta para trabajar tu memoria auditiva e irte familiarizando también con su sonido.

Seguidamente te muestro mi sistema particular de conversión de sonidos, el cual utilizo para rellenar la columna referente a la pronunciación:

A) Vocales:

Las 5 vocales se pronuncian como en castellano:

a, e, i, o, u

Pero como en muchos idiomas estas sonarán de forma diferente, es decir, pueden tener **sonidos intermedios,** podremos crearlos uniendo dos vocales mediante una rayita. De este modo, tendremos que:

ae será un sonido intermedio entre «a» y «e».

iu, entre «i» y «u», etc.

Del mismo modo, muchos idiomas juegan con la duración de la pronunciación, de forma que podremos:

a) **Alargar** una vocal si a continuación de ella vienen «dos puntos»: «**o:**».

O bien:

b) **Acortar** su duración si la vocal (o una consonante cualquiera) aparece subrayada: «**o**».

Por ejemplo:

«**o**» se pronuncia como «o» normal.

«**e:**» será una «e» alargada.

«**u**» será una «u» breve.

B) Consonantes:

Pronunciaremos igual que en castellano:

b, ch, d, f, j, k, l, ll, m, n, ñ, p, q, r, s, t, v, x, z

Por otra parte:

«g» tiene el sonido de «gato», y nunca suena como «j».

«h» suena como una «j» suave, como en «house».

«y» como la «ll» fuerte del «yo» argentino, o como la «g» catalana de «generalitat».

«sh» tiene el sonido de la palabra «show».

«*» es una «r» muy suave.

Observa que no he puesto la consonante «C» como sonido. El motivo es que en castellano se puede pronunciar como «K»: cama, copa, cuchillo... o como «Z»: cepillo, cinturón... Por este motivo, es mejor sustituirla directamente por alguna de estas dos consonantes para evitar confusiones. No obstante, se puede poner, pero si aparece debe sonar siempre como «k».

Dada la importancia que tiene la pronunciación de un idioma, y con el fin de que te sientas muy cómodo trabajándola, te reservo a continuación un espacio en blanco para tu sistema personal de conversión de sonidos, tanto de vocales como de consonantes, de forma que puedas escribirlo en este libro y tenerlo siempre muy a mano junto a las tablas de vocabulario.

Si decides usar mi sistema personal de conversión, puedes emplear este espacio para escribir alguna anotación personal o aclaración.

A) Vocales:

B) Consonantes:

* Notas adicionales sobre la pronunciación:

A continuación encontrarás todas las tablas que contienen el vocabulario. Tal y como dijimos, el vocabulario total estará compuesto aproximadamente por 850 palabras, pero dentro de este vocabulario encontrarás alrededor de 650 que formarán el llamado *vocabulario básico* y destacarán por su importancia. Podrás distinguir estas palabras básicas por el asterisco (*) que encontrarás al principio de la cuarta columna. Así, lo mejor será que adquieras y asocies primero este vocabulario básico y, cuando lo domines, lo vayas aumentando progresivamente mediante repasos posteriores.

Para esta labor podrás usar las propias tablas del libro, lo que te posibilitará aprender de forma muy cómoda en él tu primer idioma con este sistema.

Verbos

Los verbos trasmiten acción y dan agilidad a las conversaciones, constituyendo el vocabulario más importante de una lengua, razón por la cual vamos a confeccionar con ellos las primeras tablas.

En efecto, observa que es mucho más importante aprender a decir «desayunar» que «desayuno». Imagínate por un momento que estás en un hotel de otro país y no sabes cómo llegar al comedor donde se desayuna. Podrías decir fácilmente:

«Por favor, ¿para desayunar?».

Pero, en cambio, si usases la palabra «desayuno», lo tendrías mucho más difícil para expresar la misma idea. Haz un experimento y obsérvalo por ti mismo. Dirías:

«Por favor, ¿bla, bla, bla......?».

¿Qué dirías en lugar del «bla, bla, bla»?
Probablemente tendrías que empezar recurriendo a palabras estilo:

«¿Cómo............?».

Y usar después algunos verbos tales como: «querer», «poder», etc., haciendo la frase más larga y requiriendo más esfuerzo e imaginación por tu parte. Sería mucho más difícil comunicarse, especialmente para quien está empezando a hablar un idioma.

Por favor, ten en cuenta que las palabras estarán agrupadas en las mismas tablas por tener alguna similitud en común, pero al existir distintos criterios clasificatorios, algunas palabras podrían encajar perfectamente en tablas diferentes, incluso cambiarlas de sección, de forma que un adverbio, por ejemplo, podría estar en alguna tabla perteneciente al grupo de los adjetivos.

Estos cambios pueden resultar convenientes en orden a que muchas palabras presentan características gramaticales o de escritura similares, y por ello podríamos clasificarlas en grupos distintos. Ello no tiene ninguna importancia, y casi cualquier sistema de clasificación será bueno, pues al final reconocerás cada palabra por sí sola, dado que estará relacionada de forma inverosímil únicamente con su significado en el otro idioma, lo que en ningún caso dependerá de la tabla donde se encuentre, si bien es cierto que una buena tabla clasificatoria te podrá facilitar bastante la labor.

Antes de empezar, deseo recordarte que **no tienes que aprender las tablas**, solamente debes rellenar las columnas 1 y 2 y pensar durante unos segundos alguna relación inverosímil para escribir en la columna 4, pero si no se te ocurre nada durante esos pocos segundos, no te demores y pasa a la palabra de la siguiente fila.

Observa, una vez más, que algunas casillas de la columna de la derecha tienen un asterisco (donde tendrás que escribir las asociaciones inverosímiles) y otras no. Completa solamente aquellas que sí lo tienen, pues son las más importantes y constituyen el vocabulario básico. Más adelante, y cuando conozcas bien este, podrás rellenar las otras también.

Si te queda alguna duda sobre lo que tienes que hacer en estos momentos, revisa ahora el capítulo 23 del libro, correspondiente a la «zona de control».

Empieza, pues, a rellenar ya las columnas de todas las tablas en las que aparezca el asterisco (*):

		SER	*
		Estar	*
		Tener	*
		Haber	*
		Hay	*

En muchos idiomas los dos verbos «ser» y «estar» tendrán un único verbo como traducción. En inglés, por ejemplo, sería el verbo «To be» para ambos. Lo mismo sucede con el par de verbos «haber» y «tener». La forma verbal «hay» (del verbo haber) es realmente muy importante, y tenemos que aprender a decirla cuanto antes.

		QUERER	*
		Desear	*
		Amar	*
		Ayudar	*
		Intentar	*
		Conseguir	*
		Pedir	*
		Necesitar	*

El sentido del verbo principal «QUERER» es en este caso el de «desear», y no hay que confundirlo con «amar» o con «gustar». No obstante, necesitarás conocer también el significado específico del verbo «desear», por ser este otro verbo de uso muy frecuente.

El verbo «querer» es probablemente el más importante de todos, pues tú siempre *querrás* hacer algo, tener algo, ser algo, o ir a algún sitio, razón por la cual deberás tenerlo muy bien asociado y saber pronunciarlo perfectamente y con soltura.

No debes preocuparte por otros verbos que signifiquen lo mismo o que sean muy similares con los aquí expuestos, como sería, por ejemplo, con el caso de «obtener», el cual no figura en la lista pero significa lo mismo que «conseguir».

Te dejaré al final de cada tabla algunas filas en blanco (como habrás podido observar), de forma que puedas ir rellenándolas en sucesivas vueltas con un nuevo vocabulario que tú consideres necesario.

		VIVIR	*
		Nacer	*
		Crecer	*
		Morir	*
		Sentir	*
		Doler	*
		Curar	*

Observa que el verbo «nacer» no es muy importante aunque figure en la lista, pues puedes sustituir perfectamente la expresión «nacer en» por «ser de».

Los verbos «crecer» y «morir» son relativamente importantes, pero no se usan demasiado. Por esta razón será mejor que formen parte de un vocabulario secundario. En otras palabras, déjalos para vueltas posteriores.

		VER	*
		Mirar	*
		Oír	*
		Escuchar	*
		Gustar	*
		Tocar	*
		Oler	*

		HABLAR	*
		Decir	*
		Leer	*
		Escribir	*
		Borrar	*
		Firmar	*

* «Hablar» y «decir» son expresiones muy parecidas, pero por formar ambas parte de un vocabulario tan habitual, es conveniente conocer el significado de las dos.

		PODER	*	
		Hacer	*	
		Trabajar	*	
		Fabricar	*	
		Construir	*	
		Derribar	*	
		Eliminar	*	
		Llenar	*	
		Vaciar	*	

IMPORTANTE: Te recuerdo que *no tienes que aprender la relación de palabras,* y mucho menos las tablas que las contienen.

Lo único que tienes que hacer es rellenar las filas, y si se te ocurre algo rápido, asociar también de forma inverosímil la palabra de la columna 3 con la de la columna 1 o con la de la 2, para conocer perfectamente la correspondencia entre los términos de ambos idiomas.

Eso sí, **tendrás que dejar escritas las columnas 1 y 2** (la palabra traducida y su pronunciación figurada) de todas las filas en esta primera vuelta.

Igualmente, te recuerdo que no tienes que buscar asociaciones perfectas, pues no existen. Si intentas buscarlas, te frenarás frecuentemente y llegarás a pensar que esto es un trabajo difícil, cuando es exactamente lo contrario, fácil, rápido y divertido. Solamente se trata de encontrar pequeños indicios, y aunque ciertamente algunas asociaciones te parecerán muy buenas y otras más débiles, no te preocupes por eso y asocia; cada vez lo harás mejor. Con los sucesivos repasos (hablaremos de ellos más adelante), esos «pequeños indicios» se transformarán en un potente sostén de todo el vocabulario.

		PENSAR	*	
		Imaginar	*	
		Creer	*	
		Saber	*	
		Conocer	*	
		Recordar	*	
		Olvidar	*	

		ESTUDIAR	*
		Atender	*
		Comprender	*
		Aprender	*
		Memorizar	*
		Enseñar	*
		Explicar	*
		Acertar	*
		Equivocar	*

		IR	*
		Llegar	*
		Volver	*
		Venir	*
		Entrar	*
		Salir	*
		Sacar	*

		ANDAR	*
		Correr	*
		Saltar	*
		Bailar	*
		Parar	*
		Esperar	*
		Cruzar	*
		Continuar	*

		VIAJAR	*
		Subir	*
		Bajar	*
		Montar/veh.	*
		Bajar/veh.	*
		Conducir	*
		Durar	*
		Tardar	*

		CANSAR	*
		Descansar	*
		Acostar	*
		Dormir	*
		Despertar	*
		Levantar	*
		Vestir	*
		Asear	*
		Limpiar	*
		Manchar	*

		COMER	*
		Tomar (ingerir)	*
		Desayunar	*
		Almorzar	*
		Cenar	*
		Beber	*

El significado de «tomar» se refiere en este caso al de «comer» y al de «beber». Es un verbo muy importante que no hay que confundir con «coger».

		COMPRAR	*
		Alquilar	*
		Valer (servir)	*
		Costar	*
		Pagar	*
		Deber	*
		Cobrar	*
		Gastar	*

		DAR	*
		Quitar	*
		Recibir	*
		Perder	*
		Buscar	*
		Encontrar	*
		Mostrar	*
		Cambiar	*
		Devolver	*

		COGER	*
		Dejar	*
		Utilizar	*
		Tirar	*
		Caer	*
		Recoger	*
		Llevar	*
		Traer	*
		Enviar	*

«Dejar» significa en este caso depositar.

		PONER	*
		Colocar	*
		Añadir	*
		Juntar	*
		Separar	*
		Faltar	*
		Sobrar	*

		CONTAR	*
		Medir	*
		Pesar	*
		Calcular	*
		Sumar	*
		Restar	*
		Multiplicar	*
		Dividir	*

		PERMITIR	*
		Aguantar	*
		Molestar	*
		Empezar	*
		Terminar	*

		ABRIR	*
		Cerrar	*
		Llamar	*

		SOLUCIONAR	*
		Arreglar	*
		Funcionar	*
		Estropear	*
		Romper	*
		Cortar	*
		Pegar	*

En total tienes 130 verbos esenciales (con asterisco), luego tendrás que realizar como máximo 130 asociaciones inverosímiles para conocerlos, salvo que algunos te sean deducibles y no necesites hacerlas todas.

Conocer los verbos es algo tan importante que, cuando lo hagas, ya te parecerá que dominas medio idioma.

Sustantivos

Una vez más, las filas que contengan los asteriscos representan a las palabras de vocabulario más importantes. Haz lo mismo que hiciste con las tablas de los verbos.

		DOCUMENTACIÓN	*
		Pasaporte	*
		Policía	*
		Aduana	*
		Equipaje	*
		Maleta	*
		Maletín	
		Bolsa de viaje	
		Paquete	
		Bolso	*
		Ordenador portátil	
		Cámara de vídeo	
		Cámara de fotos	
		Cola (fila)	*
		Control	*

		Ayuda	*
		Entrada	*
		Salida	*
		Derecha	*
		Izquierda	*

		AERO-PUERTO	*
		Puerto	
		Estación de tren	*
		Estación de bus	*
		Estación de metro	*

La frase «parada de taxis» no la considero importante, pues normalmente se ven muchos taxis por la calle. Si fuese necesario, podríamos preguntar:

«Por favor, ¿dónde hay taxis?».

		AVIÓN	*
		Vuelo	*
		Barco	
		Tren	*
		Metro	*
		Tranvía	
		Vagón	
		Autobús	*
		Taxi	*

El tranvía es un medio de locomoción muy importante en muchos países, razón por la cual he optado por incluirlo en esta tabla. Si tú no lo consideras importante, no tienes por qué hacerlo así. Un término medio sería adquirir este vocablo solamente en el caso de que existan tranvías en el país que vas a visitar.

		COCHE	*
		Garaje	
		Moto	
		Bicicleta	
		Autopista	*
		Carretera	*
		Camino	
		Gasolinera	

		PARADA	*
		Andén	*
		Vía	*
		Horario	*
		Billete	*

La palabra «parada» es la más importante del grupo porque puede usarse para muchas más cosas, quizá incluso para la propia frase «parada de taxis» que comentamos anteriormente.

El sustantivo «precio» no es muy importante, pues podremos usar en su lugar el verbo «costar».

		ASIENTO	*
		Fila	*
		Clase	
		Preferente	
		Turista	
		Camarote	

La palabra «camarote» no te hará falta, salvo que viajes en un barco.

La palabra «fila» se refiere en este caso al lugar de los asientos, y no a «hacer cola» detrás de alguien.

		HOTEL	*
		Habitación	*
		Número	*
		Llave	*
		Ascensor	*
		Escaleras	*
		Planta (piso)	*
		Pasillo	*

		SALÓN	*
		Mueble	*
		Sofá	
		Sillón	
		Silla	*
		Mesa	*
		Alfombra	
		Teléfono	*
		Televisión	*
		Radio	
		Mando (distancia)	
		Pilar	*
		Electricidad	*
		Lámpara	*
		Balcón	
		Luz (solar)	*

Si te vas unos días al extranjero, normalmente no necesitarás conocer la palabra «sofá»; por este motivo no tiene el asterisco. Puedes dejarla, junto con otras, hasta que tu euforia y ganas de aprender te obligue a ampliar el vocabulario.

La palabra «pilas» particularmente sí la considero importante, porque puedes necesitar comprar pilas eléctricas para cualquier cosa.

Ejemplo: Observa cómo los sustantivos son claramente menos importantes que los verbos. Por ejemplo, si estás en un hotel y no hay luz eléctrica en tú habitación, puedes bajar a recepción y decir:

«Perdón, no hay luz en mi habitación».

O también:

«Mi habitación no tiene luz».

Pero sería complicarte mucho la vida al principio de aprender un idioma querer decir algo similar a:

«Se ha fundido una bombilla».

Observa que las expresiones que contengan verbos dan mucha acción a la frase y transmiten mejor su idea. De ahí que hayamos empezado a estudiarlos en primer lugar.

También puedes deducir fácilmente que la palabra «habitación» es de suma importancia, mucho más que «mesa» o que silla», pues corresponde a una imagen más extensa y general que engloba a otras. Recuerda que siempre debíamos estudiar de más a menos.

		DORMITORIO	*
		Cortina	
		Armario	
		Cama	*
		Sábana	
		Manta	
		Edredón	

Palabras como «armario» no serán de las que tengas que utilizar si estás de vacaciones, aunque es posible que puedas necesitarla si residieses mucho tiempo allí.

		BAÑO	*
		Lavabo	
		Ducha	*
		Jabón	*
		Toalla	*
		Papel higiénico	*
		Cepillo dental	
		Pasta dental	

Tanto el cepillo como la pasta dental son utensilios que no tendrás en un hotel, y, si tuvieses que comprarlos, simplemente los cogerías del comercio apropiado y los pondrías en la caja para que te los cobrasen, por lo cual no son palabras esenciales cuyo vocabulario tengas que conocer ahora.

		COCINA	*
		Cocina	
		Frigorífico	
		Lavadora	
		Micro-ondas	
		Lava-vajillas	

La palabra «COCINA», la primera de ellas, se refiere a «cocina» como habitación y es una palabra importante. La segunda «cocina», junto con el resto de palabras que la siguen, expresan electrodomésticos y son términos secundarios en importancia.

		PLATO	*
		Fuente	
		Bandeja	
		Vaso	*
		Taza	*
		Botella	*
		Bote	
		Sartén	
		Olla	
		Cazo	

«Fuente» hace referencia a la típica vasija donde se sirve una gran ensalada, por ejemplo. No hay que confundirla con una «fuente» de agua, como las que existen en algunas plazas.

Palabras como «olla» o «cazo» son muy poco importantes, salvo que tuvieses que residir en el país extranjero una buena temporada y lo hicieses en un apartamento, por ejemplo. Piensa que, aunque tuvieses que comprar alguno de estos objetos no habituales, tampoco necesitarías conocer su nombre, pues bastaría con que los pusieses en el mostrador para que te los cobrasen. Como mucho, necesitarás saber cómo se dice «esto» (una de nuestras palabras comodines).

		CUBIERTO	*
		Cuchara	*
		Tenedor	*
		Cuchillo	*
		Servilleta	*
		Palillo	

La palabra «cubierto» puede hacer referencia también a una plaza para comer en un restaurante. Es decir, solicitar un cubierto en una mesa es pedir que nos proporcionen todo lo necesario para que podamos comer allí.

		COSA	*
		Objeto	*
		Máquina (aparato)	*
		Ejemplo	*

Aquí tenemos cuatro palabras comodines, las cuales pueden sustituir a infinidad de sustantivos. Otro comodín sería la palabra «esto», pero la hemos puesto en la tabla de los pronombres.

		PAÍS	*
		(Tu país natal)	*
		(País que visitas)	*
		Gentilicio (tuyo)	
		Idioma	*
		Frontera	
		Región	
		Ciudad	*
		Pueblo	*
		Barrio	
		Urbanización	
		Casa	*
		Chalé	
		Edificio	*
		Piso (de casa)	*
		Apartamento	

El término «piso» se refiere a una vivienda, y no hay que confundirlo con «piso» de «planta», el cual ya apareció en una tabla anterior.

		CALLE	*
		Avenida	*
		Plaza	*
		Cruce	*
		Esquina	*
		Centro (ciudad)	*
		Principio	*
		Mitad	*
		Fin (final)	*
		Parque	*
		Jardín	*
		Fuente	*

		HOSPITAL	*
		Ambulancia	*
		Farmacia	*
		Pastilla	*
		Calmante	
		Antibiótico	
		Herida	
		Tirita	
		Espara-drapo	
		Algodón	
		Gasa	
		Inyección	
		Constipado	
		Gripe	
		Dolor	*
		Fiebre	
		Alergia	

Recuerda que si necesitases conocer el significado de alguna palabra que no lleva el asterisco, o de cualquier otra que no figure en estas tablas, la buscas en el diccionario y la incorporas a tu vocabulario
como una más, empleando para ello la misma técnica que estamos
aprendiendo.

		TIENDA (comercio)	*
		Empresa	*
		Hiper-mercado	*
		Super-mercado	
		Restaurante	*
		Cafetería	*
		Panadería	
		Relojería	
		Joyería	
		Zapatería	
		Juguetería	
		Boutique	
		Peluquería	
		Ferretería	
		Taller	*

		Papelería	
		Correos	
		Agencia	*
		Embajada	

		Precio	*
		Regalo	*
		Gratis	*
		Impuestos (Tasas)	*

		BANCO	*
		Dinero	*
		Euro	*
		Dólar	
		Billete	
		Moneda	
		Tarjeta de crédito	*
		Cajero automático	*

		ESCUELA	*
		Academia	*
		Instituto	*
		Universidad	*

		PAN	*
		Pasta	*
		Sopa	*
		Patatas	*
		Arroz	*
		Verdura	*
		Ensalada	*
		Salsa	*
		Huevo	*
		Entrantes	*
		Harina de trigo	*
		Sal	*
		Menú	*

Aquí probablemente necesites conocer más sustantivos, por lo que te dejo varias filas libres más.

		CARNE	*
		Pollo	*
		Ternera	*
		Cerdo	*
		Solomillo	*
		«Poco hecha»	
		«Muy hecha»	

		PESCADO	*
		Frito	*
		Asado	*
		Rebozado	*

		POSTRE	*
		Fruta	*
		Naranja	*
		Plátano	*
		Melón	
		Pera	
		Manzana	
		Fresa	
		Yogur	*
		Tarta	*
		Pastel	*
		Chocolate	*
		Limón	*
		Helado	*

		CAFÉ	*
		Té	*
		Leche	*
		Azúcar	*
		Sacarina	*
		Agua	*
		Vino	*
		Cerveza	*
		Alcohol	*

		NATURA-LEZA	*
		Mar	*
		Playa	*
		Río	*
		Orilla	
		Lago	
		Montaña	*
		Bosque	*
		Árbol	*
		Campo	*
		Ejercicio	
		Deporte	

		PAPEL	*
		Carta	*
		Folio	
		Sobre	*
		Sello	*
		Libro	*
		Libreta	
		Periódico	*
		Noticia	*
		Aviso	*
		Revista	
		Bolígrafo	*
		Lápiz	

		HOMBRE	*	
		Mujer	*	
		Chico	*	
		Chica	*	
		Niño	*	
		Niña	*	
		Anciano		
		Anciana		
		Bebé		
		Esposo		
		Esposa		

		AMIGO	*
		Padre	*
		Madre	*
		Hijo	*
		Hija	*
		Hermano	*
		Hermana	*

		TRABAJO	*
		Profesión	*
		Estudiante	*
		Profesor	*
		Maestro	
		Médico	*
		Enfermera	*
		Presidente	*
		Director	*
		Encargado	*
		Empleado	*
		Camarero	*
		Secretario	*
		Autónomo	
		Turista	
		Ministro	
		Juez	
		«La tuya»	*

Evidentemente, la fila donde puedes leer «la tuya» se refiere a tu profesión habitual.

Observa también que puedes emplear la frase: *«Tener una empresa»* para sustituir términos como «empresario».

		IDEA	*
		Verdad	*
		Partido	
		Política	*
		Costumbre	*
		Religión	*

		NOMBRE	*
		Apellido	*
		Persona	*
		Gente	
		Sociedad	

		ROPA	*
		Talla	*
		Abrigo	*
		Traje	*
		Chaqueta	*
		Jersey	*
		Camisa	*
		Camiseta	
		Corbata	
		Blusa	
		Sujetador	
		Pantalones	*
		Falda	*
		Cinturón	
		Slips	
		Bragas	
		Medias	
		Calcetines	

		Zapatos	*
		Botas	
		Bufanda	
		Gorro	
		Guantes	
		Bañador	
		Biquini	
		Paraguas	
		Gafas	

		TELA	*
		Seda	*
		Algodón	*
		Lana	*
		Trapo	

		MATERIAL	*
		Plástico	*
		Cartón	*
		Metal	*
		Madera	*
		Natural	*

		TIEMPO (paso)	*
		Historia	
		Fecha	*
		Edad	*
		Año	*
		Día	*
		Hora	*
		Minuto	*
		Segundo	*
		Horario	*
		Reloj	*

		HOY	*
		Ayer	*
		Mañana	*
		Pasado mañana	
		Mañana (del día)	*
		Tarde	*
		Noche	*

		SEMANA	*
		Fin semana	*
		Día festivo	*
		Lunes	*
		Martes	*
		Miércoles	*
		Jueves	*
		Viernes	*
		Sábado	*
		Domingo	*

		MES	*
		Enero	
		Febrero	
		Marzo	
		Abril	
		Mayo	
		Junio	
		Julio	
		Agosto	
		Septiembre	
		Octubre	
		Noviembre	
		Diciembre	

Los meses no forman parte del vocabulario esencial. Por este motivo puedes ir conociéndolos poco a poco, a medida que te vayan surgiendo.

		METRO	*
		Kilómetro	
		Kilo	*
		Tonelada	

Si necesitases conocer otros términos menos usuales para nosotros, como «libra», «galón», etc., ya sabes cómo tendrías que adquirirlos.

		TIEMPO (Clima)	*
		Verano	*
		Sol	*
		Calor	*
		Invierno	*
		Frío	*
		Navidad	
		Nieve	
		Llover	*
		Primavera	*
		Otoño	*
		Aire	*

La palabra «lluvia» no la considero importante, pues transmite mucho más expresar la acción de «llover».

Aunque pueda parecer lo mismo, no sucede igual con las palabras «nieve» y «nevar», en cuyo caso me quedo con el sustantivo «nieve».

		FIESTA	*
		Vacaciones	*
		Viaje	*
		Excursión	*
		Música	*
		Ruido	*

		CUERPO	*
		Cabeza	*
		Cara	*
		Ojo	*
		Oído	*
		Nariz	*
		Boca	*
		Diente	
		Muela	
		Garganta	*

		Pecho	
		Espalda	
		Corazón	
		Hígado	
		Riñón	
		Sangre	*
		Estómago	*
		Brazo	*
		Codo	
		Muñeca	
		Mano	*
		Dedo	
		Pierna	*
		Rodilla	
		Tobillo	
		Pie	*
		Peso	*
		Estatura	*

		ANIMAL	*
		Perro	*
		Gato	*
		Caballo	*
		Asno	
		Vaca	
		Buey	
		Cerdo	
		Oveja	
		Gallina	

Formación de los plurales y del femenino. Será importante conocerlas, puesto que tendremos que usarlos con bastante frecuencia. Para ello deberemos saber cómo se forman gramaticalmente en el idioma que estamos aprendiendo.

Tendrás más información sobre la formación del género y del número en el capítulo 8, donde abordamos cómo debe estudiarse la gramática elemental.

Adjetivos

		BUENO	*
		Malo	*
		Regular	*
		Mejor	*
		Peor	*

Observa que el adjetivo «malo» podríamos sustituirlo eficazmente por «no bueno». No obstante, es aconsejable conocer esta palabra por su uso tan habitual.

IMPORTANTE: Te recuerdo que si tú consideras prioritaria alguna palabra que yo haya omitido, la haces tuya y en paz. Del mismo modo, también puedes eliminar las que no consideres importantes para ti. ¿No vamos a discutir por un puñado de palabras, verdad? Si más tarde las necesitases, las asocias y listo.

		MAYOR	*
		Menor	*
		Grande	*
		Pequeño	*
		Superior	*
		Inferior	*

		BONITO	*
		Bello	*
		Guapo	*
		Feo	*

		LIMPIO	*
		Sucio	
		Caliente	*
		Frío	*
		Barato	*
		Caro	
		Lleno	*
		Vacío	*

		LISTO	*
		Tonto	*
		Inteligente	*
		Estúpido	
		Capaz	*
		Seguro	
		Interesante	*
		Fácil	*
		Difícil	*

		LIBRE	*
		Ocupado	*
		Solo	*
		Acompañado	*
		Sujeto	*

		JOVEN	*
		Viejo	*
		Alto	*
		Bajo	*
		Fuerte	*
		Flojo	
		Enfermo	*
		Sano	

		FINO	*
		Delgado	*
		Gordo	*
		Grueso	*
		Duro	*
		Blando	*
		Resistente	*

		AGRA-DABLE	*
		Simpático	*
		Gracioso	*
		Educado	*

		ALEGRE	*
		Triste	*
		Contento (feliz)	*
		Cansado	*

		COLOR	*
		Blanco	*
		Negro	*
		Azul	*
		Rojo	*
		Verde	*
		Amarillo	*
		Marrón	*

Adverbios

		SÍ	*
		Siempre	*
		También	*
		Claro	*
		Exacto	*
		Cierto	*
		Justo	*
		Igual	*

		NO	*
		Nunca	*
		Tampoco	*
		Falso	*
		Injusto	*
		Distinto	*

		QUIZÁ	*
		Depende	*
		A veces	*
		Sí	*

		BIEN	*
		Mal	*
		Regular	*
		Así	*
		Como	*

		MUY	*
		Mucho	*
		Poco	*
		Bastante	*
		Todo	*
		Todos	
		Nada	*
		Demasiado	*
		Casi	*
		Más	*
		Menos	*
		Solo	*
		Alguno	*
		Ninguno	*

		AHORA	*
		Antes	*
		Después	*
		Siguiente	*
		Mientras	*
		Aún	*
		Pronto	*
		Temprano	*
		Luego	*
		Tarde	*

		AQUÍ	*	
		Ahí	*	
		Allí	*	
		Enfrente	*	
		Junto a	*	
		Delante	*	
		Detrás	*	
		Cerca	*	
		Lejos	*	

		DENTRO	*	
		Fuera	*	
		Encima	*	
		Debajo	*	

		RÁPIDO	*
		Lento	*
		Deprisa	*
		Despacio	*
		Adelante	*
		Atrás	*

Saludos

		SALUDAR	*
		Hola	*
		Buenos días	
		Buenas tardes	
		Buenas noches	
		Hasta pronto	
		Adiós	*

Observa cómo la palabra «saludar» se queda definitivamente la primera de esta tabla, ya que las siguientes filas hacen referencia a distintos tipos de saludos o de despedidas.

No tienes por qué aprender ahora otras expresiones similares, tal y como «hasta la vista». Con las palabras de esta tabla te será más que suficiente.

Las expresiones como *«buenos días»*, *«buenas tardes»* o *«buenas noches»* será conveniente que las trates después de conocer los adverbios **«buenos»** o **«buenas»,** los cuales aprenderás más tarde en la correspondiente tabla de los adverbios, donde figuran de forma más lógica y precisa. Tras ello, probablemente puedas deducir las expresiones anteriores por ti mismo. De este modo, lo mejor sería que te quedases inicialmente con **«hola»** y **«adiós»,** que precisamente son las expresiones más importantes de la tabla de los saludos.

IMPORTANTE: Te recuerdo, una vez más, que no se trata de que completes todas las tablas en una sola vuelta, puedes hacerlo en varias. Si pasan cinco segundos y no se te ocurre nada que asociar, lo mejor es dejar esa casilla para una nueva vuelta.

Cortesía

		Por favor	*
		Gracias	*
		De nada	*
		Disculpe (lo siento)	*

Palabras interrogativas

		¿QUÉ?	*	
		¿Quién?	*	
		¿Cuál?	*	
		¿Por qué?	*	
		¿Cómo?	*	
		¿Cuándo?	*	
		¿Dónde?	*	
		¿Cuánto?	*	
		¿Cuántos?	*	

Pronombres personales

		YO	*
		Tú	*
		Él	*
		Ella	*
		Usted	*
		Nosotros	
		Nosotras	
		Vosotros	
		Vosotras	
		Ellos	
		Ellas	
		Ustedes	

Las palabras más importantes de esta tabla son los pronombres personales singulares: «yo», «tú», «él», «ella» y «usted». Deja mejor los plurales para más adelante, en una segunda vuelta.

Observa también que muchos pronombres personales, sobre todo los plurales, podrían ser iguales en algunos idiomas para el masculino y para el femenino (como sucede en inglés). Por este motivo, es conveniente que les eches un vistazo inicial y que memorices juntos todos aquellos que sean coincidentes, pues en ese caso no te supondría ningún esfuerzo.

Pronombres posesivos

		MI	*
		Tu	*
		Su (de él)	*
		Nuestro	
		Vuestro	
		Su (de ellos)	

Pronombres demostrativos

		ESTE	*
		Esta	*
		Esto	
		Ese	*
		Esa	*
		Eso	
		Aquel	
		Aquella	
		Aquello	

De momento, vamos a olvidarnos de los pronombres posesivos «mío», «tuyo», «suyo», etc., pues podremos sustituirlos muy fácilmente por «mi libro», «tu libro», «su libro»...

Artículos

		EL	*
		La	*
		Lo	
		Los	*
		Las	*
		Un	*
		Una	*
		Unos	*
		Unas	*

Preposiciones y conjunciones

		A	*
		Hacia	*
		Hasta	*
		Para	*
		Por	*
		Con	*
		De	*
		Desde	*
		En	*
		Sin	*
		Sobre	*
		Y	*
		Ni	*
		Que	*
		Porque	*

Números

		NÚMERO	*
		Uno	*
		Dos	*
		Tres	*
		Cuatro	*
		Cinco	*
		Seis	*
		Siete	*
		Ocho	*
		Nueve	*
		Cero	*

		DIEZ	*
		Veinte	*
		Treinta	*
		Cuarenta	*
		Cincuenta	*
		Sesenta	*
		Setenta	*
		Ochenta	*
		Noventa	*
		Cien	*
		Mil	*
		Millón	

Para aprender la tabla anterior revisa la parte gramatical que trata sobre la construcción de las decenas, centenas, etc. No tendrás que asociar nada, sino aplicar la lógica que se siga en su construcción.

		PRIMERO	*
		Segundo	*
		Tercero	*
		Cuarto	*
		Quinto	*
		Sexto	*
		Séptimo	*
		Octavo	*
		Noveno	*
		Décimo	*

Revisa igualmente la gramática que trata sobre la construcción de estos números ordinales y usa también la lógica para aprenderlos. Normalmente se basa en los números naturales más alguna terminación.

Otras palabras de interés

Completa la tabla anterior con nuevas palabras que te surjan y que consideres importantes.

Frases hechas

En el siguiente espacio puedes escribir las frases hechas o modismos más importantes con que cuente el idioma que deseas aprender:

....

....

....

....

....

....

....

....

....

....

....

....

....

....

> **NOTA IMPORTANTE:** Con el fin de ayudarte lo más posible, estoy creando las tablas anteriores asociadas ya por mí en varios idiomas, las cuales podrás descargar desde mi página web una vez estén puestas allí. (www.ramoncampayo.com)

Estas tablas incluirán bonitas voces nativas, de forma que con un solo «clic» podrás escucharlas fácilmente. Además, contendrán las reglas gramaticales más importantes para cada idioma, ejercicios y entrenamientos, etc.

Conjugaciones esenciales

No rellenes estas tablas hasta no haber completado el 7.º día de práctica (capítulo 17).

		SER	
		Yo soy	
		Tú eres	
		Usted es	
		Él es	

		ESTAR	
		Yo estoy	
		Tú estás	
		Usted está	
		Él está	

		HABER	
		Yo he	
		Tú has	
		Usted ha	
		Él ha	

		TENER	
		Yo tengo	
		Tú tienes	
		Usted tiene	
		Él tiene	

		QUERER	
		Yo quiero	
		Tú quieres	
		Usted quiere	
		Él quiere	

		DESEAR	
		Yo deseo	
		Tú deseas	
		Usted desea	
		Él desea	

		PODER	
		Yo puedo	
		Tú puedes	
		Usted puede	
		Él puede	

		IR	
		Yo voy	
		Tú vas	
		Usted va	
		Él va	

CAPÍTULO 8

Estudio de la gramática elemental

H AZ un repaso en tu manual del idioma que vas a aprender acerca de la gramática más sencilla que contenga, en busca de aquellas reglas tan elementales que no te van a presentar ningún problema.

Para que te des una idea de lo que quiero decir, yo me quedaría, por ejemplo, con las siguientes normas elementales de algunos idiomas, las cuales son sumamente sencillas:

— En alemán todos los verbos terminan en «en». Conocer esto te ayudará a memorizarlos más fácilmente.
— En alemán todos los sustantivos empiezan con mayúsculas.
— En castellano los verbos pueden terminar en «ar», «er» o «ir».
— El futuro del inglés se crea con la partícula «will».
— El futuro del alemán se crea con el verbo «werden».
— Partículas que se emplean para construir las frases negativas.
— Formación del participio y del gerundio de los verbos.

Etcétera. Así con todas las que presente tu idioma, pero recuerda:

De momento solamente aquellas que sean muy sencillas.

Tiempos de los verbos

Bien, ya tienes la lista de los verbos más importantes en cualquier idioma. Sin embargo, pretender expresarte ahora en tiempo pasado o futuro de la forma tradicional podría significar en algunos idiomas entrar en una gramática compleja, y con ello en dificultades. Por esta razón, vamos a aprender a hablar en pasado y futuro con nuestro sistema, y lo haremos inmediatamente y con mucha facilidad.

No obstante, revisa antes la gramática que emplea el idioma que estás aprendiendo para formar los tiempos de los verbos, y si fuese extremadamente sencilla, como añadir una palabra o una partícula especial (ejemplo: «will» en el futuro inglés), úsala entonces y en paz. En caso contrario, sigue estas normas:

A) Tiempo pasado. Principalmente lo vamos a formar con el infinitivo del verbo en cuestión (que ya conoces) seguido de la palabra **«antes»**.

Pues sí, verás que es tan sencillo como eficaz. Por este motivo, a nosotros no nos interesa en estos momentos aprender a decir:

*«Yo **trabajé** en Madrid».*
*«Tú **trabajaste** en Madrid.»*
*«Él **trabajó** en Madrid...»*

Recuerda que, si quisiésemos aprender ahora todas las conjugaciones de los verbos, nos frenaríamos en nuestro avance, y ya sabemos que eso no es nada bueno. En su lugar, diremos felizmente:

*«Yo **trabajar antes** en Madrid».*
*«Tú **trabajar antes** en Madrid.»*
*«Él **trabajar antes** en Madrid...»*

Con el infinitivo + «antes». De igual modo, sustituiremos las frases:

*«Pedro **vivió** en Madrid», o «Pedro **vivía** en Madrid».*

Por:

*«Pedro **vivir antes** en Madrid».*

Otra posibilidad muy eficaz para expresar un tiempo pasado consiste **en hablar en presente** cuando hagas mención a una palabra que de por sí ya expresa un tiempo pasado.

Fíjate en la palabra *«ayer»*. Como de por sí expresa algo pasado, podríamos transformar la frase:

*«**Estaba** comiendo **ayer** cuando **sucedió** esto».*

Por esta otra:

*«**Estoy** comiendo **ayer** cuando **sucede** esto».*

Poniendo en presente los dos verbos de la frase que aparecen en pasado.

Fácil, ¿eh? Como podrás comprobar, se entiende a la perfección, y con este sistema podrás expresar los tiempos pasados desde ahora mismo y muy fácilmente. No vayas a pensar que esto es una chapuza o algo por el estilo, nada de eso. Se trata de que en estas fases iniciales del estudio de un idioma aprendas a expresar una idea rápidamente. Si aprendes a expresar las ideas con rapidez, te aseguro que aprenderás y dominarás un idioma también con rapidez. Ya habrá tiempo para que perfecciones su gramática.

B) Tiempo futuro. Lo podremos construir fácilmente anteponiendo el verbo **«querer»** al verbo en cuestión, el cual se mantendrá invariablemente en infinitivo. Así, en vez de:

*«**Tomaré** un café en ese bar a las 12».*

Podremos decir perfectamente (y nos entenderán a las mil maravillas):

*«Yo **querer tomar** un café en ese bar a las 12».*

No obstante, como conoceremos más adelante las tres formas del singular del verbo «querer», dada su importancia, finalmente podremos decir:

«Quiero tomar un café en ese bar a las 12».

Observa otros ejemplos de la formación del futuro con este sistema:

«Mañana quiero comer en este restaurante».
«La semana que viene quiero tomar un avión para Berlín.»
«El próximo año quiero ir de vacaciones a Suecia.»

Otra importantísima posibilidad reside en el empleo del verbo **«ir»**, del cual también conoceremos más adelante sus tres formas del singular. De este modo, en vez de:

«Iré mañana a América».

Podremos decir:

«Voy a ir mañana a América».

Sustituyendo «iré» por «voy a ir».
Si lo deseas, puedes usar conjuntamente los verbos **«querer»** e **«ir»**. Por ejemplo, en vez de:

«Iré al cine esta noche».

Podrás decir:

«Quiero ir al cine esta noche».

O bien:

«Voy a ir al cine esta noche».

Observa que si quiero dejar clara constancia de que ese futuro va a ser mi realidad, es decir, de que no me voy a echar para atrás aunque me insistan, podré decir **«tener que»** en vez de **«querer»**:

«Tengo que ir al cine esta noche».

El verbo «tener», dada su importancia, también lo conoceremos en su conjugación presente; por eso diremos «tengo que» en lugar de «tener que».

Evidentemente, estoy dando a entender que iré por fuerza al cine esta noche. Realmente, lo que estamos haciendo es cambiar el típico futuro por una expresión que dé a entender la misma idea sin ninguna pérdida de eficacia.

Fíjate también, querido lector, que en la vida actual, hablar en futuro es sinónimo muchas veces de complicarse la vida, además de que algunas veces no quedará demasiado bien. Así, la frase:

«Yo viviré en Alemania».

Podremos sustituirla por esta otra:

«Yo quiero vivir en Alemania».

O por:

«Yo voy a vivir en Alemania».

Y como hemos dicho, si se trata de un claro futuro que no admite otras posibilidades, diríamos:

«Yo tener que vivir en Alemania».

Para concluir, ten en cuenta que una de las formas más simples de expresarte en futuro será hacerlo sencillamente **en presente** otra vez, al igual que hicimos para los tiempos pasados. Así:

*«Mañana **iré** a comprarme ropa».*

Podremos sustituirla por:

*«Mañana **voy** a comprarme ropa».*

Etcétera. ¿Será por falta de posibilidades?

Género y número

Para saber si una palabra es de **género masculino o femenino** en el idioma que estamos estudiando, miraremos en nuestro manual de gramática las reglas generales que diferencian dichas construcciones gramaticales. Normalmente existirá una sencilla regla que tendremos que conocer.

Por ejemplo, en el idioma castellano tenemos estas dos reglas generales:

a) *Masculino:* Emplea la vocal final «o», como en «chico».

b) *Femenino:* Lo mismo pero acabado en «a», como en «chica».

Estas serían la reglas que estudiaría ahora un extranjero que estuviese empezando a aprender la lengua castellana.

¿Qué tendremos que hacer con aquellas palabras cuyo cambio de género suponga una **excepción a la regla general?**

Observa lo que sucede, por ejemplo, con los términos «hombre» y «mujer». Con las palabras cuyo género se forma de manera irregular, podremos hacer dos cosas:

a) *Si son palabras importantes,* como las citadas en el ejemplo anterior, tendremos que aprenderlas (asociándolas de forma inverosímil) por separado. Dicho de otro modo, son palabras distintas y como tales debemos tratarlas.

b) *Si las palabras son poco importantes,* no nos entretendremos en ellas (de momento) y, ante la duda, las haremos todas masculinas, pues son un poquito más sencillas de entender que las femeninas, ya que por tradición se generaliza empleando los términos masculinos.

De este modo, si alguien nos dijese:

«*Quiero un botella de agua*».

O

«*Me duele el cabeza*».

Es seguro que entenderíamos perfectamente que desea una botella de agua o que le duele la cabeza.

En ningún caso deberemos sacrificar la velocidad de aprendizaje de un idioma por sus excepciones gramaticales. A decir verdad, y dado que nuestra fuerza mental depende del sentimiento, nunca sacrificaremos nuestra velocidad de aprendizaje.

También deseo decirte que, una vez hayas leído completamente este libro y realizado todos sus ejercicios, habrás ganado tanta capacidad imaginativa y de creación que no te supondrá ningún esfuerzo memorizar todos los géneros u otras partes gramaticales que puedan aparecer después. Así, y usando toda la lógica del mundo, *dejaremos estas partes excepcionales y más complicadas para el final, para cuando nuestra preparación sea mayor.* En ese momento entraremos en ellas porque nos irán quedando menos cosas que aprender y porque ya conoceremos todo lo que las antecede.

Algunos idiomas, como el alemán, disponen además del masculino y del femenino de un tercer género:

c) *Neutro*, el cual no es ni masculino ni femenino. La aplicación de este género se puede intuir, pues se suele utilizar con un cierto tipo de palabras, las cuales vienen determinadas por unas reglas gramaticales. Esta intuición será aún mayor cuando el estudiante gane en práctica y conozca mejor los dos géneros anteriores, los más importantes y universales.

> **Tras conocer la gramática general acerca de la construcción del género, ante la menor duda usaremos preferiblemente el género masculino.**

No obstante, si el estudiante de idiomas necesitase conocer rápidamente el género de un sustantivo o de un adjetivo, podrá incluir un pequeño comodín en su asociación inverosímil. De esta manera, nos podremos encontrar con las siguientes posibilidades:

a) Si tenemos claro el género de una palabra extranjera por ser **el mismo que en nuestro idioma natal,** o bien porque podemos deducirlo, no haremos nada más. Simplemente tendremos en nuestras tablas la asociación inverosímil entre la palabra del idioma natal y la palabra traducida, según hemos visto hasta ahora.

b) Si el género de la palabra extranjera es **masculino** contra todo pronóstico, es decir, al contrario que sucede en nuestro idioma natal, incluiremos un comodín en la asociación de cada palabra que presente esta excepción. Dicho comodín puede ser visualizar a un «chico» muy machote, el cual estará presente en las asociaciones inverosímiles de todas estas palabras.

c) Si el género de la palabra es **femenino** y tampoco coincide con el de nuestro idioma natal ni podemos deducirlo, usaremos igualmente otro comodín. En este caso, y siguiendo la misma lógica que antes, podríamos visualizar a una «chica» muy femenina, por supuesto.

d) Finalmente, si el género de una palabra fuese **neutro,** podremos incluir en cada asociación inverosímil a un «bebé» durmiendo muy pacíficamente, ya que de lejos (incluso de cerca) no se puede saber si es niño o niña, por lo que lo dejaremos en género neutro.

Lógicamente, las asociaciones inverosímiles en las cuales incluyamos también el género de una palabra serán asociaciones triples, es decir, intervendrán en ellas tres factores:

a) La palabra del idioma natal.
b) La palabra del idioma extranjero.
c) El comodín que nos marca el género.

Obsérvese también que aprender el género de un sustantivo o de un adjetivo extranjero no va a entrañarnos ninguna dificultad, puesto que la mayoría de las veces dicho género coincidirá con el de nuestro idioma natal, y así nuestro trabajo quedará reducido finalmente a incluir estas asociaciones triples *solamente en unas cuantas palabras.*

También deseo recordarte ahora que, con la práctica, no será necesario pensar en ninguna asociación. Sabremos de inmediato el significado de cada palabra, así como su género y todo lo demás, debido a que lo que asociamos inverosímilmente pasa enseguida a nuestra memoria de largo plazo. Después, con los sucesivos repasos y con su uso, adquiriremos toda la soltura necesaria para desenvolvernos con eficacia y rapidez.

De manera similar, para conocer el **plural de las palabras** revisaremos *la regla gramatical* que las forma y la aplicaremos consecuentemente.

Si la palabra fuese *completamente distinta* en singular y en plural, como, por ejemplo, sucede en inglés con «man» (hombre) y «men» (hombres), las trataremos como palabras distintas, al igual que hicimos para aprender el género, al principio de este capítulo, cuando hablábamos de las excepciones a la regla general.

Oraciones negativas

En primer lugar tendrás que **identificar las partículas** que se usan para construir las frases negativas. Fíjate en estos ejemplos:

— En **castellano** usamos «no».
— En **inglés** sea emplea «do not» o «does not».
— En **francés** «ne... pas».
— En **alemán** «keiner» y «nicht».

También tendrás que conocer el **lugar exacto donde se colocan** estas partículas, así como alguna otra regla gramatical al respecto que quizá posea el idioma que estás estudiando. Por ejemplo, en el idioma inglés existe una que dice que «dos negaciones en una misma frase se anulan mutuamente».

La construcción de las frases negativas es muy sencilla y rápida de aprender, y seguro que no te dará ningún problema.

Frases interrogativas

Tal y como hicimos anteriormente con las frases negativas, lo primero será identificar a todas las **palabras interrogativas** que puedan aparecer en las oraciones:

¿Por qué? ¿Dónde? ¿Cuándo? ¿Cómo?, etc.

Estas palabras forman parte de nuestro vocabulario básico, y por tanto las tenemos reflejadas en su correspondiente tabla.

Seguidamente, y del mismo modo que antes, tendrás que aprender a construir estas frases atendiendo al **orden** que ocupa cada palabra dentro de ellas.

También te resultará una tarea sumamente sencilla que apenas te llevará unos segundos de tiempo: lo que tardes en revisar un par de casos.

NOTA: Piensa también en la existencia de las frases interrogativas-negativas.

Participios y gerundios

Se forman atendiendo a unas reglas gramaticales muy definidas y regulares. Cada idioma presenta unas distintas que tendrás que conocer en su momento. Así, en castellano utilizamos las terminaciones:

a) ... **DO** para el participio: «comi**do**», «bebi**do**», etc.
b) ... **NDO** para el gerundio: «comie**ndo**», «bebie**ndo**», etc.

Modo subjuntivo

El modo subjuntivo será realmente sencillo de construir para nosotros, pues hay que tener en cuenta que muchos idiomas emplean el indicativo en su lugar sin que medie diferencia alguna o dificulte la comprensión de la información.

De este modo podremos sustituir la frase:

«Ojalá ella **venga** esta tarde»,

por esta otra:

«Ojalá ella **venir** esta tarde».

O bien, poniendo otro ejemplo, en vez de:

«Espero que Pedro y Ana no **sufran** tanto a partir de mañana»,

podríamos decir:

«Espero que Pedro y Ana no **sufrir** tanto a partir de mañana».

Alfabeto y escritura

Solamente tendrás dificultades iniciales ante idiomas cuyo alfabeto sea totalmente diferente, como el chino, el ruso, etc. Es necesario que, a partir del tercer o cuarto día, dediques unos minutos diarios para revisar, memorizar y asociar con su significado aquellos signos más básicos e ir ampliándolos poco a poco.

Siempre que exista algún tipo de lógica en la escritura de las palabras, tendrás que conocerla y aplicarla progresivamente.

Material que necesitas adquirir

Para estudiar la gramática de un idioma necesitarás un medio que te la explique de forma fácil y progresiva, y que incorpore muchos ejemplos. Para ello puedes elegir entre alguna de estas posibilidades:

a) Un libro referente al idioma en cuestión. Quizá la incluya el propio diccionario que estés utilizando.

b) Un curso básico gratuito de Internet.

c) Una guía práctica de conversación. Son unos pequeños y económicos libros (particularmente me gustan mucho) en los que figura de manera muy clara y escueta las reglas gramaticales básicas que son necesarias para nosotros. Además, incorporan la pronunciación figurada de cada palabra (aunque suele ser usando el sistema internacional), la formación de la negación en las frases, de los plurales, la construcción de las oraciones interrogativas, los números, las frases hechas, etc. Todo ello incluyendo muchos ejemplos.

Observa que la gramática será mucho más sencilla de entender y de aprender cuanto más vocabulario conozcas (lo único verdaderamente importante al principio), pues gracias a ello podrás moverte por infinidad de ejemplos sin perderte por la falta de comprensión.

Para buscar un curso por Internet, te recomiendo que escribas en el buscador que utilices: «curso de xxxxx online», donde las letras «xxxxx» representan el nombre del idioma que deseas aprender.

NOTA IMPORTANTE: Por favor, repasa esta gramática básica con toda la frecuencia que necesites.

---

* * *

Con el fin de que tengas un espacio en este libro para apuntar las normas gramaticales básicas, te dejaré un espacio en blanco a continuación para tu comodidad. Así podrás tenerlo todo junto en este libro: formación del género y del número, etc.

Reglas gramaticales

....

....

....

....

....

....

....

....

....

....

....

....

....

....

....

....

....

....

....

....

....

....

....

....

....

....

....

CAPÍTULO 9

Orientación con los verbos

❧

E N estos capítulos de orientación deseo darte ideas para que siempre puedas formar imágenes con las palabras del idioma natal, las cuales tendrás que asociar a su vez con las imágenes que escojas para cada palabra extranjera. Desde luego que no tienes por qué quedarte con las ideas que te propongo, pero puedes usarlas si no se te ocurre ninguna otra imagen que te guste más.

Recuerda que tenemos además otra posibilidad distinta a la de crear imágenes, y es la de formar frases llamativas con ambas palabras: la del idioma natal y la de su traducción al idioma que estudiamos.

En cualquier caso, te recomiendo *que leas esta sección con mucho detenimiento,* pues se incluirán, además, bastantes asociaciones a modo de ejemplo, junto con consejos muy importantes.

> **NOTA:** Para una búsqueda más rápida, encontrarás todos los verbos clasificados por orden alfabético.

Abrir: Puedes visualizar la acción de abrir una puerta. Esto es mejor que abrir una lata de conservas, porque para el verbo «cerrar» podremos imaginar cerrar dicha puerta, manteniéndonos así dentro de un contexto común.

Acertar: Podemos visualizar a un arquero disparando flechas a la diana y acertando en el centro sin parar.

Acostar: Es una acción muy clara y específica que conoces muy bien. Es fácilmente visualizable y no te dará ningún problema asociativo.

Aguantar: Aguantar o sujetar un peso. Si visualizas que quien aguanta el peso lo hace con un gran *«guante»* (observa el gran parecido entre guante y aguantar), como un guante de béisbol, estarás todavía más centrado en este verbo y será más difícil que puedas confundirte.

Almorzar: Para distinguirlo de «comer», puedes visualizar a una *moza* (chica joven) comiéndose un bocadillo. También podrías ver a un músico almorzando mientras toca su instrumento favorito, suponiendo que la palabra «almorzar» te sugiriese el nombre de «Mozart».

Alquilar: Particularmente visualizo el «tendón de *Aquiles»*.

NOTA: Piensa que no podremos visualizar muchos de los verbos. ¿Cómo podemos visualizar la acción de alquilar? Es muy difícil. Por esta razón buscaremos siempre alguna imagen cuya palabra posea alguna similitud con la de la palabra a la cual sustituye, para que de este modo nos ayude a recordarla.

Amar: Puedes imaginar la acción de amar a alguien. También puedes pensar en tu persona más amada o en aquello que más ames.

Andar: Es una acción muy clara y específica que puedes visualizar fácilmente y que tampoco te dará ningún problema.

Añadir: Piensa en añadir agua, leche, aceite, azúcar, etc., a algún recipiente.

Aprender: Veo a unos extraños alumnos aprendiendo en una clase. Estos alumnos son *prendas* de vestir, es decir, solamente veo prendas de ropa, no personas. Observa el gran parecido existente entre las palabras «prenda» y «aprender».

Arreglar: Visualizo a un mecánico *arreglando* un coche con sus herramientas.

Asear: Lavarse o asearse la cara o las manos, por ejemplo. No me puedo confundir con el verbo «lavar», puesto que en este último caso vería lavar algo que no fuese del cuerpo humano, como lavar la ropa frotándola en una pila de lavar. No visualices la acción de ducharse, porque podría hacerte falta más adelante para ese verbo en concreto.

Atender: Significa «prestar atención», pero podemos visualizar a una persona que se pone *«a tender»* la ropa húmeda para secarla.

Ayudar: Una persona ayudando a caminar a otra que se encuentra impedida.

Bailar: Vemos la acción de bailar en un salón de baile o en una discoteca.

Bajar: Está muy bien visualizar la acción de bajar unas escaleras o por una cuesta. No te confundas con el verbo que viene justamente a continuación.

Bajar/veh: Nos referimos concretamente a bajar de un vehículo, que no significa lo mismo que el verbo «bajar» en su sentido más amplio, y por tanto no tiene por qué traducirse igual en todos los idiomas. No obstante, si en el idioma que estás aprendiendo este verbo coincidiese con «bajar» (tal y como ocurre en castellano), pues muy bien. En cualquier caso, se trata de otra acción muy clara y específica que tampoco te dará ningún problema para visualizarla.

Beber: Puedes imaginarte bebiendo tu bebida preferida. Otra opción sería visualizar a un sediento camello bebiéndose él toda el agua de un oasis.

Borrar: Veamos la acción de borrar usando una típica goma de borrar.

Buscar: Puede valer el hecho de estar de rodillas en el suelo palpando con las manos en busca de algo.

Caer: Veamos a una persona que tropieza y cae al suelo.

Calcular: Usar una calculadora.

Cambiar: Puedes ver la acción de cambiar billetes grandes por otros pequeños en la caja de un banco.

Cansar: Podemos ver a alguien que se encuentra muy cansado o fatigado. Puedes visualizarlo andando de este modo, es decir, cansado y tambaleándose.

NOTA: Recuerda que solamente vamos a memorizar verbos en infinitivo, por lo que «cansado» te llevará inevitablemente a recordar el verbo «cansar».

Cenar: Cenar a la luz de la luna.

Cerrar: Visualicemos la acción de cerrar una puerta. Podemos cerrarla de un portazo para distinguirla así perfectamente de la acción contraria, de abrirla. Aunque no lo parezca a simple vista, sin el matiz del portazo podríamos confundirnos de verbo con bastante facilidad, pese a ser verbos opuestos.

Cobrar: Veamos a alguien que tiene un sobre con dinero en la mano y está contándolo con los dedos. Imagina que acaba de *cobrar* su paga del mes.

Coger: Imaginemos la acción de coger algún objeto que no se encuentre en el suelo, por ejemplo, de una mesa. De este modo evitaremos confundirnos con «recoger». En este último caso sí veríamos recoger algo del suelo, lo cual nos permitirá diferenciar claramente ambos verbos.

Como podrás imaginar fácilmente, para traducir este verbo a otro idioma podremos coger algo cuya palabra sea similar a la traducción de «coger» en el idioma extranjero.

Por ejemplo:

*Para recordar que «**coger**» es «**greifen**» en alemán, podríamos ver la acción de «**coger** un **grifo**» de un lavabo público para llevárnoslo a casa como si tal cosa.*

Si además imaginas que lo está cogiendo un «*cojo*» (apalancando con una muleta), reforzarás aún más este verbo, dada la similitud entre «cojo» y «coger».

Colocar: Yo vería la acción de hacer un puzle, pues hay que *colocar* muchas piezas en su sitio. Puedes imaginar que te ayuda un perrito que posee una gran *cola*.

Comer: Puedes ver esta acción como prefieras; es una de las más sencillas.

Comprar: Echar cosas en un carro de la compra.

Comprender: Este verbo es sinónimo de otro muy utilizado: el verbo «*Entender*», y por este motivo conviene familiarizarse con los dos términos. Ambos verbos me sugieren lo mismo: «*Comprar prendas en una tienda de ropa*», puesto que el primero de ellos, «*comprender*», se parece mucho en realidad a la suma de «*comprar*» y de «*prenda*». Por otro lado, el verbo «*entender*» me sugiere «*en tienda*». Así, visualizo a gente comprando prendas en una tienda. Tienen las perchas en la mano y van a pagar en la caja.

Si quieres, puedes ver además cómo el cajero de la tienda intenta hacerle *comprender* al cliente que está pagando lo barata que está toda la ropa, para que compre más.

> **NOTA:** Observa que el verbo «comprender» no tiene nada que ver con la acción final que visualizo en su lugar, con la de «comprar ropa en una tienda», pero esto es lo de menos, ya que nuestro sistema es muy flexible y nos permite hacer estas excepciones.

Por otra parte, muy pronto se habrá establecido la traducción de comprender en nuestra memoria de largo plazo y, al igual que sucederá con el resto del vocabulario que adquiramos, luego no tendremos que pensar en comprar prendas de ropa ni en nada por el estilo. Simplemente nos acordaremos de la traducción de forma automática y la podremos exponer con fluidez.

Conducir: Otra acción muy clara y específica que tampoco te dará ningún problema de visualización.

Conocer: Podemos visualizarnos *conociendo* a un agente de tráfico. Nosotros le estrechamos la mano; bueno, su blanco guante. Este agente está además subido en un *cono,* para estar más alto y que los conductores puedan verlo mejor.

Imagina que estás estudiando inglés y observas que el verbo «conocer se traduce en inglés por *«know»*, lo cual se pronuncia como *«nou»*. Esta pronunciación figurada me sugiere la palabra «no», por lo que:

*Visualizo al agente de tráfico subido en su **cono** e inclinándose hacia mí para estrecharme su mano derecha, pues queremos **conocernos** mutuamente, pero al mismo tiempo su blanco dedo índice de la mano izquierda y su cabeza (cubierta con un casco blanco) se mueven de manera oscilante diciendo que «**no**», dándome a entender que, aunque nos **conozcamos**, no («**nou**») me va a quitar ninguna multa de tráfico en el futuro.*

Conseguir: Una persona con un boleto de lotería dando saltos de alegría porque ha *conseguido* un premio. También podríamos ver a alguien estirando la mano para conseguir algo.

Contar: Contarse los dedos de la mano. Podemos ver la mano extendida.

Construir: Un albañil construyendo un muro.

Continuar: Veo un coche adelantando en una línea *continua,* el cual *continúa* y *continúa* adelantando a otros, sin importarle los coches que puedan venir de frente.

Correr: Otra acción fácilmente visualizable.

Cortar: Puedes visualizar la acción de cortar con unas tijeras, por ejemplo.

Costar: Aunque con este verbo nos vamos a referir al coste o al precio de algún producto, podemos imaginar la acción de subir una cuesta muy empinada con una bicicleta. *Cuesta* mucho subir la *cuesta,* y tanta cuesta me refuerza la palabra *costar,* debido a su parecido. Si te quieres lucir, puedes ver además que esa cuesta forma parte de un acantilado que está en la *costa* del mar. Así te *costará* menos recordar.

NOTA: Piensa que no te será necesario asociar ningún término *si se escribe de manera similar* en ambos idiomas. Por ejemplo, si aprendes inglés y en este idioma «costar» se traduce por «cost», bastará con repetirlo 2 ó 3 veces. Recuerda que para asociar estamos buscando palabras similares, pero como «cost» ya lo es con «costar», no tendrás que seguir buscando, en cuanto a que ya existe la aproximación que buscábamos.

> **IMPORTANTE:** Como la adquisición de vocabulario estará asociada de forma inverosímil, y como también sabrás cuándo no has realizado ninguna asociación (recuerda que cuando usábamos el casillero mental podías saber si una casilla estaba ocupada o vacía, independientemente de que recordases o no su asociación), cuando observes que una palabra de tu idioma natal *no está asociada,* será porque su traducción al idioma que estás aprendiendo corresponde a otra palabra *muy similar,* tal y como sucede en el ejemplo anterior con el verbo «costar».

Evidentemente, otra cosa es cuando ambos términos no se parecen en absoluto, lo más frecuente. Entonces sí que será obligatorio asociarlos. Por ejemplo, si *«costar»* se pronuncia *«kakaru»* en japonés:

*Podríamos visualizar a una persona que se está haciendo «**kaka**» del esfuerzo que hace al subir esa empinada **cuesta** de la **costa**.*

Para reforzar aún más el verbo *«costar»* podrías ver también a un *«castor».* Así, en el ejemplo anterior (*«kakaru»* en japonés):

*Veríamos a un **castor** haciéndose «**kaka**» del esfuerzo que hace al subir esa empinada **cuesta** de la **costa**.*

Crecer: Visualizo la acción de regar una maceta y su planta, la cual *crece* y *crece* sin parar hacia el sol.

Creer: Veo a muchas personas *creyentes* rezando con un *rosario*. Evidentemente, rezan el *credo* y otras oraciones porque *creen.*

Cruzar: Podemos ver la acción de *cruzar* un tablón haciendo equilibrios. También podríamos visualizar a un funambulista *cruzando* un alambre en el circo.

Curar: Veamos a un médico o a un ATS disponiéndose a *curar* a un *cura* que se encuentra herido.

Dar: *Dar* una sonora bofetada. También podríamos visualizar un *dar*do; o incluso afinando un poco más la puntería: «Lanzar un *dar*do y *dar* con él en el centro de la diana».

Deber: Imaginemos, por ejemplo, a un niño muy formalito haciendo en casa los *deber*es de la escuela. Evidentemente está cumpliendo con su *deber.*

    También lo podríamos aplicar a multitud de oficios, como militares cumpliendo con su deber u otros que sean preferiblemente poco conocidos, pues si son oficios comunes podríamos confundirnos con la traducción de dicho oficio en sí.

Decir: Podemos visualizar a una persona muy bien vestida dando una conferencia. Suponemos que tiene algo importante que *decir.*

NOTA: Tenemos que saber diferenciar este verbo del verbo «hablar» (verlo más adelante).

Dejar: *Dejar* con mucho cuidado algo en el suelo.

Derribar: Podemos ver una excavadora derribando una casa.

Desayunar: Desayunar leche con galletas, con cereales, o lo que suelas desayunar habitualmente. Claro que ¡también puedes visualizar un chocolate con churros!

Descansar: La acción de descansar solos y tranquilos en un confortable sillón.

Desear: Puedes visualizar al genio de la lámpara saliendo de ella y esperando escuchar tus tres *deseos*. También puedes visualizar a un hada que espera lo mismo de ti.

Despertar: Sintamos la alarma de un reloj *despertando* y sobresaltando a alguien por la mañana. También puedes visualizar un gallo cantando de madrugada y despertando a todos los vecinos.

Dividir: Podemos ver la acción de dibujar una línea recta y horizontal en un papel, pues la raya del quebrado es así y expresa «*dividido* o partido por».

Devolver: Una persona que no para de *devolver* (vomitar).

Doler: Visualicemos a alguien que tiene un cepo apresándole los dedos de su mano. Los dedos están hinchados y agita la mano con un gesto evidente de *dolor.*

También puedes visualizar el *duelo* de la gente en un funeral, en el Oeste americano. Hay mucho *dolor* por el pistolero fallecido en un *duelo.*

Dormir: Otra acción muy clara y específica que podrás visualizar fácilmente.

Durar: Una pila (o la batería de un coche) produciendo electricidad sin cesar, pues *dura* mucho.

Eliminar: Particularmente visualizo a un pintor que traza con su brocha una gran letra equis: «X», pues esta letra me sugiere la acción de «*eliminar*» tachando.

Puedes ver cómo pinta la equis con algún utensilio (no precisamente con su brocha) o en algún sitio cuyo nombre se parezca a la palabra extranjera que sea su traducción.

Otra opción sería la de imaginar a un mafioso *eliminando* a alguien con métodos violentos.

Empezar: Veo a muchos atletas que están *en pie* y a punto de *empezar* a correr una maratón popular. Las palabras «en pie», por su parecido con el verbo en cuestión, me están reforzando la idea de que se trata de traducir el verbo «empezar».

Encontrar: Puede tratarse de un verbo algo difícil de visualizar, pues si lo haces con dos amigos que se *encuentran* después de mucho tiempo y se abrazan, podrías confundirte con «abrazar», con «querer», etc. Personalmente me quedo con la acción de rebuscar en la paja de un pajar intentando *«encontrar* la aguja perdida en él»*, tal y como dice el famoso dicho. Finalmente, la *encuentro,* pues me pincho con ella sin darme cuenta.

Observa, una vez más, que nuestro método es muy flexible, y que tú mismo podrás decidir en cada caso la imagen que desees, sin miedo a perderte por estos aparentes «rodeos».

Enseñar: Este verbo se refiere a la enseñanza, y no tenemos que confundirlo con «mostrar» ni con «explicar», pues no significan lo mismo. Visualizo a un profesor *enseñando* en clase y escribiendo para ello con una tiza en la pizarra.

Entrar: Veo a un numeroso grupo de alumnos *entrando* despacio y sin prisas en su aula para dar clase.

Enviar: Visualizo la acción de depositar una carta en un buzón para ser *enviada* por correo.

Equivocar: Podemos imaginar la acción de escupir *«equis»* (o de lanzar bumeranes) por la *boca.*

También me gusta la idea de visualizar un *hipopótamo,* por el dicho de que «El que tiene *boca* se *equivoca».* Según este dicho, uno de los animales que más se equivocaría sería el hipopótamo. ¿Adivinas por qué?

Escribir: Otra acción muy clara y específica fácilmente visualizable.

Escuchar: Visualizo la acción de *escuchar* música con unos auriculares puestos en los oídos.

Esperar: Imagino a gente *esperando* en la sala de *espera* de un hospital con cara de aburridos. Se están comiendo una *pera* para hacer porra.

Estar: Imagina que *estás* en un lugar que te guste mucho, donde te encantaría *estar*. Quizá sea tumbado en la playa, en la montaña, estar esquiando, etc.

Estropear: Veamos un coche con forma de *estropajo* que, tras dar unos perchones, se para y echa mucho humo, tanto como el de una locomotora antigua de vapor. Es evidente que se acaba de *estropear*.

Estudiar: Imagínate la acción de *estudiar* unos apuntes con las manos en la frente y con los codos apoyados sobre la mesa.

> **NOTA:** No hay que confundirse de ningún modo con el verbo «leer».

Explicar: Veo a una persona gesticulando y haciendo todo tipo de ademanes. Le está *explicando* algo a otra que parece muy atenta y sumisa.

Fabricar: Puedes ver una fábrica de coches o de cualquier otra cosa. Podrías visualizar también la típica imagen de una fábrica con altas chimeneas y echando mucho humo.

También podrías visualizar una cinta rodante llena de objetos como las que existen en muchas fábricas.

Faltar: Yo vería la acción de cometer una falta de fútbol (una zancadilla), de baloncesto, de balonmano, o de cualquier otro deporte similar.

Firmar: Se puede visualizar la acción de firmar en un papel con una elegante rúbrica por medio de una lujosa pluma estilográfica.

También puedes imaginar a un jefe militar *firmando* un permiso a un soldado que se encuentra delante y *firme*.

Funcionar: Podemos ver *funcionar* a cualquier máquina.

Particularmente este verbo me sugiere imaginar una máquina antigua, como si fuese una sorpresa que *funcionase,* por lo que me imagino una lavadora que hace mucho ruido y traquetea cuando *funciona.*

También puedes visualizar a un *funcionario,* una *función* teatral, etc.

Gastar: Puedes imaginar a un *gastador* del ejército sacando de una bolsa muchas monedas y lanzándolas al aire mientras desfila: «Ala, ala, *gastando* a lo grande».

También podríamos ver una caldera de *gas,* pues «gas» nos dará pie a recordar fácilmente el verbo «gastar».

NOTA: Más tarde podrás aprender a decir también «gas» o «caldera» con toda la facilidad del mundo, pues cualquier palabra que asocies de manera inverosímil con nuestro método formará muy pronto parte de tu memoria de largo plazo, y entonces ya no tendrás que pensar en la asociación que hiciste en su día para recordarla, pues todas te saldrán de forma rápida y automática.

Gustar: Podemos ver la acción de relamernos con la lengua.

NOTA: Evitemos confundirnos con los verbos «comer», «beber» o «querer».

Haber: Yo visualizo la acción de rascarse un *haba* existente en el cuerpo, la cual pica mucho.

Este verbo podrá significar en otros idiomas lo mismo que el verbo «tener». Por este motivo, y si esto sucediese en el idioma que tú estudias, puedes aunar ambos verbos en uno solo, de manera que los dos refuercen mutuamente la acción final. ¿Qué te parece la frase de *Tener* un *haba* en el cuerpo que pica mucho?

Hablar: Puedes ver la acción de mover mucho la boca y la lengua, o bien la de sacar la lengua y moverla como las serpientes.

Tenemos que saber distinguir entre «hablar» y «decir». Ambas palabras son muy importantes, pero distintas.

Hacer: Imagina *hacer* cualquier cosa: hacer un café en una cafetera, hacer una infusión, una figurita de papel, etc. No hay que confundirse con el verbo «fabricar».

Hay: Visualizo una pedrada en la cabeza, por la similitud de «hay» con «ay».

Imaginar: Podemos visualizar a una persona que usa un potente *imán* para atraer a otras personas, pues se siente sola *y marginada*.

Intentar: Veo a un saltador de altura que *intenta* superar el listón en su salto. También resultaría muy eficaz visualizar a un jugador de baloncesto que *intenta* colar un triple, para anotarse así *un tanto* especial (3 puntos). Las palabras «intentar» y «un tanto» son muy parecidas.

Ir: Para distinguirlo del verbo «andar», yo visualizo este verbo *yendo* en metro o en tranvía. A su vez, «ir» se diferenciará del verbo «viajar» en que esta última acción es mejor verla en un tren de largo recorrido y de alta velocidad y no a través de un vehículo urbano.

Juntar: Puedes visualizar una acción de fontanería, como *juntar* dos piezas apretando una tuerca con una llave, dejando una *junta* de goma en medio.

Leer: Podemos ver la acción de leer un libro de forma muy relajada. De este modo no nos confundiremos con el término «estudiar» (míralo páginas atrás).

Levantar: Podemos imaginar la acción de *levantarse* pesadamente de la cama, del sofá, de un sillón, etc. También puedes ver a un *levantador* de pesas (halterofilia).

Limpiar: Imagina limpiar los cristales de la casa, limpiar el suelo, etc., aquello que prefieras.

Llamar: Puedes visualizar la acción de *llamar* repetidamente al timbre de una puerta. Puedes reforzar esta imagen imaginando que quien *llama* a la puerta es una *llama* bombero, la cual viene a apagar una pequeña *llama.*

Llegar: Llegar a la meta. Se puede ver la llegada de una igualada carrera de 100 metros lisos, de coches de fórmula uno, de una carrera de motos, etc.

Llenar: Podemos ver la acción de llenar una botella de agua desde una garrafa con la ayuda de un embudo.

Llevar: Imagina, por ejemplo, la acción de *llevar* muchas bolsas de la compra en la mano.

Manchar: Veamos a una persona vestida con un elegante traje pero con una gran *mancha*. Le ha salpicado un poco de tomate y se ha manchado sin querer.

También puedes visualizar un blanco molino de viento de «La *Mancha»,* o al propio Don Quijote de La *Mancha.*

Medir: Visualizo una cinta métrica, la cual se recoge automáticamente tras *medir* algo con ella.

Memorizar: Particularmente me veo a mí mismo entrenando o compitiendo, memorizando muchos números. No hay que confundir este verbo con «estudiar».

Mirar: Podemos imaginar la acción de *mirar* a través de unos prismáticos o de un telescopio.

Molestar: Veamos una pesada *mo*sca que revolotea *molesta* alrededor de alguien.

Montar/veh: Otra acción muy clara y específica que tampoco te dará ningún problema.

Morir: Venga, anímate y visualiza algún tipo de muerte. Como opción puedes visualizar un ataúd.

Mostrar: Imagina *mostrar* telas o tejidos en el *mostrador* de una sastrería. Ver las telas en dicho mostrador nos ayudará mucho a recordar este verbo, pues el parecido existente entre las palabras «mostrar» y «mostrador» es evidente.

Multiplicar: Podemos ver a un mago que no para de hacer aparecer *tablas* de madera desde el interior de su chistera: cada vez aparecen más, y el número de *tablas* se *multiplica*. La palabra «tablas» me sugiere la frase *«tablas de multiplicar»* y me centra más en el verbo «multiplicar».

También podríamos visualizar a un guardia de tráfico poniendo muchas *multas,* o a un grupo de niños que están cantando en clase, y a coro, las tablas de *multiplicar.*

Nacer: Podemos imaginar un parto. Lo que salga de ahí es cosa tuya, pudiendo ser algo parecido a la palabra extranjera que también signifique «nacer».

Necesitar: Un *necio* (tonto) haciendo algo tonto con un estuche *neceser.*

Oír: Podemos visualizar una oreja u oído en el que entran todo tipo de cosas (está oyendo cosas). Puede entrar un objeto que produce picor, y así verías también la acción de rascarse el oído. Bien el objeto que entra, o bien el que emplees para rascarte el oído, significará la traducción de la palabra extranjera.

Por ejemplo, si *«oír»* se pronuncia *«kiku»* en japonés, podrías visualizar:

*Muchos **kikos** entrando a presión en una oreja. Así, esta oreja **oye kikos.***

Oler: Podemos ver la acción de *oler,* la cual produce un típico movimiento de nariz. También podríamos ver en su lugar el verbo «olfatear», no hay ningún problema, ya que «olfatear» no es un verbo importante. Para ello podríamos visualizar a un *sabueso oliendo* u olfateando el suelo en busca de algo.

Olvidar: Particularmente visualizo a una persona que se va dando cabezazos sin cesar. Como *olvida* todo y no recuerda nada, se sigue golpeando. Tantos golpes le producen amnesia, lo que hace que se *olvide* de lo sucedido y se golpee más aún, pues no recuerda que se golpea. Ya tiene la cabeza hinchada como un *ovillo.*

Pagar: Veo a una persona introduciendo un billete en el bolsillo de la camisa de otra persona.

Parar: Podemos visualizar el frenazo de un coche. Su conductor quiere pararlo a toda costa.

Pedir: Veamos a una persona que está de rodillas *pidiendo* limosna con su mano extendida.

Pegar: Untar pegamento con la intención de *pegar* algo.

Pensar: No hay que confundir este verbo con «estudiar», con «memorizar» ni con «creer». Podemos ver esa especie de nubecita o globito que aparece en los dibujos animados, o en los tebeos, encima de los personajes que están pensando algo.

Perder: Veo una mesa coja con tres patas. Ha *perdido* una y se balancea constantemente. También puedes visualizar a alguien arrojando con fuerza las cartas contra la mesa, pues acaba de *perder* la partida y tiene un «mal *perder*».

Permitir: Significa «dejar hacer». Visualizo a un señor muy paciente que permite que muchos niños corran y giren a su alrededor como si fuesen indios, gritando y tirándole flechas de juguete, las cuales se clavan en su frente.

Pesar: Puedes ver a una persona *pesándose* en una báscula. También puedes *pesar* algo con un pequeño peso de cocina.

Poder: Puedes visualizar a alguien *poderoso,* es decir, que tenga mucha fuerza o *poder.*

En su día, para recordar que *«poder»* se escribe *«can»* en inglés, visualicé:

*Un **can canoso** (muy blanco) realmente **poderoso**. Era un bulldog muy musculoso, como los de los dibujos animados, el cual había vencido y estaba subido en lo alto de un podio, pues era el **can** que más **poder** tenía.*

NOTA: El hecho de que el perro sea *canoso,* es decir, muy blanco, me reforzará la idea de que la palabra inglesa tiene que ver con «can» y no «perro».

Poner: Podemos ver la acción de *poner* los huevos en el refrigerador, en el sitio establecido para ello, o bien a una gallina *poniendo* huevos sin parar.

Querer: Puedes pensar en lo que siempre has querido hacer y no has hecho.

Por ejemplo, yo siempre he *querido* volar. Así memoricé el verbo *«querer»* en alemán: «wollen», el cual se pronuncia *«vólen».* Si encima tienes en cuenta que los verbos alemanes terminan en «-en», la cosa será más que sencilla, ¿verdad?

Quitar: Veamos la acción de darse con la mano en la manga para *quitarse* el polvo, o un bicho, de encima.

Recibir: Podemos *recibir* una carta de correos del cartero. Ni que decir tiene que podrás recibir cualquier otra cosa inverosímil (en vez de una carta) cuyo nombre se parezca a la palabra extranjera que quieres memorizar.

Observa que como *«recibir»* es *«receive»* en inglés, no sería necesario asociar ambas palabras dado el gran parecido existente entre ellas. Recuerda que, si no has hecho ninguna asociación inverosímil, sentirás el gran vacío existente al pensar en la palabra castellana y podrás deducir que por fuerza tiene que existir un gran parecido entre ambas palabras, la castellana y la extranjera, lo cual te ayudará a recordar la traducción, pues pensarás en palabras similares. Esta es una norma que resulta siempre muy eficaz. No obstante, nadie te impide asociarlas también a modo de refuerzo. Así:

*Podrías ver a alguien que **recibe** grandes **recibos** de la luz. Le dan descargas eléctricas al tocarlos, y también al pensar en lo que va a tener que pagar por ellos.*

Recoger: Podemos ver la acción de *recoger algo del suelo,* para no confundirnos con «coger».

Recordar: Visualizo a un atleta que acaba de batir un gran *récord.* El atleta está muy contento y da saltos de alegría, pues este *récord dará* mucho que hablar y se *recordará* por mucho tiempo.

Resistir: (Mirar «Aguantar»).

Restar: Visualizo a una vaca tumbada plácidamente en un prado.

¿Y qué tiene que ver esto con el verbo *«restar»?* Estarás pensando. Pues fíjate bien, lo que estoy viendo en realidad es «A una *res estar* tumbada en el prado».

NOTA: No intentes visualizar la acción de restar números con un bolígrafo en un papel. No sabrías después si estás restando, sumando, multiplicando, etc.

Romper: Puedes ver la acción de *romper* con las dos manos una hoja de papel.

Saber: Podemos visualizar a un anciano con una larga barba blanca. Se trata sin duda un *sabio* auténtico.

Sacar: Veo la inconfundible acción de *sacar* punta a un lápiz mediante un sacapuntas.

Salir: Tal y como hicimos con el verbo «entrar», ahora podemos visualizar lo contrario: a un numeroso grupo de alumnos *saliendo* felices de su aula; se terminó la clase.

Saltar: Vemos la acción de *saltar* a la comba.

Saludar: Podemos visualizar a un grupo de médicos, enfermeros, etc., de un centro de *salud*. Todos están vestidos con sus batas blancas y nos *saludan* desde la calle cuando pasamos cerca de dicho centro.

Observa el juego de palabras que hemos empleado: «*saludan*» se parece mucho a «*salud dan*», ya que ellos dan «*dan salud*».

Sentir: Podemos ver a una persona a la que le pueden los *sentimientos* y está llorando *sentada* en una silla.

También puedes visualizar la acción de clavar repetidamente una aguja en la mano para ver si hay tacto y se *siente* algo.

Separar: Puedes ver la acción de *separar* un puzle en varias piezas, pero muy cuidadosamente y sin romperlo.

Ser: Puedes visualizarte *a ti mismo* en primera persona (por eso del «*ser* o no ser»).

Otra opción sería visualizar a una «*res*» con mucha *sed* (bebiendo agua), como, por ejemplo, a un búfalo, pues «*res*» corresponde a la palabra «*ser*» escrita al revés.

Sobrar: Podemos ver la acción de echar las *sobras* de un plato en la bolsa de un cubo de basura.

Solucionar: Visualizo a un químico que trabaja en un laboratorio *solo* y con *soluciones* químicas.

Subir: Visualizo a alguien *subiendo* por unas escaleras. También podrías visualizar unas escaleras eléctricas.

Sumar: Imagino un combate de *sumo* al cual se *suman* más y más luchadores. Ya no caben en el círculo.

Tardar: Lógicamente, tienes que visualizar algo que te sugiera este verbo. Yo visualizo a un hombre que está cruzando el desierto. Es por la *tarde,* y ya es muy *tarde* (veo también la puesta de sol). Está cansado y creo que va a *tardar* mucho en llegar no sé dónde.

Tener: Visualizo a un faquir que *tiene* muchos *tenedores* clavados por el cuerpo.

Terminar: Visualizo los topes que existen al final de la vía en una *terminal* de tren, los cuales indican, sin lugar a dudas, dónde *termina* la vía.

Tirar: Podemos ver la acción de *tirar* las bolsas de basura a un contenedor, la de *tirar* piedras con un *tira*chinas, etc.

Tocar: Puedes ver la acción de «*tocar* el piano» o cualquier otro instrumento musical.

Tomar: Puedes ver a un grupo de personas *tomando* algo en la barra de un bar. La mayoría de la gente puede visualizar este verbo con mucha nitidez. No sé por qué será.

Trabajar: Visualiza algún oficio para representar este verbo. Yo veo la acción de picar piedra, pues sin duda es uno de los *trabajos* más duros, de los que más *trabajo* dan.

Otra opción es ver descargar o *bajar* los sacos de un camión, pues «trabajar» termina en «bajar», y *«trabajar + bajar»* refuerza la palabra *«trabajar»*.

Traer: Imagino a un perro que *trae tran*quilamente el periódico en la boca para dárselo a su amo. Fíjate en que el principio *«tran»* de *tran*quilamente es similar a la palabra *«traer»*, lo cual supondrá un refuerzo para dicho verbo.

Utilizar: Particularmente visualizo a *Otilio* (personaje de tebeo) *utilizando* un destornillador.

Vaciar: Podemos visualizar la acción de *vaciar* un gran depósito mediante su grifo.

Valer: Este verbo significará para nosotros «valer para algo», «ser útil para algo», y no lo vamos a utilizar como sinónimo de «costar» (relativo al precio). Imagino a unos *valerosos* guerreros *bailando* un *vals*.
  Observa que los términos *«valerosos»*, *«bailando»* y *«vals»* son similares en escritura a *«valer»*, y por tanto nos harán recordar este verbo con mucha facilidad.

Venir: Visualizo a un perro que *viene* muy deprisa hacia su amo cuando este lo llama.

NOTA: Por favor, repasa el verbo «traer» para que veas la diferencia entre las imágenes que he elegido para ambos verbos.

Ver: Podemos imaginar a una persona que estira el cuello hacia delante, y a la cual se le saltan los ojos por algo que *ve,* como si tuviese unos muelles en ellos.

Vestir: Veo a muchas doncellas que están *vistiendo* a una poderosa reina. También puedes visualizar la acción de vestir a una novia.

Viajar: Visualizo un viejo autobús lleno de viajeros y circulando por una polvorienta carretera. Este autobús *viaja* con la baca del techo lleno de maletas. Quizá no sea la mejor forma de viajar, pero, particularmente, esta imagen me es muy sugerente y me recuerda muchos documentales televisivos sobre el hecho de *«viajar»*.

Vivir: Es un verbo muy frecuente: «Yo vivo en...», y presenta más dificultad de visualización de la que aparenta, aunque aprovecho otra vez para dejar claro que no existe palabra que sea difícil de transformar ni de asociar.

Vivir, o cobrar vida, lo puedo imaginar como algo que de repente se llena de *vida* y energía y se pone a pedalear muy rápido en una *bi*cicleta. Observa que la palabra *«bi*cicleta» empieza por *«bi»,* lo cual es algo que nos proporcionará mucho apoyo.

NOTA: Fíjate en que busco un pequeño indicio y no transformaciones perfectas, las cuales nunca existen (ni falta que hace). Aprende a conformarte con «poco», dando prioridad a trabajar más deprisa, con mayor cantidad de vocabulario, y verás que después tienes creado un «mucho». Más adelante podrás reforzar alguna asociación en caso necesario.

Volver: Visualizo a una persona que está de espaldas y se *vuelve* de repente. Posee una máscara en la cara y me da a un susto.

CAPÍTULO 10

Orientación con los sustantivos

∾

L os sustantivos son fáciles de visualizar, razón por la cual voy a darte unas ideas gráficas solamente sobre aquellos que puedan presentar alguna dificultad en este sentido. Por este motivo, no tiene sentido que te diga cómo tienes que visualizar un coche o un armario, por ejemplo, porque tienes una buena imagen gráfica de ellos. También deseo mostrarte cómo aprender a distinguir algunos sustantivos que poseen imágenes similares utilizando para ello ciertos matices.

Al igual que hicimos con los verbos, en esta relación de sustantivos te proporciono algunas ideas para que puedas formar imágenes o acciones y asociarlos con su traducción al idioma que estás estudiando. No tienes por qué quedarte con la imagen o acción que menciono, pero puedes usarla si no se te ocurre ninguna que te guste más. En cualquier caso, te recomiendo que leas esta sección con detenimiento, pues seguro que te proporcionará ideas que te servirán más adelante para asociar nuevo vocabulario.

NOTA: Para una búsqueda más rápida encontrarás todos los sustantivos clasificados por orden alfabético.

Academia: Es un centro de estudios, y visualizo a un grupo de mujeres mayores dando clase. No son niñas, pues en este caso estaríamos hablando de una «escuela».

IMPORTANTE: Nos vamos a apoyar en el sexo de las personas para distinguir vocabulario muy similar. En efecto, muchas palabras como «academia», «escuela», «universidad», profesor, alumno, estudiante, etc., poseen imágenes muy parecidas, y a la vez todas son distintas y muy importantes de conocer, pues siempre hablaremos de que estamos estudiando idiomas, de profesores, de enseñanza, etc.

En este caso, dado que la palabra «academia» empieza y termina por la vocal «a», es decir, por una vocal femenina, yo prefiero ver solamente mujeres.

No debemos visualizar (al menos de forma nítida) a ningún profesor, pues el término «profesor» aparece específicamente más adelante.

Aduana: Particularmente visualizo la acción de abrir y registrar una maleta. También podrías visualizar una diana, por ser palabras con letras muy parecidas.

Aeropuerto: Debemos visualizarlo desde muy alto, de forma que se vean los aviones aparcados, o en ligero movimiento por sus calles y pistas.

Si para «aeropuerto» simplemente observásemos una sala enorme con mucha gente, podríamos confundirnos después con una estación de tren o de autobuses, por ejemplo. Por este motivo es mejor crear una imagen clara e inequívoca.

Alegría: Visualizo a mucha gente animando con aplausos y riendo. La palabra *«alegría»* empieza por *«ale»,* y este término me sugiere «ale, ale», lo que a su vez me sugiere animar y aplaudir.

Alergia: Particularmente visualizo a un perro estornudando. Muchas imágenes pueden ayudarnos a visualizar esta enfermedad: imaginarse una cara hinchada, unos ojos rojos y llorosos, granos de polen, etc.

Aire: Visualizo un huracán arrastrando objetos y llevándoselos consigo. También puedes visualizar un típico tornado.

Algodón: Da igual que sea el algodón que se vende en la farmacia o el tipo de tejido del mismo nombre. En cualquier caso, visualizo el típico algodón blanco que se vende en las farmacias y en otros comercios para limpiar las heridas.

Agencia: Puedes visualizar una agencia de viajes, llena de folletos y de colorido.
También podrías visualizar a un detective privado, o una *agencia* de detectives. Puedes reforzar esta palabra visualizando a un detective que está consultando su *agenda,* o que está buscando algún tipo de huella en ella, dado el parecido existente entre «agencia» y «agenda».

Andén: Visualizo el andén de una estación de tren. Este andén es el de una pequeña ciudad y está en el exterior, a «cielo abierto». En este andén hay personas esperando el tren, pero no visualizo el tren de ningún modo para evitar confundirme con «estación de tren». Tampoco visualizo la vía de hierro para no confundirme con «vía».
Tanto «estación de tren» como «vía» aparecen citadas más adelante.

Animal: Todos los animales son fáciles de visualizar, pues cada uno tiene una imagen distinta; escoge alguno en particular. Es muy interesante visualizar un rinoceronte, ya que es un animal muy animal.

Antibiótico: Visualizo una botellita con una especie de jarabe negro, cuya imagen se distingue bien de la de las pastillas y de la de las inyecciones.

Año: Visualizo un gran almanaque colgado en la pared.

Aparato: (Ver «Máquina»).

Apartamento: Visualizo un piso pequeño, de forma que sus moradores se tienen que *apartar* hacia las paredes cuando alguien se quiere mover por él. De esta manera no me confundo con «piso».
Obsérvese el parecido entre «apartamento» y «apartan».

Apellido: Particularmente visualizo la acción de «esquilar rápidamente una oveja». «Esquilar» corresponde a la acción de ponerse «*a pelar*», cuyas letras son muy similar al inicio de «*apel*lido». Por otra parte, al ir pelando muy deprisa se le hace algo de daño a la oveja la cual lanza un «*balido*». Observa que la terminación de «ba*lido*» es como la de «apel*lido*».

Autopista: Visualicemos su calzada de varios carriles con muchos coches en ellos. Puedes verlos circulando a gran velocidad o bien parados en un atasco. Es importante ver muchos carriles para no confundirnos con «carretera».

Autónomo: Muchas personas trabajan como autónomo, y particularmente me reí bastante cuando pensé en una imagen para este término. La palabra «autónomo» la dividí en dos, formando «*auto*» y «*nomo*». De este modo podríamos visualizar una especie de nomo conduciendo un auto. No obstante, al final me quedé definitivamente con la imagen de un niño en los coches de choque.

Avenida: Visualizo una enorme calle muy transitada por peatones y muy bulliciosa. De vez en cuando la sobrevuelan *ave*s rapaces a toda velocidad, las cuales obligan a los transeúntes a agacharse.

Obsérvese la diferencia con «calle», la cual tratamos más adelante y en la que veremos una calle tranquila y solitaria.

> **NOTA:** Recuerda una vez más que no hará falta que asocies nada si las palabras de ambos idiomas son muy parecidas, tales como «avenida» y «avenue».

Avión: Aunque es una imagen bastante obvia, cito este sustantivo porque no debemos confundirnos con «vuelo». El avión lo veremos en este caso desde el exterior, *en su globalidad,* como si estuviésemos flotando en el aire cerca de él. Por el contrario, cuando hablamos de «vuelo», es preferible ver la actividad interior existente en el avión durante un vuelo. Lo mismo sucederá con «coche», el cual veremos desde el exterior, como un todo, y con «conducir», donde veremos esta inequívoca acción desde su interior.

* Véase «vuelo» más adelante.

Ayer: Puedes visualizar alguna cosa especial que tuvieses, o algo llamativo que hicieses, cuando eras pequeño.

Ayuda: Podemos ver a un grupo de socorristas que atienden en el suelo a una persona.

Azúcar: Visualicemos un sobre o un terrón de azúcar.

Banco: Es un banco de dinero, no de sentarse. Podemos visualizar a un cajero que atiende al público tras un cristal de seguridad.

Barrio: Puedes visualizar alguna característica del barrio en el que tú residas habitualmente. Como opción puedes ver a un *barr*endero *barri*endo el *barrio* con su carrito.

Bocadillo: Es muy fácil de imaginar, ¿verdad? ¿De qué lo prefieres?

Calle: Visualizo una calle tranquila y solitaria, para distinguirla así claramente de «avenida».

Calmante: Podemos ver la acción de administrar un *calmante* en la *cama.*
      Evidentemente, administrarlo en la «cama» nos ayudará a recordar la palabra «calmante», dado el gran parecido entre ambas palabras.

Calor: Puedes imaginarte a una persona aireándose con un abanico, pues tiene mucho calor. También puedes verla dentro de una sauna.
      Otras posibilidades serían visualizar un brasero, una estufa, etc.

Camino: Vamos a imaginarlo polvoriento y bacheado para no confundirnos con carretera. También podemos visualizar una pista forestal.

Carne: Puedes visualizar (y oler) un filete. Además, también podrás especificar en tu vocabulario cómo deseas la carne:

a) Si ves el filete muy hecho, fino y oscuro (o, si lo deseas, también puedes ver una suela de zapato en su lugar), podrás memorizar fácilmente la expresión *«muy hecho»*.

b) Si, por el contrario, lo ves más gordo, blandito y algo sangriento, podrás memorizar la expresión *«poco hecho»*.

Carretera: Tiene muchas curvas, como las carreteras de montaña, junto con bonitos paisajes y poco tráfico. De este modo no nos vamos a confundir nunca con «autopista».

Cartón: Puedes visualizar una caja de los zapatos, una caja de galletas o cualquier otra caja grande de cartón.

Centro de la ciudad: Posiblemente puedas deducir esta expresión en cualquier idioma, pero, por si acaso, puedes visualizar algo que sea representativo del centro de tu ciudad o de cualquier otra.

Ciudad: Similarmente a como hicimos en el caso anterior, para este término general puedes visualizar alguna característica de la ciudad en la que tú residas habitualmente, o bien de cualquier otra ciudad distinta, pero, para que no te confundas con la imagen anterior, elige preferiblemente algo que no esté en el centro.

Color: Particularmente visualizo el arcoíris. Me sugiere la palabra «color» en sí.

Constipado: Podemos ver a una persona que no para de estornudar.

Control: Visualizo a una persona pasando a través de un arco detector de metales en un *control* policial.

El hecho de ver a alguien pasando por el control de un arco detector de metales es simplemente un apoyo para poder traducir esta palabra, pero este término podrá usarse para traducir todos sus significados, de forma que no estará limitado a un control policial. Así, también se referirá al control de los nervios, al control de un coche, etc.

Cosa: Particularmente visualizo una máquina de *cos*er antigua. Puedes visualizar cualquier otra *cosa* que tenga que ver con la acción de *cos*er (por el parecido entre «coser» y «cosa») que no hayamos empleado ya, como un dedal. No imagino la acción de coser propiamente dicha, pues es mejor reservarla para ese verbo en concreto.

Correos: Podemos visualizar un edificio donde la gente hecha sus cartas a través de las rajas existentes en la pared.

Costumbre: Visualizo a un faquir que se acuesta de *cost*ado en la l*umbre,* como de costumbre.

También puedes visualizar alguna *costura* de una prenda de ropa.

Cruce: Vemos la confluencia de varias calles, para no confundirnos con «esquina».

Cubierto: Visualicemos los tres cubiertos —cuchara, cuchillo y tenedor— juntos, unidos por una servilleta. No nos vamos a confundir con el nombre de cada uno de estos objetos por separado, pues en ese caso estaría cada uno desempeñando su papel: la cuchara cogiendo sopa, por ejemplo, el tenedor pinchando, el cuchillo cortando y con la servilleta limpiándonos la boca.

También puedes visualizar una cubertería.

Cuerpo: Podemos imaginar el cuerpo humano al completo, como una unidad. También podemos ver un muñeco de prácticas para socorristas, un maniquí de escaparate o un dummy (son los muñecos usados en los experimentos realizados en las colisiones de coches). Es conveniente hacerlo así para evitar confundirnos con palabras como «persona», y para poder aprender más tarde, y sin ningún problema, las diversas partes del cuerpo humano, las cuales sí podremos visualizar tal y como son en la realidad.

Derecha: Es importante conocer esta palabra, pues con mucha frecuencia nos podrán decir que «giremos a la derecha», o algo similar. Podemos ver una barra de metal muy rígida y *derecha*.

Día: Para evitar confundirnos con palabras como «luz», o incluso como «calle», particularmente visualizo a unas personas sentadas en una terraza tomando un refresco.

Día festivo: Imagino una fiesta en la misma terraza que hemos creado para el escenario anterior. Así estoy uniendo «día + fiesta».

Dinero: Visualizo una bolsa redonda con mucho dinero dentro.

Director: Visualizo a un director de orquesta, el cual la dirige con su batuta muy enérgicamente.

Documentación: Puedes visualizar el Documento Nacional de Identidad.

Dólar: Particularmente visualizo al tío Gilito (el tío del pato Donald), pues era muy rico y tenía muchos dólares.

Dolor: Podemos visualizar a una persona atrapada por un cepo que le está aprisionando su mano o su pie. He escogido algo que posea una gran similitud con el verbo «doler».

Edad: Visualizo a un niño que ayuda de la mano a un anciano a cruzar una calle. La gran diferencia de edades entre ambas personas me sugiere fácilmente esta palabra.

* Obsérvese que no me puedo confundir con la palabra «niño» o «anciano», pues para la palabra «edad» uso una acción en la que intervienen juntos el niño y el anciano. En cambio, para memorizar el término independiente «niño» o «anciano», vería la imagen individual de estas personas.

Ejemplo: Esta palabra la sustituyo por *«ejem»,* y visualizo a una persona que tiene tos y problemas en la garganta.

Electricidad: Visualizaría a una persona que ha cogido unos cables pelados con la mano y que está siendo sacudida (un poco en plan cómico) por la corriente eléctrica. Prefiero evitar visualizar una bombilla encendida o algo similar, para no confundirme con esos términos cuando también aprenda su traducción.

Embajada: Me sugiere *«en bajada»,* por lo cual visualizo una cuesta muy pronunciada y a unos niños que se lanzan cuesta abajo, es decir, *en bajada,* con un monopatín.

Empleado: Particularmente visualizo al empleado de un supermercado colocando artículos ordenadamente en una estantería.

Obsérvese que para visualizar otros términos, como cajero, carnicero, panadero, frutero, etc., simplemente tendríamos que ver a una persona desempeñando cada uno de esos oficios en concreto.

Empresa: Visualizo una nave industrial que se encuentra ubicada en el filo de hormigón de una presa, es decir, está *«en la presa».* Sus trabajadores desfilan en fila india por el borde con cuidado para no caerse. Véase el parecido entre «empresa» y «en la presa».

Encargado: Este término hace referencia al responsable de algo, pero como nuestro sistema es muy flexible, visualizo a una persona que está *encargada* de *cargar* sacos de patatas en un camión.

Entrada: Visualizo a mucha gente *entrando* tranquilamente en una sala de cine y repartiéndose por sus butacas.

También podrías imaginar a un numeroso grupo de alumnos *entrando* despacio y sin prisas a su aula para dar clase.

Véase la diferencia entre esta imagen y la que tengo para visualizar «salida».

Entrantes: Podemos visualizar a un grupo de camareros haciendo una especie de *entrada* triunfal para servirnos muchos platos en nuestra mesa.

Equipaje: Puedes visualizar un carrito de los aeropuertos lleno de equipaje.

Escuela: Podemos visualizar a muchos *niños dando clase* en ella, para no confundirnos de este modo con instituto, academia o universidad, dada su similitud. Tampoco debemos ver al profesor en este caso.

NOTA: Al contrario que hicimos con la palabra «academia», resulta mejor ahora imaginar niños varones revoltosos, lo cual también nos ayudará a entender mejor que son niños y no niñas, pues por lo general ellos son más traviesos que ellas. Por otra parte, es de esperar que haya más travesuras en las escuelas que en las academias, por lo que nuestra separación de sexos será un comodín de apoyo muy importante para poder distinguir eficazmente este tipo de vocabulario compuesto por imágenes tan similares.

Estación de autobuses: Visualizo las dársenas con los autobuses parados. Hay mucha gente esperando de pie para subir en ellos, pues van subiendo en fila india.

* No visualicemos la sala de espera de dicha estación, ya que puede ser muy similar a la de la estación de trenes y podríamos confundirnos con ambas.

Estación de tren: Visualizado un tren parado y mucha gente en el andén. Unas personas bajan y otras suben al tren.

* Igualmente, no visualicemos la sala de espera de dicha estación, porque puede ser muy similar a la de la estación de autobuses y podríamos confundirnos con ambas.

Tampoco debemos confundirnos con «tren», con «vagón» o con «andén». Repasa la forma de visualizar estas imágenes para que veas la diferencia.

Estatura: Normalmente no se pregunta a alguien por su estatura, sino que se usa con mucha más frecuencia la expresión: ¿Cuánto mides?, y se contesta: «Mido...». No obstante, podemos sustituir esta palabra por la acción de medir a alguien, es decir, podemos visualizar la regla métrica junto con el tope para la cabeza, sabiendo que ambos instrumentos se usan conjuntamente para medir la estatura de las personas.

Otra opción muy interesante sería visualizar una *estatua* muy alta.

Estudiante: Es un término muy frecuente y fácilmente confundible con otros, por eso figura obviamente aquí. Ya hemos visto el verbo «estudiar», donde visualizábamos esta acción específica. En este caso, y para ceñirnos a la figura del estudiante, podemos visualizar la acción de «estudiar», pero centrándonos mucho más en la persona que lo hace, es decir, viendo nítidamente todos los detalles característicos de estas personas cuando estudian, tal y como sus movimientos, sus gestos, sus acciones, etc.

También podemos visualizar a una persona en concreto que sea para nosotros la referencia clara de un estudiante.

Euro: Puedes visualizar una moneda muy brillante en el centro de un mapa de Europa.

Excursión: Pienso en una pandilla de jóvenes andando por una montaña con mochilas en la espalda.

Familiares y parentescos en general: Para aprender a decir en otro idioma el tipo de parentesco: «padre», «madre», «hijo», «hija», «esposo», «esposa», así como para el término «amigo» y otros similares, visualicemos simplemente a la persona que tenga ese parentesco con nosotros. Elijamos a una persona en concreto cuando haya distintas posibilidades.

Por ejemplo, para aprender a decir que *«primo»* en francés es *«cousin»,* yo me quedaría con la imagen de mi querido *«primo»* Manolo, al cual veo *cocinando* muy liado en la *«cocina»* de su casa. Puedo reforzar esta imagen todo lo que desee: lo veo sin parar de hacer tortillas *francesas,* lo cual me centrará aún más en que estoy traduciendo una palabra *francesa.*

NOTA: En mis cursos presenciales siempre digo que usar imágenes de personas puede traernos algún problema, pues si no visualizas con mucho detalle la escena y al personaje en cuestión, luego no sabrás si viste a tu primo, a tu hermano o a un amigo haciendo tortillas en la cocina de su casa. Esto es algo que podemos solucionar fácilmente enriqueciendo un poco más la escena:

Como mi primo Manolo es un experto con ordenadores, lo visualizo friendo las tortillas encima de pantallas planas de ordenador (en vez de utilizar sartenes). También puedo verlo friéndolas en un ordenador portátil: las coloca en la pantalla y con el teclado ajusta la temperatura, el tiempo, etc.

Fecha: La cambio por la palabra *«ficha»* y visualizo una ficha de dominó. Simplemente pienso en una ficha blanca con algunos puntos negros, pero no veo ninguna en concreto.

* **Recuerda** que la palabra visualizable «ficha» sirve para sustituir eficazmente a «fecha» (no visualizable), dada la gran similitud que tienen ambas en lo que a su escritura se refiere, aunque obviamente significan cosas muy distintas. Cuando utilices un mínimo de veces la palabra «fecha», como ha sido memorizada a

través de una asociación inverosímil (visualizando una «ficha» que hacía cosas muy raras), conseguirás que esta palabra pase inmediatamente a tu memoria de largo plazo, y por ello la recordarás en el futuro de manera instantánea y automática, sin tener que pensar ya en ninguna asociación.

Si más adelante quisieras aprender a decir la palabra «ficha», podrías visualizar cualquier imagen de una ficha (incluida otra vez la propia ficha de dominó), sin miedo a confundirte con «fecha», la cual ya estará perfectamente establecida en tu memoria de largo plazo.

Fiebre: Podemos visualizar a una persona que está en cama con fiebre, la cual está emitiendo mucho calor. Otras personas se arriman y acercan sus manos a ella para calentarse.

Podríamos reforzar esta escena imaginando que es una *liebre* la que está en cama con *fiebre,* dado el parecido existente entre las dos palabras en cursiva.

Fiesta: Imagino una gran fiesta con mucho colorido, similar a las de Nochevieja.

Fin: Visualizo a mucha gente aplaudiendo y silbando. Ha sido el final de una obra.

* Compárese esta imagen con la usada más adelante para «principio».

Frío: Puedes imaginarte a una persona que está en el Polo Norte, desnuda y tiritando de frío.

Frontera: Visualizo un control fronterizo en el cual hay una barrera subiendo y bajando, la cual sirve para limitar el paso de los vehículos.

Gente: Puedes visualizar a mucha gente manifestándose en una calle, viendo un gran evento deportivo en una grada, etc.

Gratis: Esta palabra me sugiere el verbo *«gratinar»* por su parecido escrito, por lo cual veo a un grupo de personas comiéndose muchas *pizzas gratinadas*. Las comen sin cesar, porque son *gratis* y no les cuestan dinero.

Gripe: Podemos visualizar a una persona enferma de *gripe* acostada en la cama, la cual comparte con muchos *grillos*. Encima, los grillos cantan y no le dejan dormir, ¡lo que le faltaba!

Otras opciones son las palabras «grapa» o «grupa». Todas ellas tienen un gran parecido con «gripe».

Harina de trigo: Dedico este término a aquellas personas celíacas que pueden tener grandes dificultades con la comida cuando viajan al extranjero, pues es una enfermedad que está muy poco reconocida para la gravedad que puede llegar a tener si no se cuida. Deben aprender a decir *«harina de trigo»,* o *«harina»,* para saber preguntar si determinado producto la contiene o no, y de este modo poder elegirlo o evitarlo.

Por ejemplo, para memorizar que *«harina»* es *«flour»* en inglés, podemos ver a un panadero rociando con *«harina»* una gran *«flor»* antes de introducirla en el horno.

Hipermercado: Visualizo un gran edificio correspondiente a unos grandes almacenes. Lo visualizo por fuera, es decir, solamente la parte exterior. De este modo no nos confundiremos con «supermercado», cuya imagen estudiaremos más adelante.

Historia: Para esta palabra puedes visualizar algún acontecimiento histórico que sucediese hace mucho tiempo y que te haya llamado la atención de manera especial, aunque sea un hecho ficticio o por demostrar.

Particularmente visualizo un monstruo prehistórico atacando histérico, es decir, tiene mucha *histeria*. La enorme aproximación que tiene la palabra «histeria» con «historia» me hará recordar esta palabra de forma inequívoca.

Hora: Visualizo a una persona mirando la *hora* en un pequeño reloj que lleva en la muñeca. Puedes mirar más adelante la palabra «reloj» para fijarte en la diferencia que he establecido entre ambas palabras («hora» y «reloj»).

Hoy: Visualizo un *hoyo* fresco y húmedo en la arena de la playa. Este hoyo está recién hecho, es decir, se ha hecho *hoy.* Si se hubiese hecho hace más tiempo, estaría seco y prácticamente tapado. Probablemente la arena haya sido sacada del *hoy*o por los niños que están haciendo un castillo de arena justamente al lado.

Idea: Podemos visualizar a una persona con una bombilla encendida encima de su cabeza, o bien a alguien rompiendo bombillas contra su cabeza.

Idioma: Para esta palabra visualizo particularmente una torre gigantesca en obras, a medio de hacer, como si fuese la *Torre de Babel.*

* Según cuenta la Biblia, mientras se construía esta torre para llegar al cielo, Dios creó los idiomas para confundir al personal que allí trabajaba, de forma que no pudieran entenderse y por lo tanto no terminasen de construirla. En fin, en fin, lo cierto es que si usamos un poquito la imaginación tendremos una buena imagen para este término.

Otra opción sería usar la palabra *«idiota»,* pues se parece mucho a *«idioma»,* aunque la cuestión sería ahora: ¿Y a quién visualizamos? Aunque se me ocurren muchas ideas al respecto, lo dejo a tu libre elección. Si quieres, puedes unir este término con la idea anterior de la Torre de Babel y visualizar que esta estaba siendo construida por idiotas (puedes visualizar algo concreto al respecto). Quizá por este motivo no la terminaron.

Instituto: Visualizo desde el aire un edificio al que acceden muchos jóvenes, tanto andando como en moto. Esta palabra tenemos que distinguirla claramente de «escuela», de «academia» y de «universidad».

Invierno: Visualizo los saltos de esquí típicos de esta estación del año. Prefiero no pensar en algo que me sugiera directamente «frío», pues este es otro término distinto.

Izquierda: Al contrario que hicimos para visualizar la palabra «derecha», ahora podemos visualizar una barra torcida con forma de «L».

Jabón: Visualizo una pastilla de jabón.

Jardín: Pienso en un pequeño jardín con flores. Es muy distinto de «parque», cuya imagen veremos más adelante.

Juez: Es fácil visualizar a un juez vestido con su toga y golpeando en su pupitre con un martillo.

Kilo: Es la unidad usada para medir la masa de un cuerpo, y también significa *1.000.* Como una persona dice su peso en kilos, esta palabra me sugiere visualizar una báscula, un peso de cocina, una romana, o algo similar. El término *«romana»* no lo vamos a utilizar habitualmente, por lo que sería preferible «báscula», y así dejamos la imagen de la báscula para memorizar esta misma palabra cuando lo deseemos.

• IMPORTANTE: Observa que si quisiésemos aprender a decir **«kilómetro»** (suponiendo que esta palabra se tradujese al otro idioma por otra muy distinta), como esta palabra se compone de *«kilo»* y de *«metro»,* podríamos visualizarla como la suma de las dos anteriores, imaginando, por ejemplo, una báscula romana en la cual se están pesando cintas métricas (o sujeta por una cinta métrica en vez de por una cadena). Lógicamente, a esta escena habría que añadirle una tercera imagen que representase la traducción de la palabra «kilómetro» en el idioma que estemos aprendiendo.

De este modo obtendríamos finalmente una acción triple compuesta por tres objetos: la romana, la cinta métrica y la imagen que sustituye a la palabra «kilómetro» en el otro idioma.

Esta regla podremos aplicarla siempre que formemos *palabras compuestas.*

- De igual modo, la palabra **«tonelada»** significa **«1.000 kilos»,** y como *«kilo»* significa también el número «1.000», podríamos sustituir la expresión «1.000 kilos» (tonelada) por *«kilo-kilos».* Dado que la palabra «romana» era la sustituta de «kilo», podríamos visualizar finalmente el pesaje en una romana de otras romanas o balanzas, o bien el de una chica de Roma (romana) muy gorda, a falta de añadir, finalmente, la imagen que hayamos elegido como sustituta para la traducción de la palabra «tonelada».

Luz: Hablamos en este caso de *luz solar,* no de luz eléctrica (la cual ya vimos anteriormente en «electricidad»). Visualizo a una persona que está siendo cegada debido a la luz que entra por la ventana que tiene enfrente.

Lana: Puedes visualizar una gran madeja de lana. Si quieres, puedes tirar del extremo libre para hacerla correr y darle así cierto movimiento. O mejor aún, puedes dejarle tirar de ese extremo a una oveja. Así todo queda entre lanas.

Madera: Puedes visualizar un suelo de madera, una cabaña o cualquier otro objeto de este material.

Mañana: Es una palabra que tiene que ver con el futuro, y similarmente a como lo hicimos con la palabra «ayer», en este caso visualizo algo que quiera hacer el día de mañana, en un futuro cercano, algún plan personal. Por tanto, elige cualquier cosa que te gustaría hacer.

a) También tenemos la expresión **«pasado mañana»,** y en este caso, como hablamos de un futuro más lejano que el que se refiere a «mañana», me visualizo de abuelito, en plan pobre, haciéndome un huevo *pasado* por agua.

b) Para el término **«mañana»,** haciendo alusión a una parte del día (al igual que tenemos la tarde o la noche), visualizo a una persona saliendo con el coche de su garaje como si se fuese a trabajar por la mañana. Por supuesto que puedes visualizar cualquier cosa que te sugiera esta parte del día.

Máquina: Para la palabra «máquina» en general puedes visualizar una máquina de tren antigua de vapor.

Material: Nos indica de que está hecho algún objeto. La imagen de esta palabra es muy abierta, y puedes visualizar desde un yunque de hierro hasta una cartera para guardar documentos. Puedes elegir algún objeto del que te guste su textura o su tacto.

Maestro: Este término lo relaciono con «maestro de escuela», y como ya dijimos que en la escuela había niños, el maestro será también masculino, es decir, visualizo a un hombre enseñando a dichos niños.
      También puedes pensar en una persona en concreto, la cual sea para ti un «maestro».

Mes: Podemos visualizar a la Luna girando muy rápido alrededor de la Tierra. Piensa que el ciclo lunar dura 28 días (casi un mes), por lo que esta imagen nos proporcionará una eficaz sustitución de la palabra «mes».

Metal: Piensa en cualquier objeto que sea de este material y que no figure en nuestro vocabulario básico, tal y como una *met*ralleta, cuyo nombre, dicho sea de paso, se parece un poco a «*met*al».

Metro (tren subterráneo): Es un término muy distinto de «tren». Yo lo visualizo saliendo de un túnel negro y entrando lentamente en la estación para detenerse y recoger a los viajeros.

Metro (unidad de medida): Podemos visualizar en su lugar una cinta métrica.

Ministro: Aquí podemos visualizar cualquier cosa, pues es un trabajo que particularmente me tiene bastante desconcertado. Podríamos visualizar desde un *ring de boxeo* hasta un *mono,* pues esta palabra es muy parecida a *«mini»* (inicio de *«mini*stro»), y el término «mono» no forma parte de nuestro vocabulario esencial.

También se puede visualizar un coche lujoso (un gran *«mini»*) de cuya parte trasera sale un *mono.*

Como opción, podemos ver a un señor trajeado circulando en bicicleta, como hacen algunos ejemplares *ministros escandinavos* para acudir a su trabajo.

Minuto: Visualizo a un *minotauro* (un hombre con cabeza de toro) con prisas, pues solamente tiene un minuto de tiempo para algo.

Otra posibilidad sería imaginar a un repartidor de *pizzas,* el cual va con mucha prisa y haciendo eses entre el tráfico con una *mini-moto* (por aquello de que te la sirven al *minuto).* Observa que *«mini-moto»* es muy similar a *«minuto».*

Mitad: Veo a un leñador partiendo troncos por la mitad con su hacha.

Moneda: Puedes visualizar una hucha llena de monedas que suena al ser agitada.

Mueble: Visualiza el mueble de un salón (para evitar confundirte con armario). También podrías visualizar un mueble viejo y lleno de carcoma.

Música: Visualizo a una orquesta de músicos, pero no me fijo en el director, pues es precisamente la imagen que tengo escogida para el término «director».

Natural: Visualizo una botella grande de agua mineral. También puedes pensar en algo que te sugiera el término «naturaleza».

Navidad: Imagino a Santa Claus con su trineo cargado de juguetes para repartirlos.

Nieve: Pienso en un muñeco de nieve.

Noche: Podemos visualizar cualquier escenario a la luz de la Luna, tal y como una playa, la barandilla de un barco, etc.

Nombre: Para este sustantivo visualizo a un *pregonero* con un megáfono, pues es un *hombre* que *nombra* las cosas en voz alta.

Número: Podemos visualizar una bolita que ha salido del bombo de la lotería y cuyo número es mostrado al público. No hace falta ver ningún número en ella.

Objeto: Representa a cualquier cosa genérica de la que no sabemos o no queremos decir nombre, y por este motivo su imagen fotográfica puede ser la de cualquier cosa.

Particularmente visualizo un gran tele*objetivo* acoplado a una máquina de fotos, el cual sirve para atraer mucho las imágenes. Es muy usado por los periodistas en los eventos deportivos, y empleo esta palabra porque su final, «objetivo», es muy similar a la palabra «objeto».

Distingo entre «cosa» y «objeto», en cuanto a que la primera palabra, *«cosa»,* representa una generalidad mayor, y se puede usar como representación de algo físico o no físico, es decir, se puede decir: «Acércame esa cosa de ahí», o bien: «No me gusta hablar de ciertas cosas». En cambio, la palabra *«objeto»* (si le excluimos el sentido de «finalidad») tendrá siempre una naturaleza física y estará presente cuando hablemos de él. Por ejemplo, se dice: «Esto es un objeto que sirve para...».

Es importante saber decir las palabras «cosa» y «objeto», pues en realidad son *palabras comodines* cuyo uso nos puede hacer salir airosos de una situación en la que no sepamos decir el nombre de un determinado sustantivo.

Otoño: Visualizo un parque con árboles sin hojas, las cuales forman un manto resbaladizo en el suelo.

País: Aquí tenemos tres posibilidades distintas:

a) Cuando se hace referencia al término «país» en general, como sinónimo de *«nación»*, puedes visualizar una imagen o característica particular de tu país, pero mejor que sea de una zona bien lejana a la de tu lugar de nacimiento.

b) Para saber decir el nombre de tu *país natal* en otro idioma, puedes visualizar una imagen o característica de tu país que esté cercana a tu lugar de nacimiento.

c) Para memorizar el nombre de *otro país cualquiera*, debes visualizar en su lugar alguna imagen o característica particular de él.

Pasaporte: Es fácil de visualizar.

Parada: Veamos una parada de autobús en la calle y a algunas personas esperando la llegada de este vehículo.

Parque: Lo vemos con muchos árboles y columpios infantiles. Es muy distinto de «jardín».

Partido: Puedes visualizar un partido de fútbol, de baloncesto, de balonmano, de tenis, etc.

Si fuese necesario, tendrías que hacer una distinción entre la palabra «partido», referida al deporte (podrías visualizar un partido de tenis, por ejemplo) y el término «partido» como referencia a un partido político (aquí podrías ver un partido de rugby o de otro deporte menos habitual). Ten en cuenta que un mismo término que signifique cosas distintas en tu idioma natal puede que tenga diversas traducciones en el otro idioma, según sea el significado de cada una de ellas.

Pasillo: Es un pasillo muy largo, sin puertas, y algo oscuro. Si lo deseas, puedes imaginarlo algo tenebroso. De este modo seguro que no nos confundiremos con «planta», citada más adelante.

Pena: Visualizo a una persona vestida de *pana,* la cual tiene tanta *pena* que, en vez de lágrimas, llora *panes* enormes. Todo porque está viendo a un *pino* a punto de hacer *«pum»* contra el suelo (se está cayendo). Desde luego que esta es una palabra que admite muchas imágenes posibles. Puedes quedarte con toda la secuencia anterior y enlazar ahí su traducción, o bien con alguna palabra de las cursivas.

Persona: Usa la imagen concreta de alguna persona: un amigo, un familiar, etc., a quien consideres de verdad una *buena persona.* Si quieres, puedes verla (para reforzar) jugando con una *persiana.*

Peso: Es frecuente preguntar: ¿Cuál es tu peso? Para poder responder a esta pregunta, mi imagen para la palabra «peso» es una *báscula de baño,* pues hay una en casi todas las casas, y por tanto son las más usadas para controlar el peso.

Si tuvieses que aprender a decir la palabra **«báscula»,** podrías visualizar una báscula más grande, de las que funcionan con pesas que se van desplazando, o bien una báscula para el pesaje de camiones.

Piso: Visualizo un piso muy grande (lo distingo así de «apartamento»). Sus moradores se mueven dando grandes *pasos* para llegar antes a las habitaciones.

   * Obsérvese el parecido entre «piso» y «pasos».

Planta: Nos referimos en este caso a «planta» como sinónimo de «piso», no a una planta vegetal, la cual podríamos visualizar fácilmente.

Veamos una planta con varios pasillos y muchas puertas que dan a las distintas habitaciones (como las de los hoteles). Sintamos sensación de amplitud y de luminosidad para evitar confundirnos con «pasillo».

Plástico: Podemos imaginar cualquier objeto que sea de este material, y que preferentemente no sea demasiado habitual, tal y como un caballito de plástico de juguete.

Prefiero no visualizar una botella de plástico, debido a que precisamente visualizo una botella de agua mineral para la palabra «natural».

Política(o): Particularmente visualizo una *pelea* entre dos personas en un fango de barro. También se puede visualizar a un *paleto* que hace votar con su mano una *pelota* en una *paleta*. Obsérvese el parecido del término «política» con el de los cuatro que he destacado.

Fíjate en que, si viésemos simplemente a un «político paleto» dirigiéndose a la gente, sería suficiente (aunque quizá no resultaría demasiado inverosímil) motivo por el cual he optado por incluir otras dos palabras más en la secuencia anterior: «pelota» y «paleta», las cuales producirán sin duda un gran efecto de refuerzo.

Y ya que hablamos de «políticos», de «paletas» y de «pelotas», podríamos visualizar también una partida de pimpón, en la cual dos *políticos paletos* dan *paletazos* a un *palote* que hace las veces de *pelota*.

Lo dejó en las manos de cada cual.

Postre: Puedes visualizar a un camarero *postra*do de rodillas a los pies de un cliente suplicándole que se coma un flan (o cualquier otro *postre)* que le muestra en un plato, pues acaba de terminar de comer y hace intención de irse sin comerlo.

Precio: Visualizo una etiqueta de cartón en la que está anotado el *precio* de una *pre*nda de ropa.

También puedes visualizar una *precio*sa caja registradora que tiene muchas teclas con imágenes. Seguramente que las has visto en algunos supermercados, en los cuales una tecla acciona el *precio* de los plátanos (tiene un plátano dibujado), otra hace lo mismo con las naranjas, etc. Pues lo mismo aquí.

Presidente: Particularmente visualizo a un orondo señor con traje y corbata que está fumándose un puro tras la mesa de su despacho.

Primavera: Visualizo muchas flores abriéndose y a gente cercana que estornuda (debido a las numerosas alergias al polen que trae consigo esta estación del año).

Si quieres, puedes visualizar además, para reforzar, a alguna *prima* tuya oliendo flores y estornudando. Si tuvieses alguna prima que se llamase *«Vera»,* ni te cuento qué resultado tan espectacular obtendrías.

Principio: Va a empezar una obra (concierto de música, teatro...) y la gente empieza a guardar silencio poco a poco, pues es el *principio.* Algunas personas se llevan el dedo índice a la boca y «chistan» para que otros se callen.

También puedes visualizar a un *«príncipe»* haciendo *«ejercicio»* al borde de un *precipicio,* o bien a un *«príncipe»* mudo, el cual no dice ni *«pío»* y se comunica mediante un cencerro.

Profesión: Yo visualizo a un *profeta* de largas barbas hablando a una multitud. Observa cómo el término «profeta» es muy similar al de «profesión».

Evitemos hacer referencia a nuestra profesión particular, pues esta ya tiene un nombre específico. Este sustantivo se refiere al término «profesión» (o trabajo) en general.

Por otra parte, para memorizar en otro idioma el nombre de *tu profesión particular,* tendrías que utilizar otra imagen distinta, la cual podrás obtener fácilmente viéndote a ti mismo realizando tu trabajo.

Profesor(a): Particularmente visualizo a una *profesora* señalando algo en una pizarra.

El término «profesor(a)» me gusta aplicarlo a aquellas personas que dan clases a gente mayor, no a niños. Por este motivo, y dado que hemos dejado a los niños varones en la escuela con un maestro varón, resultará mejor ver ahora a la profesora con ellas. Una excepción sería que escogieses a un profesor (hombre) que te sea conocido.

No obstante, observa también que los términos «maestro» y «profesor» se suelen usar con frecuencia de forma indistinta.

Pueblo: Para este término, puedes visualizar alguna característica que sea común en la mayoría de los pueblos (como una boina), o algo que te llame la atención de algún pueblo en concreto.

También puedes visualizar la imagen global de un pueblo, es decir, tal y como la que se vería observándolo desde la cima de una montaña.

Puerto: Visualicémoslo con barcos amarrados. Yo veo también los neumáticos que hacen de tope y permiten que el barco se pueda aproximar a la pared donde atraca sin rozarla.

Regalo: Veo una caja envuelta con papel de regalo y con un lazo en su parte superior.

Región: Puedes visualizar alguna característica general de la región o comarca en la que tú vivas o de cualquier otra.

Religión: Podemos visualizar a un sacerdote diciendo una misa ante muchos *religiosos* (monjes y monjas) que portan una *reliquia.*

Obsérvese que, si quisiésemos aprender a decir el término *«iglesia»*, tendríamos que recrearnos mentalmente con su forma, con su construcción o con su contenido, viendo techos altos, columnas, vidrieras, etc. En el caso anterior, la iglesia no es la protagonista de la imagen, sino el sacerdote orando con los *religiosos,* por lo que voy a incidir fotográficamente en verlos solamente a ellos.

Reloj: Visualizo un gran reloj de pared.

Risa: Imagino a una dentadura encima de una mesa riéndose sin parar. También puedes visualizar a un esqueleto riéndose del mismo modo. Estas escenas me producen risa a nivel particular, y por eso las escojo.

Ropa: Particularmente visualizo un alambre de colgar la ropa y unas largas sábanas blancas sujetas con pinzas en él, las cuales están secándose al sol.

Ruido: Veo a un operario del ayuntamiento rompiendo una acera con su ruidosa máquina percutora. También puedes visualizar a alguien con unos tapones en los oídos.

Sacarina: Podemos visualizar un pastillero y muchas pequeñas pastillitas blancas de sacarina cayendo de él.

Salida: Visualizo a muchos niños *saliendo* de su clase o del colegio y corriendo bruscamente, debido a la alegría que les proporciona el haber terminado ese día.

Salón: Puedes visualizar el salón de tu casa en general, pero sin ceñirte a los muebles, los cuales será mejor visualizar por separado para ganarlos en vocabulario más adelante.

Secretario(a): Yo visualizaría aquí a una seductora secretaria escribiendo a máquina.

Seda: Particularmente visualizo una caja con *gusanos de seda.*

No te preocupes por estas aparentes «desviaciones» fotográficas. Nuestra memoria tiene muchos mecanismos automáticos de reajuste, los cuales te permitirán estar seguro de que lo que quieres asociar, en este caso es la palabra «seda», y no «gusano».

También podrías visualizar un *sedal* de pesca.

Segundo: Para esta pequeña unidad de tiempo particularmente visualizo un pulso entre dos personas: una gana y la otra es *segunda.* Me centro en la *segunda,* en la que pierde. Esta confrontación ha sido muy rápida, solo ha durado un *segundo.*

Semana: Como tenemos demasiados periodos de tiempo: mes, año, día, etc., uso la palabra *«emana»* para este término, y veo a los *siete* enanitos *se*dientos y haciendo cola para beber de una fuente de la que **emana** agua. El hecho de que sean los *7 enanitos* me sugiere concretamente una *semana,* porque esta tiene *7 días* (uno por enanito).

Aunque no tiene nada que ver «semana» con «emana» (salvo el parecido escrito), haz este cambio sin miedo y comprueba una vez más la eficacia de estas sustituciones. Observa también cómo el hecho de que los enanitos estén **se**dientos me sugiere también el principio de la palabra **se**mana, pues *se*mana y *se*dientos empiezan por **«se»**.

Además, es muy importante conocer también el término **«fin de semana»**, pues es muy usado, y como no deseamos confundirlo con «fiesta», ya que son cosas distintas, sigo viendo a los enanitos en la fuente, pero ahora esta se ha secado **(fin de emanar)** y, mientras el primero de ellos está chupando del grifo, todos los demás la zarandean a la vez para ver si consiguen que vuelva a salir el agua.

Por otra parte, los **días de la semana** los memorizo de la siguiente manera:

Lunes: Como este día pertenece al principio de la semana y el nombre de «lunes» proviene de nuestro satélite, la Luna, visualizo a la *Luna en cuarto creciente,* es decir, la veo como una fina rebanada. Además, el hecho de ser pequeña y creciente me sugiere que empieza la semana con dicho lunes.

NOTA: No me podré confundir nunca con el término «Luna», pues en este caso vería una esplendorosa «Luna llena».

Por cierto, ¿sabías que la Luna es «mentirosa»?

En efecto. Si la forma del cuarto tiene forma de «C», entonces es «no creciente», es decir, menguante. Por el contrario, si su forma es de una «C» invertida (con sus cuernos apuntando hacia la izquierda), entonces sí que es cuarto creciente.

Martes: Este nombre tiene que ver con *Marte,* el planeta rojo. Visualizo este día de la semana yendo a un planeta en llamas, ardiendo, lo cual le hace parecer rojo.

Miércoles: Este día de la semana tiene relación con el planeta *Mercurio.* La palabra «Mercurio» me sugiere un termómetro, por eso, en este caso imagino una gran esfera (el planeta) en la cama y con fiebre, con un gran termómetro de mercurio clavado en su supuesta boca.

Jueves: Por el planeta *Júpiter.* Como es el planeta más grande, visualizo a una gran esfera riéndose con aires de superioridad.

Viernes: Está relacionado con el planeta *Venus,* y como este es el objeto más brillante que podemos ver en el cielo (después del Sol y de la Luna, por supuesto), imagino una gran esfera emitiendo unos cegadores destellos de luz.

Sábado: Este día de la semana tiene que ver con el planeta *Saturno,* y como este planeta destaca por sus grandes anillos, visualizo una gran esfera jugando con su «hula-hop».

Domingo: Particularmente, visualizo unas grandes campanas que no paran de rechinar, recordando a los católicos que es día de misa.

Sociedad: Visualizo a gente muy sucia, pues «*sociedad*» se parece mucho a «*suciedad*». Podemos imaginar a un grupo de mineros saliendo de una mina todos juntos, en *sociedad,* y con mucha *suciedad* encima.

Sol: Para traducir **«Sol»,** como astro, puedes visualizar una esfera gigantesca emitiendo llamaradas, pero si te refieres a la palabra **«sol»** para decir que hace mucho «sol», puedes visualizar a alguien empeñado en mirarlo a toda costa, guiñando sus ojos y poniéndose la mano extendida sobre ellos.

Supermercado: Visualizo una gran planta donde se venden todo tipo de productos comestibles: frutas, pescados, etc.

Talla: Nos referimos a la talla de la ropa. Visualizo a una persona dentro de un probador inundado de ropa. La idea es imaginar que tiene una *talla* muy difícil de conseguir y que ninguna ropa le sienta bien.

Por este motivo no para de probarse tallas distintas, pero nada, no hay manera de encontrar la suya.

Tarde: Es una parte del día, y al igual que hicimos con «mañana», hay que visualizar algo que suceda o que tengas asociado a las tardes. Particularmente imagino una hermosa puesta de sol en un entorno de mucha paz.

Tela/tejido: Puedes visualizar un gran rollo de *tela* en una sastrería. También puedes imaginar a un sastre cortando telas y tejidos.

Tema: Particularmente visualizo una pila de folios.

Tiempo: Este término se refiere al transcurso del tiempo, a su duración (no al clima). Puedes visualizar un cronómetro, pues marca el *tiempo* que transcurre.

Tiempo (clima): Particularmente visualizo un pequeño ascensor y dos personas dentro con cara de aburridas. En esos casos, estas personas suelen hablar del *tiempo* que hace, por lo que simplemente las veo hablar sin mirarse demasiado a la cara. No me puedo confundir con «*ascensor*», porque para este término pienso en un gran ascensor lleno de gente.

Tienda: Puedes visualizar una *tienda* o pequeño comercio. También puedes ver una tienda de campaña.

Tonelada: (*Ver* Kilo).

Trabajo: Puedes visualizar la acción general de *trabajar* tal y como la tenemos en ese verbo, el cual es mucho más importante que este sustantivo.

Traje: Podemos ver indistintamente un elegante traje de señora o de caballero colgado de una percha.

Trapo: Visualizo un trapo blanco, pero grasiento y con manchas negras, como si hubiese sido usado para limpiar una bicicleta o algo similar.

Tren: Vemos todo el conjunto desde el exterior (la máquina tirando de sus vagones por una vía férrea) como si fuésemos desde un helicóptero.

Tristeza: Imagino a un *triste tigre* que bo*steza.*

Turista: Visualizo a una persona bañándose en la playa y disfrutando con sus olas. Lleva gafas de sol, escucha la radio y lleva un plano de la ciudad en la mano; todo a la vez. ¡Ah!, y su espalda está muy roja. ¿Tú crees que tiene pinta de turista?

Universidad: Pensemos en un grupo de astronautas dando clases en el espacio exterior, es decir, en el *universo.*

Esta es una manera eficaz de distinguir una universidad de otro centro de estudios, tal y como una escuela, un instituto o una academia.

Urbanización: Piensa en alguna característica de la tuya propia, donde esté tu casa. También puedes visualizar una calle en obras, la cual está siendo preparada para ser urbanizada.

Vacaciones: Particularmente visualizo a una *vaca* cantando can*ciones* en un karaoke, es decir, a una vaca artista. También puedes visualizar algo típico que hagas en tus vacaciones, o algún lugar donde suelas ir en esas fechas.

Vagón: Visualicemos un vagón de tren interiormente mientras se mueve. Es conveniente ver la ventanilla (incluso cómo pasan los postes) y notar el traqueteo del vagón. Estos detalles harán que no te confundas con «vuelo».

Verano: Otra estación del año, la cual sugiere calor, playa, descanso y vacaciones. Por este motivo visualizo a muchas personas tumbadas en las hamacas de una playa tomando el sol. Los hombres miran el trasero de una turista bien hecha que pasea por allí, dado el parecido existente entre *«verano»* y *«ver ano».*

Verdad: Podemos visualizar a una persona cuya cabeza es una *verde* sandía, diciendo que «sí» (como diciendo la *verdad).* Mientras mueve la cabeza afirmativamente le caen pepitas por su pequeña nariz. Si tuviese la nariz grande, sería porque dice mentiras, al igual que Pinocho.

Vía: Visualizo una larga vía del tren. Solamente veo la vía, no aparecen trenes ni pasajeros.

Viaje: Es una palabra que puede presentar complicaciones, en cuanto a que estos se realizan en algún tipo de vehículo. Para evitarlas, particularmente imagino a una chica que trabaja en una agencia de *viajes,* la cual está haciendo girar sin parar una esfera del mundo. Esta chica le está indicando así, rápidamente, a una pareja de novios todos los sitios posibles donde pueden ir de *viaje de novios.* (Ver nota al final.)

Vuelo: Visualizo el avión interiormente. Una azafata lleva un carrito de comida por el pasillo. No debemos confundirnos con «Avión».

NOTA IMPORTANTE: Muchos sustantivos tienen relación directa con verbos de los cuales derivan, como, por ejemplo, *«viaje»* con *«viajar».* Como habrás aprendido a decir primero el verbo (recuerda que los verbos se aprendían antes), probablemente puedas deducir después esos sustantivos fácilmente, sin que te resulte necesario asociarlos, gracias a la similitud que guardan con sus verbos.

CAPÍTULO 11

Orientación con los adjetivos

∾

Acompañado: Particularmente me sugiere la palabra «compás» y «pañal», o bien la expresión *«con pañales»*, por lo que visualizo a muchos bebés llorando sin parar, como si formasen un coro.

Agradable: Puedes visualizar algo que sea especialmente agradable para ti. Como opción, puedes imaginar una *«grada»* de las existentes en un pabellón deportivo.

Alegre: Visualizo a unos pajaritos piando alegres en el campo.

Alto: Puedes visualizar a un jugador de baloncesto muy alto en medio de un partido.

Amarillo: No podemos visualizar los colores como tales, por lo que tendremos que sustituirlos por objetos que sean de ese color. En este caso, podemos visualizar un limón, un chino, etc.

Azul: Puedes sustituir este color por el mar, el cielo, un policía local, etc.

Bajo: Lo mejor sería visualizar a un enano. No pensemos en un niño, pues esta es una palabra mucho más habitual que «enano» y tendremos que emplearla con cierta frecuencia.

Blanco: Tenemos muchas posibilidades: el polo norte, un muñeco de nieve, un oso polar, etc.

Barato: Cualquier baratija, barata. Seguro que se te ocurren muchas.

Bello: Particularmente visualizo a la *«Bella durmiente»*. Como opción puedes visualizar algo que te sugiera belleza.

También podrías visualizar mucho *vello* por el cuerpo. Es cierto que se escribe con «v», pero ambas palabras se pronuncian igual. Además, no nos confundiremos con pelo, pues en este caso veríamos una larga melena en la cabeza.

Blando: Resulta muy eficaz visualizar un trozo de turrón *blando*. Puedes usar también cualquier otro objeto que sea blando, como la plastilina.

Bonito: Para evitar confundirnos con un guapo, bello, etc., puedes usar la imagen de un *boniato*.

Bueno: Me sugiere visualizar a un santo muy *bueno* orando con sus manos unidas.

Caliente: Un plato de *cal*do muy *caliente* nos será muy útil. Como la palabra «*cal*do» empieza igual que «*cal*iente», siempre nos sugerirá este adjetivo.

Cansado: Yo pienso en un can que anda solo por el desierto. Está muy *cansado* y a punto de derrumbarse. Del calor que hace parece un *can asado.*

Capaz: Podemos visualizar una *capa*. Si quieres, puedes imaginar también a un mago o al conde Drácula, pues ambos usan una capa como parte de su atuendo.

Caro: Puedes visualizar un coche (un *car*) de lujo, reluciente y emitiendo muchos brillos. Sin duda, es un *car* muy *caro.*

Contento: Podemos pensar en una persona que posee varios boletos de lotería en su mano. Ha sido agraciado con ellos y está muy *contento contando* los boletos premiados que tiene.

Otras opciones irían encaminadas a jugar con las palabras. Así, *«contento»* me sugiere *«con tinta»*, y puedo visualizar una pluma de escribir antigua, por ejemplo.

Delgado: No es difícil visualizar a una persona extremadamente delgada. No nos confundamos con «alto», donde usábamos la imagen de un jugador de baloncesto.

Difícil: Particularmente visualizo a una persona copiándose disimuladamente en un examen con una chuleta, pues está realizando un examen muy *difícil*.

Duro: Podemos imaginar desde un diamante hasta un trozo de pan duro.

Educado: Me sugiere a un niño muy silencioso y educado, el cual está educando también a su perro.

Enfermo: Podemos ver a una persona *enferma* en la cama, donde le acompaña sentada una *enfermera*.

Estúpido: Visualizo a una persona con un gran «tupé» que no le deja ver.

Fácil: Si te parece, como es muy *fácil* aprender un idioma, podemos visualizar a una persona ondeando una bandera en señal de victoria. Las banderas sugieren países, y estos, idiomas; de ahí esta relación. ¿Te atreves con ella?

Feliz: (*Ver* Contento).

Feo(a): Una bruja es bastante *fea,* y nos puede ir al pelo para visualizar este adjetivo. También podemos pensar en un monstruo, o en algo que se mantenga en esta línea.

Fino: Al igual que hicimos con el término «grueso», podemos dejar «delgado» para las personas y «fino» para los objetos. Particularmente visualizo la acción de cortar *finas* lonchas de jamón serrano con un cuchillo muy *fino* y afilado.

Flojo: Veo a alguien muy *flojo* a quien le tiemblan mucho las piernas. Tiene flojedad de piernas.

Frío: Podemos ver un cubito de hielo, una cubitera, un iglú, un paraje nevado, etc.

Fuerte: Puedes ver a un culturista haciendo alarde de su fuerza con cada pose que realiza.

Gordo: No es difícil de visualizar, ¿verdad? Particularmente pienso en Oliver Hardy, el famoso gordo de la serie televisiva de humor «el gordo y el flaco».

Gracioso: Visualizo a un payaso, ya que la palabra «payaso» no forma parte de nuestro vocabulario esencial, y por tanto su imagen podemos emplearla ahora tranquilamente.

Grande: Visualizo un árbol gigantesco que ha crecido hasta el cielo. Muchas otras cosas pueden sugerirte este adjetivo.

Grueso: Esta palabra es similar a «gordo». No obstante, aunque algunas personas las usan indistintamente, será preferible para nosotros utilizar el término «gordo» para los seres vivos y «grueso» para ver cosas recias.

Como también «grueso» me sugiere multitud (podemos decir: «el grueso de las tropas»), visualizo definitivamente una *manada de elefantes,* pues se trata de un *«grueso de gruesos».*

Guapo: Para el término «guapo» o «guapa» puedes visualizar algún actor, actriz, cantante, personaje famoso, etc., o por supuesto cualquier otra persona que consideres «guapa de cara».

Inferior: Particularmente visualizo a un recluta haciendo el servicio militar, el cual es de baja estatura, está firme y se encuentra saludando militarmente a su superior jerárquico (que es también más alto). Así, el recluta es el «inferior».

Inteligente: Puedes visualizar a Albert Einstein o a quien tú consideres muy inteligente.

Otra opción muy distinta surge al emplear las palabras *«tela»* y *«gente»*, y podemos visualizar a mucha gente llevando una gran tela; si quieres, las vemos portando una enorme bandera olímpica en el desfile inaugural de los Juegos Olímpicos.

Interesante: Visualizo una charla muy *interesante* y entretenida, la cual despierta el interés del público animoso. Siempre hay alguien con una mano levantada y reaccionando de forma *«estresante»*, debido a las ganas que tiene por preguntar y aprender. Observa que la palabra «estresante» es similar a «interesante».

Joven: Esta palabra me sugiere, evidentemente, la juventud, la adolescencia. Por otro lado, como su inicio «jo» expresa una onomatopeya de risa, visualizo finalmente a unos *jóvenes* que han hecho un corro y están contando chistes, por lo que no paran de *reírse*.

Libre: Me imagino una *liebre* corriendo mucho para librarse de sus perseguidores y ser finalmente *libre*.

Limpio: Visualizo una caja de detergente, pero otras muchas cosas nos pueden sugerir también este adjetivo, como: ropa muy limpia, planchada y ordenada, un suelo brillante, etc.

Listo: Mantengo la antigua imagen del típico empollón: un niño muy *listo* que tiene unas gruesas gafas y que porta varios libros bajo el brazo. También podemos visualizar un *listón* de madera.

Lleno: Veo un surtidor de gasolina en el cual se está colgando ya la manguera, pues el depósito del coche está *lleno*.

Malo: Imagino a un diablillo muy *malo* pinchando a la gente con su tridente.

Marrón: Podrás visualizar cualquier cosa que sea de ese color. Se me está ocurriendo alguna que prefiero no mencionar.

Mayor: Particularmente me imagino a un *abuelo muy alto.* Es realmente el *mayor* de todos, tanto por edad como por estatura. ¿Quieres apurar más? Pues lo veo también vestido de militar, ya que es un *mayor* del Ejército ya retirado.

No me puedo confundir con anciano ni con alto, pues veo ambas cosas a la vez. Y es que de esta forma mato dos pájaros de un tiro, pues la palabra «mayor» puede hacer referencia a la estatura o a la edad de una persona.

Mejor: Veo a un piloto de carreras subido a lo alto de un podio, pues ha sido el *mejor.* Además, no para de *mojar* a los demás pilotos con su botella de champán.

Evidentemente, el verbo «mojar» me está reforzando enormemente el adjetivo «mejor».

Menor: Al igual que hicimos para «mayor», podemos visualizar ahora al *menor* de todos: a un *niño enano.* Quizá a un Pulgarcito o algo así. ¿Quieres apurar más? Pues lo veo bañándose en el tranquilísimo Mar Menor de Murcia, donde las pequeñas olas parecen enormes tsunamis para él.

Negro: Visualizo al «zorro», el típico espadachín vestido de *negro* y con un antifaz en sus ojos, lo que le hace ver las cosas más *negras* todavía.

Ocupado: Puedes visualizar a un «*okupa*» muy *ocupado,* pues está hablando por teléfono mientras conduce un *cupé* que acaba de *ocupar.*

Peor: Veo al *peor* piloto a pie de podio, el cual está siendo duchado por el champán que sale a borbotones de la botella del piloto ganador. Obsérvese que hemos visualizado los términos «peor» y «mejor» en un mismo escenario.

Pequeño: Particularmente visualizo un *pequeño* poni. Puede valerte cualquier cosa pequeña que llame tu atención.

Evita, sobre todo, referirte a personas, ya que el término «pequeño» es más aplicable a las cosas.

Regular: Visualizo a una persona *regulando* el dial de su transistor, pues no lo escucha con nitidez.

Resistente: Veo a un caballo de carreras que está corriendo el gran derbi. Corre y corre sin parar y sin bajar el ritmo. ¡Menuda *resistencia* tiene!

Rojo: Me sugiere pensar en un tomate, en lava volcánica y en infinidad de cosas más.

Sano: Visualizo a un dentista felicitando a su paciente por lo *sana* que tiene la boca.

Seguro: Podemos visualizar el *seguro* de las puertas de los coches, es decir, ese pivotito que sube y baja.

Simpático: Veo a un simpático pático. Perdón, quería decir a un *simpático pato*. Este pato saluda a la gente de la calle y les lanza plumas desde su *ático* mientras les dice que *sí* moviendo su cabeza. Pero es una pena, este pato está *sin patas,* por eso es «simpático».

El hecho de que diga *«sí»* moviendo su cabeza me da pie a recordar el principio de la palabra *«simpático».*

Solo: Como existe una expresión hecha muy habitual: «Está más *solo* que la una», puedes ver a una *«huna».* Los hunos eran antiguas razas, y en este caso yo los visualizo como si fuesen primitivos «trogloditas».

La palabra «solo» también me sugiere ver a un hombre solo en una isla, como Robinson Crusoe. El top sería visualizar a un *troglodita solo en una pequeña isla,* el cual no para de dar golpes con su cachiporra a una *sola* palmera existente en el centro del pequeño islote.

NOTA: No hay que confundir este «solo» (que significa «no acompañado») con el «solo» de «solamente».

Sucio: Puedes ver a un minero, un carbonero, etc., muy *sucio* y *su*doroso.

Sujeto: Para poder decir que alguna cosa está sujeta a otra. De este modo, yo visualizo la típica imagen del preso con su pie *sujeto* a una bola que lleva encadenada a él.

También puedes visualizar a un alpinista *sujeto* con cuerdas, un cinturón de seguridad, etc.

Superior: Vemos al jefe militar que es saludado por el pequeño recluta, y al cual ya hicimos alusión anteriormente mediante el término «inferior».

Antes me centraba mucho más en visualizar al recluta (inferior) y ahora lo hago con su jefe (superior).

NOTA: Es muy interesante crear escenarios en los que intervengan al mismo tiempo dos conceptos distintos, como en la representación que hemos hecho de «superior» e «inferior», ya que una de esas imágenes siempre nos ayudará a recordar la otra.

Tonto: Puedes visualizar a un personaje cómico que haya hecho el papel de tonto en alguna película, como Míster Bean. Las películas antiguas de «cine cómico» pueden darte muchas ideas al respecto.

Triste: Visualizo a un niño que está muy *triste* porque se le ha roto su juguete favorito.

También puedes visualizar a un pequeño *tigre* muy *triste* (revisa el sustantivo «tristeza»).

Vacío: Al igual que hicimos con los términos «superior» e «inferior», aquí tenemos algo similar con «lleno» y «vacío».

Si la imagen de «lleno» era colocar una manguera en un surtidor de gasolina, para el término «vacío» podemos visualizar la manguera acoplada al depósito de un vehículo, pues está *vacío* y se está llenando.

Prefiero no visualizar la acción de descolgar la manguera del surtidor, pues podríamos confundirnos fácilmente con la imagen de colgarlo, aunque sean acciones opuestas.

Verde: Muchas cosas son de este color: Las praderas, el césped, una lechuga, etc.

Viejo: Lo usaremos para referirnos a un objeto que está muy viejo (no confundamos este término con «anciano»). Así, podemos imaginarnos un *viejo* arcón de madera carcomido y lleno de telarañas.

Capítulo 12

Orientación con los adverbios

~

A veces: La expresión «a veces» es muy usada, y como no se puede visualizar, tendremos que usar un poquito nuestra imaginación. Particularmente me imagino a una persona que lanza una moneda al aire y a otra que está mirando para ver si va a salir cara o cruz. Y así es en definitiva, unas veces se gana y otras no, por lo cual se gana *«a veces»*.

Para reforzar este término imagino a la persona que observa el lanzamiento de la moneda diciendo: *«a ver, a ver»,* pues el que la ha lanzado la tapa con la mano para que no se vea el resultado. Como no ha salido el resultado que esperaba, el observador se enfada y se pone *«a vocear»*.

Observa los refuerzos que estamos utilizando para poder recordar con más precisión la expresión «a veces», al añadir «a ver, a ver» y «a vocear».

Estos refuerzos son muy interesantes, y, lejos de dificultar la memorización, nos proporcionarán una inestimable ayuda al reforzar una película común para ellos.

Nota: Es importante que visualices y sientas como reales todas estas películas inverosímiles que, como buenos directores de cine fantástico, estamos creando.

Adelante: Visualizo la acción de «adelantar», y para ello veo un coche que está adelantando ágilmente a muchos camiones por una carretera.

Obsérvese el término contrario «atrás» para contrastar bien la diferencia existente entre ellos.

Ahí: Visualizo a una persona señalando con el dedo. Señala con el dedo algo que no se encuentra ni muy cerca ni muy lejos, es decir, algo que está situado *ahí*.

Allí: Visualizo a una persona señalando con el dedo. Señala con el dedo algo que se encuentra muy lejos, es decir, algo que está situado *allí*.

Ahora: Particularmente imagino a una persona chascando sonoramente los dedos corazón y pulgar de su mano, como diciendo con ellos: *«Ahora»*.

Alguno: Visualizo *algas* en la playa. Esta tiene por tanto *algunas algas*.

Antes: Para este término visualizo a un marcianito con dos *ante*nas en su cabeza.

Es muy interesante utilizar aquí un recurso que ya conocemos y que consiste en sacar a relucir dos términos opuestos entre sí en un mismo escenario, en este caso «antes» y «después». Así, si imagino una peluquería, por ejemplo, el término *«antes»* me sugiere a un melenudo, pues está así *antes* de que su pelo sea cortado. Del mismo modo, *«después»* me sugiere el término «calvo», pues es como se queda *después* de cortarse el pelo.

Aquí: Veo a una persona que está señalando con su dedo su zapato, como si tuviese algo debajo de él.

Así: Este vocablo significa «de este modo», «de esta manera», pero como también resulta que «así» es la conjugación de la primera persona del singular del presente de indicativo del verbo *«asir»* (yo así), que significa «coger», utilizo, en definitiva, la imagen de un *asa*, pues el asa sirve para asir o para coger. Es muy sencillo visualizar cualquier cosa con un asa para ser transportada, y el parecido entre «*asa*», «*asir*» y «*así*» es evidente.

Atrás: Para visualizar «atrás» imagino un tractor que es adelantado por muchos camiones grandes y se queda siempre muy *atrás*.

Observa que ahora he empleado las imágenes de camiones y de tractores. Anteriormente visualicé para el término «*adelante*» a un coche adelantando camiones de forma ágil, ya que el coche me sugiere mayor velocidad y por tanto adelantamientos. Por el mismo motivo, el camión me sugiere menor velocidad y ser adelantado, es decir, quedarse atrás. Cuando veo a enormes camiones adelantando tractores, lo que realmente visualizo es cómo se quedan atrás los tractores, los cuales son adelantados por camiones que, a su vez, también se quedaron atrás cuando fueron adelantados por los coches. En otras palabras, entre vehículos lentos y pesados (que tarde o temprano se quedan atrás) anda el juego.

Aún: Podemos visualizar un gran *atún*, o bien una lata de atún en aceite.

IMPORTANTE: No hemos tenido ninguna dificultad en sustituir el término «aún» por «atún», mucho más sencillo de visualizar. Pero ahora imagínate por un momento que no hubiésemos encontrado nada para sustituir a «aún». Pues bien, una opción sería encontrar un sinónimo de esta palabra, como «todavía». Si la palabra «todavía» te sugiere algo más fácil de visualizar, como «todas las vías» del tren, del metro, de una estación, etc., la podrás usar en vez del término original que habíamos elegido.

Como conclusión, piensa que a veces pueden existir palabras sinónimas que te sugieran una mejor visualización. Juega con esta posibilidad y empléalas cuando lo consideres conveniente.

Bastante: Imaginemos a alguien que está siendo sometido a una tortura y que no para de exclamar: «*Basta, basta*».

De este modo no visualizamos ninguna cantidad (que sería lo primero que nos sugiere esta palabra), evitando así confundirnos con términos similares, como «mucho».

Bien: Tienes varias posibilidades para imaginar esta palabra: puedes ver una letra *«B»* gigante, *bien* grande, un *bien material* que elijas para representar a este adverbio, o cualquier cosa que tú consideres *«bien hecha»*.

También puedes visualizar un *«ángel»*, palabra que te dará una conexión especial con la palabra «mal» (mírala más adelante).

Casi: Visualizo a unos novios *cas*ándose en una iglesia. Ya están *casi casa*dos.

Observa que las palabras *«cas*ándose*»* y *«cas*ados*»* empiezan por «cas», lo cual tiene bastante similitud con el término *«casi»*.

Otra posibilidad consistiría en visualizar una *«casi*lla*»* de algún juego de mesa. Podemos ver incluso un *pequeño parchís,* ya que está formado de muchas pequeñas casillas. El hecho de que sus casillas sean muy pequeñas nos sugiere que son *casi casi*llas de tamaño natural.

También podrías visualizar a ***Quasi*modo.**

Cerca: Aunque hablamos de proximidad, visualizo una *cerca,* es decir, una valla blanca que rodea algo.

Cierto: Visualizo a un *ciervo,* dado el gran parecido que tienen ambas palabras entre sí.

Claro: Podemos visualizar la *clara* de un huevo, el cual es además blanco y claro.

Otra opción sería ver un *c*ielo muy *claro.*

Como: Este término puede que sea distinto de la palabra interrogativa *«¿Cómo?»,* la cual veremos en otro capítulo. Si así fuese, tendrías que distinguirlas. Para ello podríamos utilizar ahora la imagen de un *comino.*

Debajo: Me sugiere mirar *debajo* de la cama, como para encontrar algo, y, lógicamente, debajo de la cama aparecerán cosas muy extrañas. Concretamente deberá aparecer un objeto cuyas letras sean similares a las de la imagen que representa la traducción de la palabra «debajo» en el idioma que estás estudiando, ¿verdad?

Por ejemplo, si estudias inglés y aparece un *«velo»* negro de seda, aprenderemos fácilmente que «debajo» es **«below»**. Por cierto, observa que la cama está muy hundida por el centro y que cada vez se h*unde* más, dejando poco espacio debajo de ella. Así nos costará mucho sacar el velo, pues se queda pillado contra el suelo. Digo que se h*unde,* porque «debajo» también puede traducirse por **«under»** en inglés.

Delante: Visualizo a los pasajeros que están sentados en la parte delantera del autobús, es decir, *«delante».* Los visualizo hablando y entreteniendo al conductor, el cual va haciendo «eses» con él.

Obsérvese también el término contrario «detrás» para contrastar bien la diferencia entre ambos, ya que los vamos a usar dentro de un contexto común, dentro del mismo autobús. Particularmente me gusta más este sistema que el de separar palabras opuestas en escenarios distintos.

Demasiado: Me sugiere *«demás»* y *«asado».* Por este motivo visualizo a gente empachada de comer, no pueden con todo, es *demás.* Es *demasiado asado.* Principalmente visualizo esos asados dejados a mitad de comer.

Dentro: Muchas cosas y situaciones pueden sugerirnos estar «dentro de», como estar dentro de una confortable cabaña al pie de una chimenea encendida, dentro de una cabina de teléfonos, etcétera.

También puedes visualizar a un centinela *dentro* de su garita, pues hace mucho frío en el exterior.

Depende: Visualizo al *dependiente* de un comercio muy pequeñito, en el cual apenas se cabe. El hecho de que sea tan pequeñito me sugiere que tiene muy pocos artículos, y por eso, cada vez que un cliente le pregunta que si tiene alguno, el dependiente le contesta *«depende»*, pues no quiere decirle claramente que «no» para evitar perderlo y que se marche. La verdad es que, como el comercio es tan pequeño, el dependiente es un *duende* muy pequeñito también, de cuya oreja *pende* un *pendiente*.

> **NOTA:** Obsérvese el gran parecido que existe entre los términos «depende», «dependiente», «duende», «pende» y «pendiente».

Deprisa: Veamos a una persona que va andando por la calle muy *deprisa* y atropellando a otros peatones.

Despacio: Nos fijamos en los peatones que son «atropellados» por la persona anterior que andaba tan deprisa. Estos caminaban muy *despacio* y, al ser atropellados con tanta fuerza, eran despedidos al *espacio* exterior y puestos en órbita.

Después: Visualizo a una persona calva, pues así ha quedado *después* de que el peluquero le cortase el pelo.

  * Revisa el término «antes».

Detrás: Visualizo a los pasajeros que están sentados en la parte posterior del autobús, es decir, *«detrás»*. Los visualizo tapándose los oídos con los dedos, debido a que escuchan el ruido del motor con más fuerza. También los imagino moviéndose mucho y mareándose en las curvas.

  Para mejorar este escenario, visualizo realmente un autobús articulado de dos cuerpos. Debido a la inercia, cada vez que el vehículo toma una curva los pasajeros que van sentados detrás sufren el efecto «látigo»; por este motivo están tan mareados.

  * Revisa también el término «delante».

Distinto: Esta palabra me sugiere la acción de «distinguir», y dado que a muchas personas se las distingue poniéndoles un *distintivo,* esto es lo que me imagino en realidad. Visualizo la acción de poner un *distintivo* en el pecho. Mejor aún, veo una brillante placa o *distintivo* plateado en el pecho de un *sheriff* del Oeste americano. Estos distintivos encajan muy bien en el término que nos atañe, pues además del parecido escrito que tienen ambas palabras (distinto/distintivo), lo refuerzan al hacer *distinta* a la persona que los recibe.

Prefiero no visualizar a un deportista recibiendo una medalla, pues ya hablamos en el capítulo anterior de los términos «mejor» y «peor», donde aparecían pilotos y podios.

Otra posibilidad sería emplear la expresión *«dos tintas»,* lo cual me sugiere pensar en un bolígrafo gordo de dos colores que puede escribir en *dos tintas distintas* y que de algún modo es también *distinto* a los tradicionales, los cuales solamente pueden hacerlo en una.

Encima: Visualizo la *encimera* de un mueble (su parte superior). En concreto imagino la de una cocina, la cual tiene muchos chismes *encima.*

Enfrente: Estoy viendo *enfrente* de mí a una persona que tiene una *gran frente* abombada. También tiene una gran herida en su frente.

Si quieres, puedes visualizar además a otra persona con una frente similar que se *enfrenta* a la primera a cabezazos (como si fuesen ciervos). De ahí que tengan esas heridas en la frente. Cualquiera diría al verlos que están ***en un frente*** de guerra.

Exacto: Visualizo una ruleta de casino. Cuado esta deja de girar, la bola siempre cae en una casilla *exacta,* nunca lo hace entre dos.

Falso: Para esta acción imagino a alguien que está mirando un billete a través de la luz. Lógicamente, quiere comprobar si este es *falso* o no.

NOTA: Hemos empleado el adverbio «cierto» como su contrario. No hemos elegido «verdadero», ya que tenemos el sustantivo «verdad».

Fuera: Si para el término «dentro» visualizaste a alguien dentro de una cabina de teléfonos, para «fuera» podemos visualizar ahora a alguien que está esperando *fuera* de esa cabina para llamar también por teléfono. Se está impacientando, debido a que el que está llamando lleva ya mucho tiempo dentro. Por este motivo, empieza a zarandear la cabina para que salga de una vez, al tiempo que le grita: *¡Fuera! ¡Fuera!*

También puedes visualizar a un centinela *fuera* de su garita en un día soleado.

Igual: Visualizo a dos personas gemelas. Otra opción sería imaginar un dragón con varias cabezas iguales.

Injusto: Normalmente no hará falta memorizar las palabras que utilizan el prefijo «in» (u otro similar) para crear sus contrarias. *Comprueba más adelante qué partículas emplea para ello el idioma que estás aprendiendo.*

Como opción provisional, y como sí vamos a memorizar el término *«justo»*, puedes decir que algo es *«no justo»* para referirte a que algo es *«injusto»*.

Junto a: La expresión «junto a» podemos sustituirla por «cerca de», y ya vimos la palabra «cerca» anteriormente. Este es otro claro ejemplo del empleo de los sinónimos como opción.

Justo: Personalmente visualizo a un juez, quien, en vez de usar un martillito, aporrea y derrumba los tabiques del juzgado con un enorme y pesado martillo, sentenciando así que ese caso es extremadamente *justo*.

Otra posibilidad consiste en visualizar a un personaje bíblico que pudiera considerársele muy *justo,* como Noé.

Lejos: Visualizo a una persona mirando a través de unos prismáticos. Sin duda está buscando algo que se encuentra muy *lejos*. También podemos verla mirando a través de un telescopio.

Lento: Aquí tenemos bastantes opciones interesantes. La más importante consiste en visualizar una tortuga, un caracol, un perezoso o cualquier otro animal que sea *muy lento*.
Otras opciones inanimadas pasan por visualizar una *lentilla*, una *lenteja*, etc.

Luego: (Ver «después»).

Mal: Visualizo a un demonio (del mismo modo que podíamos utilizar «ángel» para el término «bien»).

Más: Puedes visualizar a la *Masa*, al increíble Hulk. ¿Te acuerdas de este personaje verde?
Quizá prefieras pensar en la *masa* de hacer pan, incluso en la propia panadería. Así, otra posibilidad sería ver y oler el comercio donde se vende el pan, la magdalenas, los rollos, etc. (Mmmm.)

Menos: Ahora puedes visualizar al doctor David Banner. Es quien se transforma en «la Masa» cuando se cabrea, pero ahora es *menos* cosa, pues está sin transformar. Dicho de otro modo, la Masa «es más cosa» y el doctor David «es menos cosa».

Mientras: Visualizo *mi entrada* de casa.

Mucho: Imagino un plato a rebosar de comida. Es *mucha* comida. De este modo, posteriormente me facilito memorizar también la palabra «poco».

Muy: Visualizo una vaca *muy* gorda *mu*giendo sin parar. El hecho de que sea «*muy*» gorda y de que esté *mu*giendo te supondrá un buen apoyo para «muy».

Nada: Visualizo a un *nada*dor que *nada* solitario en una piscina.
Puedes tener, si quieres, un mismo escenario que una las palabras «*nada*» y «*todo*». Así, yo vería para «*nada*» al nadador en una

pequeña piscina de niños, donde apenas hay «nada» de agua (juego con las palabras), o incluso directamente a los niños jugando en una pequeña piscina sin agua, y, por el contrario, para *«todo»*, evidentemente, visualizaríamos lo opuesto, al nadador nadando en una gran piscina olímpica, donde parece estar toda el agua del mundo.

Ninguno: Puedes visualizar a una *nin*fa.

No: No tendrás ningún problema para traducir esta palabra, pues es muy similar en la mayoría de los idiomas y además tiene un uso muy frecuente. Como opción, podrías visualizar a un elefante moviendo lateralmente su gran cabezota diciendo que «no».

Nunca: Puedes visualizar la *nuca.*

Poco: Imagino un plato con muy *poca* comida. Revisa el término anterior «mucho».

Primero: Visualizo a mi *primo* (puedes visualizar a alguno de ellos) remando en una barca. Es un *«primo remero»,* lo cual es muy similar a «primero».

Pronto: Por favor, lee primero la imagen que hemos creado un poco más adelante para el término contrario *«tarde».*

Quizás: Visualizo la acción de darle collejas a un gallo en su cresta porque no me deja dormir.

    Observa que el gallo dice «quiquiriquí», lo cual podríamos dejarlo para abreviar en simplemente *«qui»,* y como la onomatopeya de la colleja es *«zas»,* le hago al gallo que dice **«qui» «zas»,** para que se calle.

Rápido: Podemos visualizar a un *guepardo* corriendo, por ser este el animal terrestre más *rápido* del mundo.

Regular: Visualizo un mando que sirve para *regular* la presión de la caldera, del gas de la cocina, etc., mediante su giro.

Si: Visualizo un *si*lo. También puedes ver a «*Sisi*», la emperatriz de Austria.

Sí: Puedes visualizar a una foca o un delfín diciendo repetidamente con su cabeza «*sí*» mediante rápidos movimientos.

Por ejemplo, para aprender a decir «*sí*» en inglés, lo cual sabemos que se traduce por «*yes*», podríamos ver:

*A una foca echando **Yeso** en un tabique con una paleta que tiene en su boca mediante los movimientos verticales que produce con su cabeza al decir «**Sí**».*

No obstante, como el término «sí» es tan frecuente y tiene un carisma especial, no tendrás ningún problema en memorizarlo aunque no lo asocies con nada.

Siempre: Puedes imaginar una *siembra* de algo.

Siguiente (próximo): Veo a una fila de personas haciendo cola frente a una taquilla de cine y cómo avanzan cuando el primero de ella recoge los tiques. Ahora le toca el turno al *siguiente*.

Solamente: Visualizo un viscoso cerebro dentro de una botella. Fíjate bien: en esta botella hay *solo una mente*.

También: Me sugiere pensar en alguien que *viene* con un *tam*bor. Observa que la palabra «*también*» podemos separarla en «*tam*» (tambor) y en «*bien*» (se parece a *viene*). De este modo, visualizo a una fila de personas que vienen haciendo redobles con sus tambores, de forma que el de atrás *también viene* con su *tambor*.

Verdad es que puedes quedarte finalmente, y para resumir, con la imagen de una persona haciendo un redoble de *tambor*.

Tampoco: Para esta palabra me voy apoyar en la misma idea anterior que utilicé con «también», y como son palabras opuestas, me imaginaré ahora a alguien golpeando fuertemente un gran bombo con un mazo, pues es una imagen contraria a la de los redobles (usada para «también»).

NOTA: Recuerda que utilizar un escenario común para las palabras que sean opuestas, de forma que se reflejen ambas en él, nos facilitará la labor de recordar sus imágenes.

Tarde: No confundamos este adverbio con el sustantivo «tarde», el cual hace referencia a la tarde como parte del día (del mismo modo que está la mañana y la noche). En este caso, «tarde» es lo contrario a «temprano» o a «pronto».

Existe, en efecto, la posibilidad de que tengamos que decir «es tarde», para lo cual podremos visualizar a un *tordo*. El tordo es una especie de pájaro, y podremos reforzar esta imagen viéndolo además cojo y con un ala rota (pobrecillo). De este modo es seguro que llegará *tarde*.

De igual modo, para el adverbio **«pronto»,** como significa lo contrario que «tarde», podremos visualizar a un rápido halcón volando a toda velocidad. Seguro que llegará muy *pronto* a todos los sitios.

Temprano: Puedes visualizar y escuchar a un gallo cantando, pues lo hacen muy temprano. También a un panadero trabajando, pues igualmente se levantan muy temprano, etc.

Otras posibilidades son visualizar un *«témpano»* de hielo, un bandolero (por el personaje del *«Tempranillo»),* quizá podrías visualizar incluso al propio Robin Hood, etc.

Todo: Si usaste la piscina de niños con poca agua para el término «nada», ahora puedes visualizar a un nadador profesional en una piscina olímpica, o bien simplemente pensar en una piscina olímpica. En principio, esta imagen no tiene mucho que ver con el término «todo», pero te servirá perfectamente, puesto que la apoyamos en «nada», y ambos términos son opuestos.

Si, por el contrario, visualizaste una piscina grande y la acción de nadar para la palabra «nada», otra posibilidad distinta para *«todo»* sería visualizar «el Universo», pues es como si fuese «el *Todo»*.

Todos: Puedes volver a la piscina olímpica, si estás siguiendo mi escenario de piscinas, y ver ahora a *todos* los nadadores compitiendo en una final olímpica. Nadan a toda velocidad dejando una estela de agua tras ellos.

CAPÍTULO 13

Orientación con los saludos, la cortesía y las palabras interrogativas

∾

Adiós: Puedes visualizar una emotiva despedida.

Particularmente, refuerzo la palabra «adiós» haciendo un uso muy textual de lo que esta significa «ir hacia Dios». De este modo, imagino que la persona de la cual me estoy despidiendo se marcha levitando, como si realmente se fuese hacia el cielo, hacia *Dios*.

NOTA: A continuación viene la primera palabra interrogativa, la cual estará seguida de otras más. Es importante aprenderlas todas, pues son de gran importancia debido al frecuente uso que tienen en cualquier idioma. Para facilitar al máximo la tarea de memorizarlas, las englobo utilizando un comodín común bastante gracioso, el cual posee un gran efecto y eficacia.

Mi comodín es visualizar a un **«pirata».** El motivo no es otro que su famoso garfio. ¿Verdad que este brazo en alto de un pirata nos recuerda el signo de la interrogación?

Entonces vamos a ponernos manos a la obra. Sinceramente, creo que hay muchas posibilidades de que te puedas divertir un buen rato.

¿Cómo? ¿Qué te parece visualizar a un *pirata comiendo?* Yo lo veo golpeando la mesa con malos modales y trincando bruscamente el contenido del plato con su garfio.

Observa que no podremos confundirnos nunca con el verbo «comer», pues la imagen del pirata nos indica que se trata de una palabra interrogativa.

Para inaugurar esta primera palabra interrogativa, y a modo de ejemplo, imagina la traducción de «¿cómo?» al inglés: **«how?».** No importa que ya la conocieses o no. Lo importante es ver cómo aprendemos fácilmente el vocabulario interrogativo usando este comodín:

Podemos visualizar que frente al pirata (ya·sabemos que se tratará entonces de una palabra interrogativa) está sentado un indio. El indio está viendo comer al pirata, y como se impresiona al ver el garfio que tiene por mano, levanta pacíficamente la suya para saludarlo (pues no quiere líos con ese pirata), y a la vez exclama «Jau».

«Jau» corresponde a la pronunciación figurada de «how».

¿Cuál? Intenta visualizar un *pato pirata.* El pato dice «cua, cua», lo cual tiene un enorme parecido con la palabra interrogativa que representa. Podemos imaginarnos un pato cojo, pues una de sus patas es un garfio (y, si quieres, la otra puede ser de palo). También tiene un parche negro en su ojo. ¡Pobre pato!

NOTA: Además de usar la imagen de un pirata como comodín, podremos usar también otras distintas. Por ejemplo, una *percha,* ya que la percha tiene en su parte superior la forma de una interrogación, necesaria para sujetarse en la barra.

Puedes usar indistintamente la imagen del pirata o la de la percha, además de cualquier otra que puedas imaginar, aunque tampoco necesitarás más, pues te sobrará con las que hemos mencionado aquí.

De este modo, podrías visualizar también la palabra anterior «¿cómo?» viendo a un pato colgado de una *percha*, el cual, lógicamente, no para de quejarse ni de protestar en su idioma: *«cua, cua»*.

¿Cuándo? Esta palabra me sugiere el verbo «andar», debido a su terminación *«ando»*. Por este motivo, podremos visualizar al pirata *andando* muy deprisa por la calle con su pata de palo. Parece que va a llegar tarde a embarcar. *Cuando anda,* va haciendo mucho ruido con ella.

¿Cuánto? Veamos al temible pirata frente a una caja registradora para pagar un *cuento* que le acaba de comprar al piratín de su hijo. Levanta el garfio intimidando a la pobre cajera. El pirata exclama bruscamente: *«¿Cuánto* es el *cuento?»,* y la chica no se atreve a decirle el precio.

En este caso, «¿cuánto?» es la expresión típica usada para preguntar el precio de una cosa, de ahí que visualicemos al pirata frente a una caja registradora, pero también será significativo el hecho de que quiera pagar un *cuento,* por el gran parecido existente entre «cuento» y «cuánto». Desde luego que, usando ambas palabras, es imposible que te olvides de esta divertida secuencia.

¿Cuántos? Podemos imaginar al pirata contando un rebaño de loros. Los va separando con su garfio a medida que los cuenta. *¿Cuántos* habrá?

También podrías verlo comprando todos los *cuentos* del comercio a la vez.

De nada: Imagino a un mago que no para de hacer aparecer abanicos de cartas de su mano, las cuales tira después a una piscina. Estas cartas aparecen continuamente *«de la nada»,* y al tirarlas a la piscina resulta que las cartas le caen encima al «*que nada*» (a un nadador), molestándolo, lógicamente.

Con los dos grupos de palabras en cursiva: «*de la nada*» y «*que nada*», no tendrás ningún problema en recordar perfectamente la expresión «*de nada*».

A título de ejemplo, en su día visualicé al mago:

*Apareciendo **de la nada** y lanzando después a la piscina una botella de «**bitter**», dando un lamentable botellazo al «que nada».*

De este modo aprendí a decir «*de nada*» en alemán, pues esta palabra se traduce por «*bitte*».

Disculpe, lo siento: Vemos a una persona golpeándose bruscamente el pecho con su puño. Por lo visto, algo ha salido mal por su culpa y lo está *sintiendo* mucho.

¿Dónde? Podemos visualizar al pirata convertido en un «*conde*», con una larga capa, un anillo en su garfio, un sombrero de etiqueta y apoyado en un elegante bastón. No podría ser de otro modo, dado el parecido entre «conde» y «dónde».

Otra opción sería visualizar al pirata en una animada charla con su amigo el *conde Drácula*. Puedes imaginar que están en una antigua tasca apostando a ver quién de los dos es el más fuerte. Así, el pirata hace de un «garfiazo» un gran agujero en un barril de ron para bebérselo después, aunque yo creo que le ganará el *conde* Drácula, quien directamente se lanza contra dicho barril clavando sus colmillos en la madera y succionando el licor.

Ahora solamente te restaría añadir a esta escena una imagen cuya palabra tenga algún parecido con aquella a la que traduce en el otro idioma.

Por ejemplo:

*El **conde** Drácula se lanza corriendo hacia el barril diciendo: «Ahora **voo**y yo».*

Así aprendí a decir «*¿dónde?*» en *alemán,* pues esta palabra se traduce por «*Wo?*» y su pronunciación figurada es «*vo:*». Recuerdo, además, que la apuesta se celebraba en una tasca bávara de Alemania.

De paso aprendí a decir también «*¿dónde?*» en *sueco,* pues todos los presentes en el «*bar*» se hacían los *suecos* mirando hacia otro lado por miedo. En efecto, «*¿dónde?*» se traduce por «*Var?*» en el idioma *sueco.*

Gracias: Visualizo a muchos niños en la *grada* de un circo riéndose de las *gracias* que hace un payaso y dándole las *gracias* con aplausos.

Hola: Aquí visualizo a un confiado windsurfista diciendo *hola* con su mano desde lo alto de una *ola* gigante.

Por favor: Visualizo a una persona suplicando a otra de rodillas.

¿Por qué? Para estas dos importantísimas palabras interrogativas visualizo a dos piratas jugando una partida de *póquer.* Los muy brutos agujerean las cartas al cogerlas con sus garfios.

Utilizaremos también una partida de *póquer* para traducir la conjunción «*porque*», pero la presencia o no de los piratas en la imagen final nos aclarará de qué palabra o palabras estamos hablando.

¿Qué? Esta vez veo al pirata con un *que*so bajo su pata de palo. El pirata la ha clavado en el centro de este producto, de forma que le sirve de peana y le ayuda a mantener mejor el equilibrio. Veo incluso cómo se tambalea a propósito hacia todas las direcciones, sujetándose gracias a la estabilidad que le proporciona tanta superficie de *que*so.

¿Quién? Visualicemos ahora al pirata leyendo el periódico en una es*quina* de la calle, junto a una farola.

Como puedes adivinar fácilmente, me estoy basando en el parecido entre «es*quina*» y «quién».

CAPÍTULO 14

Orientación con los pronombres y los artículos

ᑫ

T E recuerdo que para todas las palabras cortas, como estas que vienen a continuación, muchas veces podrá resultarte más sencillo *crear pequeñas frases en las que participen a la vez estas palabras en castellano y en el idioma que estás aprendiendo,* tal y como vimos en el capítulo 6.

No obstante, aquí van también algunas ideas gráficas sobre ellas:

Aquel: Podemos ver la acción de señalar con el dedo a un hombre muy bajo y lejano.

Observa que el hecho de que el hombre sea bajo sugiere lejanía, tal y como la palabra que representa: «aquel». También podrías ver la acción de señalar con el dedo a un enano, pues es muy bajo y parece que está lejos.

NOTA: Es posible que los pronombres demostrativos «aquel» y «ese», así como «aquella» y «esa», se traduzcan por una misma palabra en el idioma que estás aprendiendo. No obstante, prefiero hacerte mención a los dos por separado por si acaso tuviesen formas diferentes, tal y como sucede en castellano.

Aquello: Podemos ver la acción de señalar con el dedo un objeto muy pequeño y lejano.

El: Nos estamos refiriendo en este caso al artículo «el», y no al pronombre personal «él», el cual vendrá a continuación. Podemos visualizar a un señor con unos zapatones tan grandes que parece una «*L*».

Él: Veamos a un hombre acercarse a un grupo de hombres. Estos giran la cabeza y lo miran: es «*él*», en efecto.

Ella: Vemos a una mujer acercarse a un grupo de mujeres. Estas giran la cabeza y la miran: es «*ella*».

Ellos: Visualizo a unos niños pequeños jugando al corro de la patata o al pillado. La palabra «ellas» podría visualizarse (si fuese distinta a «ellos») viendo jugar en este caso a un grupo de niñas pequeñas.

Esa: Podemos ver la acción de señalar con el dedo a una mujer grande y cercana.

Ese: Podemos ver la acción de señalar con el dedo a un hombre grande y cercano.

Eso: Podemos ver la acción de señalar con el dedo a un objeto grande y cercano.

Esta: Podemos ver a una mujer dando en el hombro de otra mujer.

Este: Podemos ver a un hombre dando en el hombro de otro hombre.

Esto: Podemos ver a una persona dando golpecitos a cualquier cosa.

La: Puedes visualizar una *la*ta de sardinas.

Lo: Puedes visualizar un *lo*ro.

Mi: Me visualizo arrastrando un pesado objeto, pues es «*mi*» objeto y quiero llevármelo a *mi* casa.

Nosotros: Me visualizo junto a un grupo de chicos jugando al corro de la patata o al pillado.

* Observa que la palabra «nosotros» incluye también a nuestra persona.

Aunque no figura la palabra «nosotras», es muy probable que no tengas ningún problema en su traducción, dado el parecido general entre esta palabra y su masculino «nosotros». En cualquier caso, si eres una chica, siempre podrías visualizarte junto a otro grupo de chicas jugando del mismo modo al corro de la patata, a las sillas musicales, a la comba, etcétera.

Nuestro: Me visualizo junto a un grupo de amigos arrastrando un pesado objeto mediante una soga, pues es «*nuestro*» objeto y queremos llevárnoslo a casa.

NOTA: Haré aparecer el comodín de la *soga* para estos plurales, pues tirando de ella tendremos la sensación de que lo hacen muchas personas, lo cual reforzará la idea de que nos referimos al pronombre en plural.

Para el femenino «nuestra» te digo lo mismo que con el femenino de «nosotros». Puedes verte arrastrando una cosa junto a un grupo de chicas.

Su (de él): Visualizo a una persona muy baja y lejana arrastrando un objeto para llevárselo.

Otra vez, y al igual que sucediese con aquel o con aquella, imagino a una persona baja, pues me refuerza la sensación de que está lejos.

Su (de ellos): Veo a muchas personas muy bajas y lejanas arrastrando un objeto con una *soga* para llevárselo.

Tu: Visualizo a mi amigo, o a un hombre muy grande y cercano a mí, arrastrando un objeto.

Tú: Visualizo a un hombre grande haciendo equilibrios con una escoba, la cual sostiene en su *tu*pé. La palabra *«tupé»* me ayudará evidentemente a recordar este pronombre.

Una: Te estarás preguntando: ¿Y dónde está el artículo «un»? En este caso prefiero utilizar el femenino «una», pues me da un poco más juego que «un». Visualizo *una «urna»*.

Usted: Al igual que visualizaba a un hombre grande para «tú», en este caso podemos visualizar (haciendo los mismos equilibrios) a un señor muy, pero que muy anciano, al que por respeto le diremos de *«usted»*.

Vosotros: Visualizo a un grupo de hombres grandes jugando al corro de la patata o al pillado.

Vuestro: Veo a muchas personas muy grandes y próximas a mí arrastrando un objeto con una *soga* para llevárselo.

Yo: Esta es una de las pocas palabras que pueden memorizarse con toda la facilidad del mundo sin hacer absolutamente nada, dado su uso tan frecuente y el particular empuje de la mente hacia ella. No obstante, si quieres imaginar algo para esta palabra puedes ver un *yoyó*.

CAPÍTULO 15

Orientación con las preposiciones y con las conjunciones

∾

A L igual que hice en el capítulo anterior, te vuelvo a recordar que, como las preposiciones y conjunciones son también palabras muy cortas, quizá pudiese resultarte más sencillo en algunos casos crear otras palabras, o frases pequeñas, en las cuales participen a la vez estas palabras en tu idioma natal y en el idioma que estás aprendiendo.

A: A esta letra no le vamos a dar el significado de «hacia», el cual veremos un poco más adelante.

Esta preposición la usaremos para decir frases como: «Voy *a* ver a mi amigo», «Voy a terminar», etc. Para transformarla en una imagen, puedes visualizar una boca muy abierta, como diciendo *«aaa»*. Y, ya puestos, podrías imaginar a un hipopótamo abriendo su «boquita» todo lo que puede, y sobre esta imagen crea la asociación inverosímil que te permita recordar la traducción de «a».

Con: Para esta preposición puedes visualizar un *con*o de papel, es decir, un *con*o hecho *con* papel.

De: Puedes ver la acción de dar capirotazos con el *de*do. Estos golpes se dan doblando el dedo por la mitad y apoyándolo contra la yema del pulgar. O sea, que para dar un capirotazo se usa medio dedo, lo cual es muy similar a usar solamente la *«de»* de *«de*do».

Perdona que pueda parecerte a veces un poco rebuscado, pero con palabras tan cortas hay que serlo de vez en cuando. Sin embargo, esto no las hace difíciles de trabajar.

Desde: Escoge alguna acción y visualízala realizada con *desdé*n.

En: Puedes visualizar a una persona que se ha quedado pillada por la puerta de un ascensor cuando iba a subir en él. Esta persona quería *en*trar, pero se ha quedado a medio camino, al igual que lo está «*en*» en «*en*trar».

Hacia: Visualizo una gran señal de tráfico en una carretera, la cual te está indicando *hacia* dónde debes dirigirte.

Hasta: Una buena sustitución para esta palabra sería visualizar el *asta* de una bandera (aunque le falte la letra «h»), el asta de un toro, etcétera.

Tambien podría valernos la acción de tocarse con la mano la «coronilla» de la cabeza, dada la conocida expresión de «estoy *hasta* la coronilla».

Ni: Puedes visualizar un estropajo de *ní*quel, como los usados para fregar sartenes y cacharros similares (los cuales todos conocemos bien).

Para: Podemos ver a un agente de tráfico poniendo una multa al conductor de un vehículo que no ha *para*do en un *stop*. El conductor iba distraído comiéndose una *pera*, y el guardia, que estaba escondido tras una *parra*, lo *para* y le dice atentamente: «Esta es *para* usted».

* No hace falta que veas toda la secuencia completa.

Por: A veces, «para» y «por» podrán traducirse por una sola palabra en el otro idioma (como «for» en inglés). No obstante, y al igual que hice anteriormente con «para», también te daré alguna opción gráfica para esta preposición.

Puedes visualizar a un *por*tero en una *por*tería de fútbol, un gran *por*tón por donde se accede a un *pa*tio, la *por*tería de un edificio, el *por*tón del maletero de un coche, etc.

Porque: Visualizo a unos vaqueros jugando una partida de *póquer* en una taberna del Oeste americano.

Que: No confundamos esta conjunción con la palabra interrogativa «¿qué?».
Puedes visualizar medio *que*so, o bien un *que*sito (por ser más pequeño que un queso). Más adelante, para memorizar la palabra «queso» podrás visualizar un queso entero y así no te confundirás.

Sin: Puedes visualizar una campana que gira *sin* su badajo, y por lo tanto se mueve *sin* producir ningún sonido. También puede valernos visualizar unos pantalones que se escurren porque están *sin* cinturón, y docenas de cosas más similares a estas.

IMPORTANTE: Observa con este ejemplo cómo no debe limitarte nunca tu imaginación. ¡Úsala sin miedo! y cada vez te responderá mucho mejor.

Sobre: No sería conveniente visualizar aquí un sobre de correos, pues la imagen de este «sobre» es conveniente reservarla para dicho sustantivo. Podemos visualizar un gran trozo de *sobr*asada puesta *sobre* un plato.

Y: Como esta conjunción es en realidad la «*y griega*», yo visualizo a un *griego* lanzando rocas en Grecia contra sus monumentos (motivo por el cual están ruinosos). Para ello usa un *tirachinas*. Esta letra nos recuerda por su forma la horquilla de los tirachinas, donde se sujetan las gomas.

Como ejemplo, y recordando que la conjunción «y» es un «tirachinas en manos de un griego» (realmente con visualizar un tirachinas sería más que suficiente), para memorizar que «*y*» se dice «*and*» en inglés, podríamos imaginar:

*A un **griego** **and**ando lentamente hacia una ciudad griega mientras la destruye a distancia con su **tirachinas** («**Y**»). Una im-*

*pacta contra un **and**amio. También vemos salir **and**ando tranquilamente a los habitantes de dicha ciudad, como si no pasase nada.*

Otro ejemplo. Para memorizar que «*y*» se traduce por «*und*»
en alemán, podríamos visualizar:

*A un cocinero **griego** que trabaja en un bufet, el cual está lanzando rocas con el **tirachinas** (Y) de la empresa contra una gran
tarrina de margarina. Al impactar la roca en la tarrina se produce
una ola de margarina que va a caer en la tostada de la primera
persona que está en la cola formada para desayunar. De este
modo **unt**a las tostadas de los clientes.*

El parecido entre «*und*» y «*unt*ar» hará el resto.
Imagina que lo que vas a ver a continuación lo hubieses visto
en la vida real:

1. Un cocinero *griego* tensa el *tirachinas* (la «**Y**») mientras la
    cola de la izquierda espera turno para **unt**ar su tostada y des-
    ayunar.

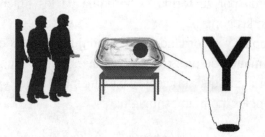

2. La piedra es disparada hacia la margarina.

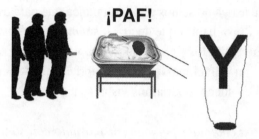

3. La piedra impacta y se clava en la tarrina.

4. Un trozo de margarina vuela por los aires...

5. ... y cae en la tostada del primer cliente, **unt**ándola. ¡Desayuno **unt**ado **y** servido! El siguiente, por favor.

¿Verdad que así ya no se nos olvidaría nunca que para decir en alemán «José *y* Luis» habría que decir «José *und* Luis»?

Como último ejemplo, y recordando una vez más que la conjunción «Y» es un «tirachinas», para memorizar que *«y»* se traduce por *«och»* en sueco, podríamos visualizar:

Al **griego** *(o a cualquier persona) disparando con su **tirachinas** rocas contra las arañas negras de **och**o patas que se encuentran en las paredes. Desde luego que las mata, pero ¡así está dejando Grecia! Y si alguien le llama la atención, este se hace el **«sueco»** y sigue disparando sin cesar.*

Otra posibilidad distinta sería:

*Visualizar al griego disparando a la gente esas arañas negras de **och**o patas (en vez de piedras) con su **tirachinas**, y haciéndose el **«sueco»** ante las protestas de los que reciben esos impactos.*

En el caso de que estuviésemos estudiando varios idiomas a la vez, gracias a la expresión *«hacerse el sueco»,* reforzaríamos sin duda que *«och»* es una palabra *sueca.*

Puedes figurarte que si tuvieses que aprender varios idiomas a la vez (capítulo 20), tendrías que utilizar un comodín para cada idioma, e incluirlo en las asociaciones inverosímiles de aquellas palabras que te hiciesen dudar sobre el idioma al que pertenecen.

En el ejemplo anterior de la tarrina y el bufet, si estuvieses aprendiendo a la vez varios idiomas y si uno de ellos fuese el alemán, si visualizases para esta lengua un *«queso»* (como hago yo), la tarrina podría ser de *queso* fundido en vez de margarina, o también podrían ser disparados con el tirachinas *quesos* de bala (digo de bola), en vez de piedras.

Pero recuerda que estos comodines solamente serían necesarios si tuviésemos que aprender varios idiomas a la vez y en muy poco tiempo. Por otra parte, solo los tendríamos que emplear ante las palabras que pudiesen crearnos confusión, no como norma general.

CAPÍTULO 16

Orientación con los números, con los días de la semana y con los meses del año

∾

Memorización de los números

E N este caso te los voy a colocar por orden, de menor a mayor, y no por abecedario, pues así te resultará más sencillo y natural.

Con los números que sean similares a los de nuestro idioma natal no tendremos ningún problema, dado su parecido, tal y como sucede, por ejemplo, con el número «seis» en castellano, que se traduce por «six», al inglés.

RECUERDA que no haremos ninguna asociación inverosímil si existe un parecido entre las palabras de ambos idiomas. A la hora de recordar la traducción sabremos que no hicimos ninguna asociación (sentiremos una especie de vacío), lo que nos ayudará a encontrar por similitud la palabra extranjera que buscamos.

De igual modo que sucederá con las palabras asociadas de forma inverosímil, tras un mínimo uso pronto pasarán todas ellas a nuestra memoria de largo plazo, y entonces las reconoceremos automáticamente, sin pensar en nada, tal y como ocurre con el vocabulario de nuestro idioma natal.

Para los números cuyos nombres sean muy distintos en ambos idiomas, lo ideal será utilizar las 10 primeras casillas de nuestro casillero mental (el cual vimos en *Desarrolla una mente prodigiosa*).

De esta forma, para saber que en alemán el número **«ocho»** se traduce por **«acht»,** empezaríamos visualizando la casilla *ocho* de nuestro casillero mental, la cual corresponde a un *«hacha».*

Por casualidades de la vida, la casilla ocho («hacha») es tan similar a la palabra «ocho» en alemán: *«acht»,* que ya no tendríamos que hacer nada más, pero para trabajar y divertirnos un poco más, pues si no terminaríamos demasiado pronto con el vocabulario, vamos a utilizar también su pronunciación figurada.

Como «ocho» en alemán se pronuncia **«ajt»,** podemos visualizar la acción de:

*Cortar y pelar **ajos** a **hachazos*** (n.º **8** en el casillero).

Así, ya tendremos este número hipermemorizado, pues nada más pensar en el número 8 recordaremos lo que hacíamos con los *ajos.*

En principio, con las 10 primeras casillas de nuestro casillero mental sería suficiente, pues, normalmente, a partir del número 12 ó 13 empiezan a formarse todos los demás con cierta lógica, de forma que, conociendo esa lógica te resultará muy sencillo aprender a decir después «20», «30», «45», «186», etc.

A aquellos lectores que no conozcan mi libro anterior (que evidentemente les recomiendo, pues será el inicio de una saga), quiero mostrarles otra posibilidad, otra alternativa al casillero.

Podrás usar la imagen de un objeto cuya forma sea similar a la de los números:

Cero: Puedes visualizar un *aro.*
Uno: Podemos ver a un *soldado* haciendo instrucción.
Dos: Puedes visualizar un *pato* o un cisne.
Tres: Una *serpiente* bailando o saliendo de un cesto.
Cuatro: Una *silla.*
Cinco: Un *conejito.*
Seis: Una *pera.*
Siete: Un *sereno con una gorra y un bastón.*
Ocho: Unas *gafas.*

Nueve: Un *globo* de gas sujeto por un cordel.
Diez: Un *tiovivo*.

Obsérvese el parecido entre la forma de cada número y el objeto con que lo hemos relacionado y que aparece destacado en cursiva.

De este modo, para memorizar que «**ocho**» equivale a «**acht**» en alemán, podríamos imaginar:

*Una óptica en la que el experto procede a ajustar unas **gafas** de calidad* (ya que el número *8* estaría representado en este caso por unas *gafas). Para ello, saca un enorme **hacha** («acht») y empieza a darles hachazos.*

SMALL[RECUERDA] que únicamente será necesario hacer una sola asociación, bien sea buscando la palabra escrita, o bien buscando su pronunciación.

Memorización de los días de la semana

Para memorizar los nombres de los días de la semana tendrás que asociar ambas palabras (si son claramente distintas, como ya dijimos anteriormente), salvo que sean muy parecidas, en cuyo caso no será necesario hacerlo.

Para ello podrás utilizar algo que sea específico de cada día de la semana, algún acontecimiento, como, por ejemplo:

— Un programa de televisión que retransmitan ese día.
— Algo que tú hagas ese día de la semana.
— Etcétera.

Memorización de los meses del año

Lo mismo que dijimos anteriormente para los días de la semana nos servirá para aprender los meses del año, aunque memorizarlos al principio puede resultarte algo monótono e innecesario.

De este modo, cuando decidas aprenderlos puedes familiarizarte con aquellos cuyas palabras sean similares en ambos idiomas, asociando los que se escriban de forma muy distinta.

Pero recuerda que aprender los meses del año es algo poco importante, al menos inicialmente, y por ello no pertenecen a nuestro vocabulario básico (tal y como pudiese parecer de entrada).

Por esta razón, no debes tener ninguna prisa en aprenderlos, siendo mejor al principio aprovechar el tiempo de trabajo para otras cosas más importantes, como adquirir otro tipo de vocabulario que requiera un uso más frecuente, o para repasar y ganar en fluidez.

CAPÍTULO 17

Los 7 días de práctica

∾

Bien, empecemos. Ahora ya te encuentras preparado y en condiciones de afrontar estos siete días de trabajo. Lo primero que tienes que hacer es asegurarte de que todas las tablas de vocabulario están completamente terminadas. Es decir, totalmente escritas y asociadas.

Estas tablas ya debieran estar escritas en sus tres primeras columnas, es decir, las columnas correspondientes a la traducción y a la pronunciación figurada (la tercera columna es la palabra castellana que ya viene incluida).

Respecto a la cuarta columna, la correspondiente a las asociaciones inverosímiles, es posible que hayas dejado algunos huecos sin rellenar, y en ese caso estarán en blanco las casillas correspondientes a aquellas palabras para las que no se te ocurrió nada que asociar en su momento, y que ahora sí deberás completar.

Te espero...

* * *

Si ya tienes todas las tablas terminadas, puedes comenzar. Te deseo que disfrutes mucho haciendo los sencillos ejercicios progresivos que encontrarás durante estos siete días.

Primer día

Este es nuestro primer día de aprendizaje en sí (¡qué emocionante!), y únicamente lo vamos a dedicar a repasar y a consolidar todo el vocabulario básico. Para ello necesitarás tener una plantilla de cartón, tal y como la que verás a continuación.

REPASO

Empecemos...

En efecto, gracias al repaso nos aseguraremos de que asimilas perfectamente todo el vocabulario básico adquirido.

Para que puedas repasar adecuadamente tienes que recortar una tarjeta de cartón de forma rectangular, a la que puedes pegar un pequeño trozo circular de cartón en el centro para que adquiera un poquito de relieve, y así, apoyándote en él, podrás desplazarlo sobre el papel fácilmente con la mano. No te preocupes, es un bricolaje muy sencillo que requiere solamente un par de minutos de tiempo.

Las medidas de esta tarjeta están basadas en el tamaño de las tablas de memorización que aparecen en el capítulo 7.

El *ancho* del corte que aparece en la parte superior izquierda debe ser igual a las dos casillas de la izquierda juntas, y su *altura* la equivalente al ancho de una fila (diagrama 1):

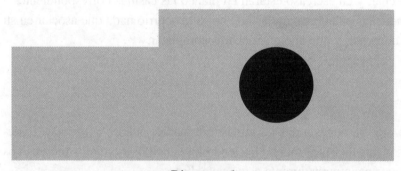

Diagrama 1

¿Cómo debemos utilizar esta tarjeta para repasar?

1.º Observa la primera palabra situada en la columna de la izquierda, de forma que la plantilla tape por completo las dos columnas siguientes y parte de la de la derecha del todo (la correspondiente a las asociaciones de datos puros). *Pronúnciala ahora en voz alta* (diagrama 2):

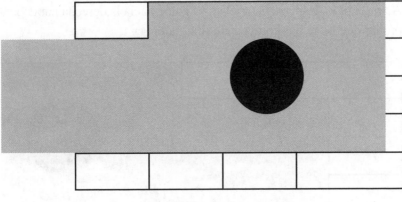

Diagrama 2

2.º A continuación desplaza la tarjeta hacia la derecha el equivalente al ancho de una casilla, para asegurarse de que tu pronunciación es la correcta (diagrama 3):

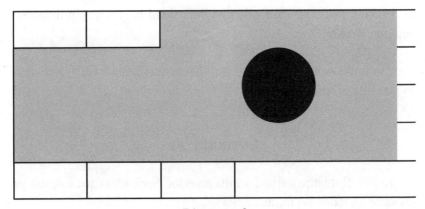

Diagrama 3

IMPORTANTE: Una vez que la veas escrita, vuelve a pronunciarla en voz alta *por segunda vez,* leyendo con atención su correcta pronunciación figurada.

3.º *Piensa ahora en la traducción inversa,* es decir, en lo que esa palabra extranjera quiere decir en tu idioma natal. Dicho de otro modo, trata de averiguar qué palabra hay escrita en la tercera columna. Acto seguido desplaza la tarjeta otro golpe hacia la derecha para comprobar que no te has equivocado (diagrama 4):

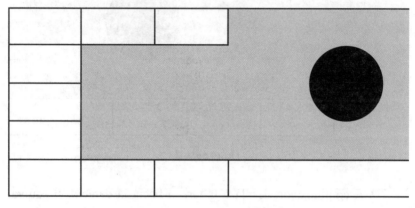

Diagrama 4

4.º Finalmente, y a modo de refuerzo, lee la casilla situada más a la derecha, viendo y sintiendo con intensidad la asociación inverosímil que creaste.

Continúa repitiendo estos cuatro pasos con todas las filas, bajando la plantilla progresivamente.

Segundo día

Repite el mismo trabajo del día anterior. Sería ideal que este día ya conocieses todas las traducciones.

Tercer día

Grabación de tu voz. Necesitarás una grabadora de voz para realizar esta bonita parte de nuestro proceso de aprendizaje.

NOTA: Es fundamental que grabes tu voz. Si no dispones hoy de dicha grabadora, déjalo para mañana y repite el ejercicio del segundo día.

Además de una grabadora, podrás utilizar tu propio ordenador personal, guardando en un archivo de sonido las palabras que tendrás que pronunciar en este ejercicio. Puedes usar la propia grabadora de sonidos que trae Windows o cualquier otro programa que te sirva para ello.

Particularmente prefiero una grabadora independiente que te permita grabar tu voz en una cinta de audio. La ventaja de las grabadoras está en que podrás trabajar posteriormente sin estar conectado a tu ordenador.

GRABACIÓN DE TU VOZ

Bueno, ya tienes tu grabadora de sonido. ¿Qué vamos a grabar con ella exactamente?

Pues muy sencillo, volvamos a las tablas del capítulo 7 y grabas tu voz leyendo en voz alta y clara la pronunciación figurada de cada palabra. *Debes dejar unos cinco segundos entre palabra y palabra,* de forma que más adelante, cuando escuches tu voz de nuevo, tengas tiempo para pronunciar la misma palabra (de oído, sin verla) y acto seguido de traducirla al castellano.

Te describo a continuación más detalladamente y con un ejemplo lo que tienes que hacer exactamente:

Imagina que estás estudiando inglés y que ahora mismo te dispones a grabar con tu propia voz la pronunciación de cada palabra:

Think	«zink»	PENSAR	* Xxxxxxxxxxxxxxxxx
Believe	«bilí:v»	Creer	* Xxxxxxxxxxxxxxxxx
Know	«nou»	Saber	* Xxxxxxxxxxxxxxxxx
...	...	...	...

En esta parte de la grabación tendrías que pronunciar:

«zink»

(Esperas ahora en silencio y sin detener la grabadora unos cinco segundos antes de pronunciar la siguiente palabra.)

«bilí:v»

(Esperas otra vez en silencio y sin detener la grabadora otros cinco segundos.)

«nou»

(Esperas igualmente en silencio y sin detener la grabadora otros cinco segundos.)

Etc., etc.

Y así sucesivamente con todas las palabras.

RECUERDA: Tras pronunciar cada palabra, tendrás que guardar unos cinco segundos de silencio, sin detener nunca la grabación.

Si quieres, puedes grabar la palabra «verbos» antes de pronunciarlos. Después dices «sustantivos» y los pronuncias también, y así sucesivamente con todo el vocabulario básico.

Importante: Mientras grabas tu voz, aprovecha esos cinco segundos entre palabra y palabra para repasar la fila completa cuya palabra estés pronunciando.

Cuarto día

Vamos a trabajar otra vez con la **grabadora de voz**. Recupera la grabación que hiciste el día anterior y ponla a funcionar.

El ejercicio de hoy tienes que realizarlo de la siguiente manera:

Cuando la grabadora empiece a funcionar y escuches tu voz, oirás muchas palabras pronunciadas en una lengua extranjera y distantes unos cinco segundos entre sí, ¿verdad? Durante estos cinco segundos tendrás que repetir la palabra en el mismo idioma en el cual la escuchas, y acto seguido traducirla a tu idioma natal. Es tiempo suficiente para ello, y de este modo deseo que empieces a afinar el oído para captar las voces extranjeras. Nada mejor para ello que empezar con los sonidos de tu propia voz.

Observa a continuación estos ejemplos:

— Cuando escuches la palabra:

«zink»

(Tendrás que repetirla en voz alta «zink», y acto seguido traducirla al castellano: «Pensar».)

— Después escucharás la siguiente palabra:

«bilí:v»

(Nuevamente la repites: «bilí:v», y la traduces también al castellano: «Creer».)

— Después vendrá otra palabra:

«nou»

(Y otra vez la repites: «nou», y la traduces: «Saber».)

Repetir cada palabra siempre te será tarea sencilla, motivo por el cual tienes que intentar esmerarte un poquito en la pronunciación. Tú mismo empezarás a sentir cuándo tu pronunciación empieza a ser correcta, lo cual es algo que sucederá muy pronto.

Por otra parte, tampoco deberías tener ya problemas en su traducción, máxime sabiendo que solamente escucharás verbos en infinitivo junto con otras palabras importantes que ya tienes asociadas. Si tuvieses algún problema con alguna, ya sabes, repásala con interés al terminar el ejercicio.

> **ATENCIÓN:** Para realizar este ejercicio correctamente tienes que *usar la plantilla de cartón* del siguiente modo:

Cuando escuches la primera palabra:

«zink»

Dijimos que tenías que repetirla en voz alta: «zink», y acto seguido traducirla al castellano diciendo: «Pensar». Justamente tras ese momento bajas la plantilla para descubrir esa línea y asegurarte de que su traducción es correcta:

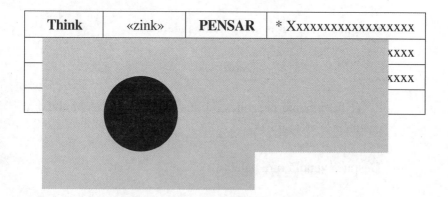

Think	«zink»	**PENSAR**	* Xxxxxxxxxxxxxxxxxx
			xxxx
			xxxx

Después escucharás la siguiente palabra:

«bilí:v»

Y otra vez, tras repetirla y traducirla al castellano diciendo «Creer», vuelves a bajar la plantilla para descubrir esa línea en cuestión, asegurándote una vez más de que esa es realmente su traducción.

Así lo tienes que hacer con todas. Como cinco segundos es mucho tiempo, harás el ejercicio perfectamente cuando, tras comprobar que traduces las palabras correctamente, te dé tiempo también a verlas escritas y a leer sus asociaciones inverosímiles. Intenta hacerlo todo, no te aburrirás y merecerá la pena.

Cuando consigas hacerlo así, no tendré más remedio que *felicitarte* y darte mi «*¡Enhorabuena!*».

Recuerda que si cuando termines el ejercicio tuvieses alguna dificultad, tendrías que repasar todas aquellas palabras que te hubiesen resultado problemáticas.

Quinto día

Podemos decir que es a partir de este quinto día cuando vas a empezar a hablar realmente.

Primer ejercicio

Como primer ejercicio necesito que aprendas a hablar correctamente como lo haría un «Tarzán muy refinado».

Te insistiré en que ahora lo fundamental es que adquieras soltura hablando como Tarzán, expresando rápidamente tus ideas en el nuevo idioma. Por otra parte, seguro que te harás entender perfectamente, y la solidez y seguridad que adquieras te hará progresar después de la manera más rápida posible.

Entonces, aprendamos primeramente a transmitir nuestras ideas con agilidad. Para estar seguro de que aprendes a hablar como nuestro amigo Tarzán, vas a encontrar a continuación unos pares de frases. Estas frases estarán correctamente escritas y dispuestas por parejas, una debajo de la otra. La primera de ellas estará en negrita, y representa la idea que originalmente tú quieres expresar en el idioma que estás aprendiendo.

Recuerda que *deberás leer solamente la primera frase del par,* la que está en negrita (la cual hemos dicho que es la idea que deseas transmitir).

Tapa la segunda frase con ayuda de la cartulina que fabricaste, que es la forma de decirla tal y como lo haría Tazan, y que corresponde, digámoslo así, al solucionario de la frase que está justamente encima de ella.

Una vez leas la primera frase, o sea, la idea original, expresa en voz alta esa idea tal y como lo haría Tarzán.

Después desliza la cartulina un poquito hacia abajo, hasta destapar la segunda frase, o sea, la solución (y por tanto la manera correcta de expresarte en estos primeros pasos de tu aprendizaje).

Esta segunda frase deberá ser coincidente (aproximadamente) con la que tú has pronunciado. Verás que puedes hablar como Tarzán y a la vez hacerlo de manera bastante perfecta, siempre que conozcas unos sencillos trucos para ello, los cuales te iré mostrando muy gustosamente.

Por ejemplo, ¿cómo diría Tarzán esta frase?

—Mi nombre es Tarzán.

En este primer tiempo *deberás tapar* con la tarjeta la frase que está debajo. Hazlo de este modo:

Mi nombre es Tarzán.

Ahora tienes que pronunciarla en voz alta, tal y como pienses que él lo haría:

«Mi nombre ser Tarzán».

A continuación desliza la tarjeta un poco hacia abajo para comparar tu respuesta con la del libro:

—**Mi nombre es Tarzán.**
—Mi nombre ser Tarzán.

Bien, como veo que ya lo has comprendido, prepara la cartulina y haz lo mismo con los siguientes pares de palabras:

—**Mi nombre es... (di el tuyo).**
—Mi nombre ser... (di el tuyo).

—**Quiero encontrar un taxi.**
—Yo querer encontrar un taxi.

Ante la duda te aconsejo usar el «yo» delante, pues su uso obligatorio es algo habitual en muchos idiomas.

—**Por favor, quisiera encontrar un taxi.**
—Por favor, yo querer encontrar un taxi.

—**Por favor, ¿cómo puedo encontrar un taxi?**
—Por favor, ¿cómo poder encontrar un taxi?

—**¿Dónde hay una parada de metro?**
—¿Dónde hay una parada de metro?

El uso del «*hay*» es muy importante. Tarzán diría «haber», pero nosotros somos Tarzanes refinados y lo podemos mejorar, por lo que la frase anterior quedaría igual.

—**¿Dónde está la calle San José?**
—¿Dónde estar la calle San José?

—**¿Dónde está el hotel Scandic?**
—¿Dónde estar el hotel Scandic?

—**Por favor, ¿cómo puedo ir a la estación?**
—Por favor, ¿para ir a la estación?

En este caso hemos sustituido la expresión «¿Cómo puedo...?» por «¿Para...?», y como ves, el resultado es muy natural y eficaz.

Ahora bien, si te pasas de bueno y de natural en tus primeras intervenciones, corres el riesgo de construir y pronunciar las frases demasiado bien, y quizá de no entender la respuesta completa que te diese a continuación un extranjero, porque pensará que hablas muy bien su idioma. ¿No te crees lo que te digo? Quizá algún día lo compruebes.

—**¿Qué tiene usted para comer hoy?**
—¿Qué tener usted para comer hoy?

—**¿Cuánto cuestan estos pantalones?**
—¿Cuánto costar estos pantalones?

—**Cuando era pequeño, yo vivía en España.**
—Cuando ser pequeño, yo vivir en España.

—**Trabajé anteriormente como maestro.**
—Yo trabajar antes como maestro.

—Mañana iré a comprarme ropa.
—Yo ir mañana a comprar ropa.

Por supuesto que puedes ordenar las frases de manera distinta, siempre que transmitas la misma idea y te hagas entender, claro está.

—La semana que viene iré a Dinamarca.
—La próxima semana yo ir a Dinamarca.

Observa, por favor, cómo estructuro las frases de manera sencilla para burlar la gramática y poder expresar eficazmente cualquier idea.

—Cuando sea mayor quiero ser presidente.
—Cuando (yo) ser mayor, yo querer ser presidente.

—Si tuviese bastante dinero, me compraría este coche.
—Si yo tener bastante dinero, (yo) comprar este coche.

O bien, cambiando el orden:

—Yo comprar este coche, si tener bastante dinero.

Estos (yo) son opcionales. Con ellos la frase resulta algo más pesada, pero también más segura de comprender.

Desde luego que no tienes por qué haber traducido todas las frases exactamente igual a como figuran en el libro. Simplemente se trata de que realices una aproximación entendible.

Continúa el ejercicio observando otra vez que podremos decir cualquier cosa que deseemos, incluidos todos los tiempos verbales (Tarzán lo hacía):

—Ahora no puedo escucharte porque estoy comiendo.
—Ahora yo no poder escuchar porque estar comiendo.

—No me digas lo que puedo y lo que no puedo hacer.
—Tú no decir lo que yo poder y no poder hacer.

—**No le hables así a Helen.**

—Tú no hablar así a Helen.

—**Me gustaría comerme un bocadillo y tomarme una cerveza en ese bar.**

—Yo querer (comer) un bocadillo y (tomar) una cerveza en ese bar.

Observa que puedes suprimir los dos verbos que se encuentran entre paréntesis.

—**Me hubiese gustado conocerla, pero no he podido llegar antes.**

—Yo querer conocer a ella, pero no poder llegar antes.

Segundo ejercicio

A continuación vas a echar, por favor, un vistazo a la gramática básica. Necesitarás un sencillo manual que te la explique, tal y como vimos en el capítulo ocho.

Solamente tienes que estudiar ahora el orden correcto que lleva cada tipo de palabra dentro de una oración, y de este modo ya podrás construir frases más correctas y entendibles. Para ello tienes que asegurarte de que sabes como:

1.º Mantener el orden correcto de las palabras en las frases afirmativas.

Tenemos que saber dónde se coloca el sujeto, el verbo y los complementos.

Así, tal vez esta primera frase:

«Yo querer estar aquí»

tenga otro orden distinto en el idioma que estás aprendiendo, de forma que quizá se dijese de este otro modo:

«Yo querer aquí estar» o *«Yo aquí querer estar»*.

O de cualquier otra manera.

2.º Mantener el orden correcto en las frases negativas.

Estudia también en tu manual cómo se construyen las frases negativas. Normalmente, será empleando alguna partícula que niegue la afirmación, tal y como vimos en el capítulo 8.

3.º Mantener el orden correcto en las frases interrogativas.

Estudia también el orden de estas frases, verás que son siempre muy sencillas de construir. Normalmente, además del empleo de las palabras interrogativas, se suele invertir el orden del sujeto y del verbo, anteponiendo primero en este caso el verbo.

Una vez que ya sabemos construir las frases por su orden adecuado, vamos a empezar a rellenar ese orden con palabras reales. Dicho de otro modo, vamos a construir nuestras primeras oraciones perfectamente estructuradas.

Así, para este segundo, tendrás que emplear solamente:

a) Los pronombres personales «yo», «tú», «él» y «ella».
b) Los infinitivos de los verbos ya conocidos.
c) Otras palabras sencillas a modo de relleno.

Vamos a empezar. Ahora tendrás que traducir y pronunciar en voz alta tus primeras frases en el nuevo idioma. Lee la frase y no olvides darle el orden correcto en caso de que sea necesario (yo no puedo saberlo porque ignoro qué idioma estás estudiando).

IMPORTANTE: Si te atascases en alguna palabra, es decir, si no te acordases de cómo se traduce alguna de ellas, búscala en la plantilla para comprobarlo. Repasa entonces toda la línea, desde la casilla izquierda hasta su asociación inverosímil.

1. *Yo querer estar aquí.*

2. *Yo querer ser médico.*

3. *¿Tú querer estar en casa?*

4. *Tú poder aprender un idioma.*

5. *Yo no poder estudiar ahora.*

6. *¿Ella saber estudiar ahora?*

7. *Yo querer volver a la escuela.*

8. *Yo pensar volver a la escuela.*

9. *Yo ser de (nombre del país natal).*

10. *¿Tú volver a casa después para estar con ella?*

11. *¿Ella no querer trabajar en casa?*

12. *Él no tener ganas de trabajar.*

13. *¿Tú tener muchas ganas de trabajar?*

14. *Yo querer comer con ella en casa.*

15. *¿Tú no querer comer, beber ni dormir en casa?*

16. *Yo llegar a casa y llamar a la puerta, pero no haber nadie.*

17. *Después, yo subir las escaleras y entrar **al** salón.*
    Puedes sustituir «al» por «en el» o por «a el».

18. *Cuando yo dormir, no querer saber nada.*

19. *Cuando yo comer, no querer hacer nada.*

20. *Cuando él no trabajar, él querer hacer pocas cosas.*

21. *Cuando yo no trabajar, yo querer ir a comprar.*

22. *Yo querer estar allí para ver, oír y decir muchas cosas.*

23. *Yo mirar a mis amigos y querer comprender todo lo que ellos decir.*

24. *Yo **supe** después lo que la gente pensar.*
Esta frase se puede sustituir simplemente por:
«Yo saber después lo que la gente pensar».

25. *Yo no saber lo que la gente pensar antes.*

26. *Yo buscar para poder encontrar.*

27. *Cuando tú llegar, tú llamarme, yo ir y todos volver.*

28. *Si tú conocer, tú gustar vivir y trabajar allí.*

29. *Tú ayudar a él a bajar. Después coger su mano y andar por la ciudad.*

30. *Ella tener que trabajar. Después intentar salir pronto para tomar un café y poder continuar.*

31. *Él querer comprar, pero no poder gastar mucho dinero porque no tener. Necesitar encontrar un trabajo para poder pagar y viajar de vacaciones.*

Tercer ejercicio

Este es un ejercicio de grabación de voz. Graba las frases anteriores y hazlo en un lugar seguro. Después, no las borres ni las pierdas, pues más adelante tendremos que recuperarlas para realizar otros ejercicios. Si quieres, puedes grabar primeramente la frase, «quinto día», y seguidamente empieza a decirlas en tu nuevo idioma.

No te estanques ni te demores demasiado en cada frase. Trabaja sin miedo y sin preocuparte por el resultado. Reconoce que es divertido, ¿eh? Pues adelante y ¡suerte!

Sexto día

Similarmente al ejercicio del día anterior, vas a traducir ahora unas frases sencillas, pero manejando esta vez un vocabulario mayor.

Para este ejercicio, las frases incluirán:

a) Los pronombres personales: «yo», «tú», «usted» «él» y «ella».

b) Los pronombres posesivos.

c) Los pronombres demostrativos.

d) Los artículos.

e) Las preposiciones y las conjunciones.

f) Las palabras interrogativas.

g) Los infinitivos de los verbos.

h) Los sustantivos.

i) Palabras sencillas a modo de relleno.

Si te sale alguna palabra que no conozcas (por no estar en las tablas), o bien si no te acuerdas de cómo se traducía, pronúnciala simplemente en castellano y más tarde la repasas, ¿de acuerdo?

1. *Por favor, ¿dónde poder encontrar una cafetería?*

2. *Por favor, ¿dónde estar la estación de autobuses?*

3. *Por favor, ¿dónde estar la calle Brown?*

Observa que quizá la construcción correcta de esta última frase pudiese ser por este orden:

Por favor, ¿dónde estar la Brown calle?

Es decir, especificando primero el nombre de la calle. Como yo no sé qué idioma estás estudiando, es algo que tienes que comprobar tú mismo.

4. *Por favor, ¿dónde estar la calle Iris?*

5. *Por favor, ¿dónde estar la plaza Circular?*

6. *Por favor, ¿dónde estar el hotel Scandic?*

7. *Por favor, ¿dónde estar el Museo de las Ciencias?*

8. *Buenos días, ¿dónde hay una parada de metro?*

9. *Por favor, ¿cómo poder llegar al centro de la ciudad?*

10. *Buenos días, ¿cómo poder llegar a la estación de trenes?*

11. *Buenos días, ¿cómo poder sacar dos billetes para este tren?*

12. *Buenos días, ¿cómo poder sacar tres billetes para este autobús? Muchas gracias.*

13. *Disculpe, ¿cómo poder llegar al aeropuerto? Gracias.*

14. *Buenos días, ¿cómo poder sacar un tique de estas máquinas? Muchas gracias.*

15. *¿A (hacia) qué ciudad ir usted? Yo ir a (hacia) Múnich.*

16. *Buenas tardes, ¿qué poner en este anuncio? Muchas gracias. De nada.*

17. *Buenas tardes, ¿qué querer decir estos anuncios? Muchas gracias. De nada.*

18. *Buenas tardes, ¿qué estar haciendo usted aquí?*

19. *Buenas noches, ¿dónde hay un restaurante para poder cenar? Muchas gracias. De nada.*

20. *Buenas noches, ¿cuándo cerrar esta cafetería?¿Y cuándo abrir mañana?*

21. *Buenas noches, ¿a qué hora cerrar este local?*

22. *Hola. Por favor, ¿dónde hay un banco o un cajero para sacar dinero con mi tarjeta de crédito? ¿Cuánto dinero querer usted?*

23. *¿Quién ser estos chicos? Ser tus amigos. ¿Mis amigos? Sí, tus amigos. ¿Cuáles ser sus nombres? Él ser Tom y ella ser Raquel. Encantado, Tom y Raquel. Adiós. Hasta luego.*

24. *¿Por qué tú no venir ayer al cine? Porque no poder ir. Yo estar con Rita y trabajar ayer, hoy y mañana todo el día.*

25. *¿Cuánto costar este menú? ¿Cuál de ellos? Este. Depende. ¿Cuántos huevos querer usted? Yo querer dos. Entonces ese*

menú costar lo que poner ahí. ¿Y el menú que tomar aquella chica? Aquel no ser un menú. Esa chica comer a la carta.

26. *Este perro es el perro de Tom, y esa moto es la moto de Raquel. Esa casa es mi casa, y ese balcón es mío. Tu piso no poder verse desde aquí, pues su edificio es muy pequeño.*

* Observa que para evitar el término «verse», podremos cambiar:

*«Tu piso no poder **verse** desde aquí».*

Por:

«No poder ver tu piso desde aquí».

27. *Una vez vi al perro de Tom correr y entrar en la casa de Raquel. Ella primero saltar, pero después permitir al perro entrar en su casa.*

28. *Hasta hoy no ver antes a ningún perro correr así. ¡Claro! El perro estar entonces sin dueño, y como la moto de Raquel no tener gasolina tampoco, ella llamar a Tom desde el balcón.*

29. *Tom estar entre los árboles, y al ver a Raquel, él ir pronto hacia su casa para coger a su perro y ponerle el collar.*

30. *Esta ciudad es mi ciudad. Yo nacer aquí y vivir en la calle Mayor, frente al Ayuntamiento. Ese es el autobús que yo coger siempre para ir a trabajar al hospital, donde tener muchos amigos.*

31. *¿Tú marchar ahora hacia tu casa? Sí. ¿Por qué? Porque cuando yo llegar ya estar ella en casa. ¿Cómo ir hacia allí? En mi coche. ¿Dónde estar tu coche? Delante de aquel edificio. ¿Detrás de aquella casa grande? No, junto a ella. ¿Es un Mercedes de color negro? No, es un BMW de color blanco.*

Séptimo día

Desde hoy, vamos a utilizar ya para siempre:
Las tres formas del singular de los cuatro verbos más importantes: **ser, estar, haber** y **tener.** En otras palabras, diremos:

«**Soy**», «**eres**» y «**es**», en vez de «*ser*».
«**Estoy**», «**estás**» y «**está**», en vez de «*estar*».
«**He**» «**has**» y «**ha**», en vez de «*haber*».
«**Tengo**», «**tienes**» y «**tiene**», en vez de «*tener*».

NOTA: Si para el pronombre personal «**usted**» se emplease una forma verbal distinta a la usada para «tú», tal y como sucede en castellano («tú *eres*», «usted *es*»), también tendrías que añadirla al lote.

Busca en tu manual de gramática como se dicen estas 12 palabras. No obstante, si el idioma posee una sola traducción para los verbos «ser» y «estar», y otra para «haber» y «tener», estas 12 palabras se transformarán solamente en 6.

Revisa también en dicho manual la forma general de construir el **participio pasado** de los verbos (ya visto en el capítulo 8), de manera que puedas decir:

«Yo *he comido*», «Tú *has salido*», «Él (Ella) *ha querido*».

No le hagas caso a los verbos que presenten excepciones en la formación del participio.

Conviene familiarizarse con estas construcciones, pues las vamos a utilizar muy frecuentemente.

Primer ejercicio

Gracias a haber aprendido las formas singulares de los importantísimos verbos anteriores, vas a poder crear frases pero que muy bien expresadas, las cuales ya no tendrán nada que ver con nuestro amigo Tarzán.

Compruébalo leyendo y traduciendo las primeras frases previstas para hoy. Observa que te he marcado en negrita las formas del singular aprendidas para los verbos más importantes.

1. *Mi coche **es** de color blanco.*
   Ya no diremos: «Mi coche ser».

2. ***Es** muy bueno y **es** el mejor que hay.*

3. *¿Cómo **es** tu coche?*

4. *El mío no **es** muy bonito.*

5. *El dormitorio de tu casa **es** muy grande.*

6. *Yo **soy** un estudiante.*

7. *Tú **eres** mi maestro.*

8. *¿**Eres** tú profesor?*

9. *Pero la habitación no **está** limpia.*

10. *Yo **estoy** detrás de la puerta.*

11. *¿Dónde **estás** tú?*

12. *Aquella tienda **tiene** muchos muebles baratos.*

13. *Aquí hacer calor. ¿**Tienes** tú frío?*

14. *Yo **tengo** mucho frío fuera de esta casa.*

15. *Parecer una habitación fea, pero no con esa mesa.*

16. *Con estas sillas el salón **está** lleno.*

17. *Por ser malo, él caer por las escaleras.*

18. *Ayer **estar** enfermo, pero hoy **está** mejor.*

* Obsérvese en la frase anterior la forma como tratamos fácilmente los tiempos pasados, al sustituir «estaba» por «estar».

19. *En el piso superior hay un niño pequeño.*

20. *¿Hay un niño pequeño en el piso superior?*

21. *Fran no parar de hablar todo el día con ella.*

22. *Ayer yo subir en el ascensor después de él.*

23. *John **tiene** mucha fuerza porque **es** muy grande.*

24. *Como Pedro **está** cansado **tiene** mucho sueño.*

25. *Hoy he comido demasiado y después me he dormido en la cama. ¿Has venido a verme?*

26. *Jorge ha tenido que correr mucho para coger el metro.*

27. *Jorge, ¿has tenido que correr mucho para coger el metro?*

28. *Has tenido que decírmelo antes.*

Segundo ejercicio

También utilizaremos desde hoy y para siempre:
Las tres primeras formas del singular de los verbos: **querer, desear, ir** y **poder.** Solo son 12.

Repasa también en tu manual de gramática la forma general de construir el **gerundio** de todos los verbos (visto también en el capítulo 8), pero evitando aquellos que presenten irregularidades en su formación, de manera que puedas decir:

«comiendo», «estando», «durmiendo», etc.

Una vez conseguido esto, vamos a hablar ahora con el máximo nivel posible (que es mucho) tras estos siete días de práctica.

¡Ahora sí que serás un auténtico experto hablando!

Venga. Anímate e intenta traducir las siguientes frases:

1. *Mañana **puedo** ir a su casa.*

2. *Tú siempre **puedes** hacer bien aquello que **deseas**.*

3. *Rita no **puede** llegar a esa hora.*

4. *Yo **quiero** aprender muchos idiomas.*

5. *Hoy no **voy** a poder hacer ese trabajo.*

6. *¿Por qué no **vas** a ir a verlo mañana?*

7. *¿Cuándo **va** a tener Sam tiempo libre?*

8. *No **deseo** hacer eso. ¿Y tú? ¿Quieres?*

9. *José es más listo porque **quiere** aprender.*

10. *Luis **quiere** jugar en Internet, y **desea** jugar ahora.*

11. *Yo **quiero** mucho a mis padres y a mis dos hermanos.*

12. *Si **quieres** conseguir lo que **deseas**, tendrás que estudiar más y mejor.*

13. ***He estado pensando** en salir de aquí mientras tú estabas **comiendo**.*

14. *¿**Has venido** hoy a mi casa? No, porque **he trabajado** durante todo el día. Seguro que tú **has estado durmiendo**. Pues sí, **tienes** razón, pero solo después de desayunar.*

15. *Angelines puede hacer las mejores paellas del mundo. Su marido, Gabriel, es muy inteligente y es uno de mis mejores amigos.*

16. *El año que viene deseo vivir en Alemania. Quiero mucho a este país y voy a trabajar allí con mi amigo Alejandro.*

Tercer ejercicio

Graba con tu grabadora todas las frases de los dos ejercicios anteriores. Tienes que hacerlo dejando un espacio de unos 10 segundos entre frase y frase. Las frases que sean muy largas debes leerlas en varias partes.

Una vez que las tengas grabadas, vamos a hacer nuestro **primer dictado.** Para ello, rebobina la grabadora y empieza a escucharlas.

Cuando escuches una frase, tendrás 10 segundos para escribirla. Será un dictado muy divertido, porque es importante que solamente busques una aproximación en la escritura de las palabras, es decir, si no sabes cómo se escribe exactamente una palabra, bastará con que escribas algo aproximado, pero ¡ojo!, no te quedes demasiado tiempo pensando, pues tienes que escribir todas las frases de un tirón.

* * *

Bien, si has llegado satisfactoriamente hasta aquí, sin duda posees el nivel necesario para entender y hacerte entender en tu nuevo idioma. ¿Te atreverías a ponerte a prueba con algún nativo?

En el capítulo siguiente hablaré sobre el mejor modo que tienes ahora de continuar perfeccionándote. Eso sí, no olvides que repasar es algo fundamental, y con el repaso diario ganarás en rapidez y desenvoltura. Repasa las tablas y estas lecciones con frecuencia.

Otra forma muy buena de repasar consiste en traducir a tu nuevo idioma aquellas cosas que vayas a decir en castellano. Pronúncialas mentalmente en ese idioma antes de decirlas.

CAPÍTULO 18

Cómo continuar aprendiendo tras los 7 días de práctica de este libro

∾

U NA vez que termines con el contenido de este libro, tendrás que continuar aprendiendo y perfeccionando el idioma que estudias. Pero antes de indicarte nada al respecto, te haré hincapié en algo muy importante, en **el repaso.**

Es fundamental repasar todos los días, pues uno de los principales motivos que hacen que parezca difícil aprender un idioma es que sus estudiantes no repasan lo suficiente y apenas hablan dos veces por semana. Es imposible progresar de esa manera, dada la gran cantidad de términos que tendremos que manejar.

En efecto, una de las principales actividades que podrás realizar será la de *repasar las tablas y los ejercicios* que hemos visto en los 7 días de práctica. Repasa mucho, con frecuencia (a ser posible todos los días), y así obtendrás la máxima desenvoltura posible de lo aprendido y facilitarás enormemente el seguir aprendiendo y perfeccionando. En estos repasos podrás centrarte también en la escritura del idioma, de forma que aprendas a escribir definitivamente el vocabulario básico que ya conoces.

Por otra parte, voy a mostrarte a continuación las opciones más importantes que tienes para continuar progresando en el aprendizaje de tu idioma:

1. Viajar a otro país para aprender el idioma

La verdad es que se emplea mucho la frase anterior, pero lo más correcto sería decir:

Viajar a otro país para mejorar el idioma

En efecto, hemos demostrado que el secreto del aprendizaje reside inicialmente en la técnica, y en el caso concreto de los idiomas reside en consolidar primeramente el vocabulario. El mejor sitio donde puede desarrollarse esta tarea es en casa, idealmente con personas que aprendan el mismo idioma y con el mismo método, para potenciar más entre todos la imaginación y poder hablar y practicar juntos.

Muchas personas han viajado a un país con la idea de aprender allí el idioma, pues alguien les había dicho que era lo mejor que podían hacer para aprenderlo, y una vez allí descubren para su sorpresa cómo transcurre su estancia sin que, literalmente, «se enteren de algo».

Como todos pensamos en nuestro idioma natal, lo más importante en los comienzos será siempre aprender a hablar el idioma extranjero *sin preocuparse por comprender* lo que sus nativos nos dicen, pues si no somos capaces de hablarlo por nosotros mismos con la suficiente fluidez y tenemos que pararnos a pensar qué queremos decir, será imposible que podamos comprenderlos cuando ellos nos hablan, puesto que no podremos en ningún caso procesar su velocidad de comunicación. No podremos seguirlos si solamente somos capaces de hablar a nuestro pensativo ritmo. Subamos, pues, ese ritmo, emitamos con mayor velocidad y podremos comunicarnos con ellos a la perfección.

De este modo, cuando alguien empieza a aprender un idioma pasa, por fuerza, por estas tres fases:

1.ª FASE: Supongamos que una persona lleva muy poquito tiempo estudiándolo y se encuentra en esta primera etapa, donde solamente es capaz de expresar una idea tras pensarla pausadamente y de forma más bien desordenada. Si viaja a un país donde se hable esa lengua, lo único que sucederá es que apenas podrá comprender algo, se desanimará y tendrá todavía más arraigada la falsa sensación de que es muy difícil aprender un idioma, y ya sabe el lector que la sensación es la fuerza que mueve la mente:

Si sientes que algo te va costar, sin duda te costará.

Por este motivo, porque no podemos permitirnos el lujo de quedarnos frenados en nuestro aprendizaje ni experimentar malas sensaciones, no debemos visitar ese país con la exclusiva idea de aprender su lengua, pues eso sería algo que no nos serviría para nuestros propósitos.

Ahora bien, sí será realmente una buena idea viajar a otro país con esta intención **cuando ya lo vayamos hablando, especialmente cuando tengamos bien consolidado el vocabulario necesario** para ello, el que has aprendido y repasado tras estos 7 días de práctica. Dicho de otro modo, sí que puedes (y diría debes) viajar al país extranjero tras haber sacado provecho real de este libro. Entonces sí que tendrás allí comunicaciones con sus nativos que te satisfarán plenamente y te motivarán, te llenarán de entusiasmo y te darán todo tipo de fuerzas para seguir progresando muy rápidamente.

2.ª FASE: En esta segunda etapa, más evolucionada, el aprendiz de idiomas siente que le es más sencillo escuchar que expresarse, de forma que, aunque desde luego sabe expresarse, también sabe que aún no lo hace muy técnicamente. En esta fase es capaz de traducir casi todo lo que ve escrito y bastante de lo que escucha, siempre que le hablen suficientemente despacio y que no sean expresiones muy técnicas.

En resumen: Obsérvese cómo todo estudiante de idiomas pasa en sus comienzos por estas dos fases, de forma que al principio del todo es capaz de decir lenta y pensativamente algunas cosas, pero si escucha hablar a los nativos no se entera prácticamente de nada. Después, en una segunda etapa posterior, le costará menos trabajo recibir la idea general de una conversación que exponerla él, siempre que no le hablen demasiado deprisa.

3.ª FASE: Si nuestro estudiante de idiomas no se ha desanimado (como sucede casi siempre) y continúa hasta llegar aquí, entrará en una nueva fase de equilibrio y sentirá que se expresa rápido y con seguridad, estando a la par la cantidad de información que es capaz de transmitir con la que puede asimilar tras escuchar.

* * *

Volviendo a la idea de viajar a un país extranjero para perfeccionar un idioma, te decía anteriormente que eso sería algo sumamente interesante de hacer tras haber sacado provecho de este libro. Por otra parte, para muchas personas resulta además sumamente enriquecedor conocer otras culturas y otras gentes.

En principio, y a nivel económico, los precios serán similares a los que existen para viajar dentro del propio país, pues se pueden encontrar ofertas realmente increíbles que podremos aprovechar para estos viajes.

Independientemente de las ofertas de viaje que encontremos, y puesto que lo más importante es aprender el idioma, insisto una vez más en que lo mejor será viajar a ese país cuando hayamos adquirido el suficiente vocabulario y seamos capaces de expresarnos con fluidez.

Una persona que realice todos los ejercicios que figuran en este libro necesitará una media de siete días de trabajo (una semana o poco más) para conseguir el nivel necesario que le permitirá desplazarse con éxito a otro país.

Pero para tener éxito en nuestro primer viaje necesitaremos que los nativos hablen como nosotros, es decir, que lo hagan aproximadamente como lo haría Tarzán, pues donde más podremos perdernos en una comunicación con ellos será en el vocabulario correspondiente a las conjugaciones verbales.

Al principio (y curiosamente), nosotros podremos expresar mejor una información si dominamos bien los verbos, y podremos comprenderla mejor si conocemos los sustantivos.

Por ejemplo:

Si la recepcionista de un hotel nos está explicando cómo tomar el ascensor para subir a nuestra habitación, observaremos, gracias a sus gestos, la tendencia que hace con la mano para indicarnos dónde se encuentra este (esa tendencia suple al verbo ir), y aunque no hablase como Tarzán y conjugase todos los verbos, sería muy probable que la pudiésemos comprender bien en cuanto a que sabremos identificar las raíces que poseen dichos verbos, pues conoceremos perfectamente los infinitivos. Pero, desde luego, lo que es indudable es que la palabra «ascensor», como sustantivo, sí que la pronunciará siempre de forma invariable, y por tanto nos será perfectamente comprensible.

Por la forma de expresarse y de gesticular de la recepcionista, no tendremos ningún problema en comprender que «tenemos que ir por ahí», ya que nos estará indicando la dirección del ascensor conjugando el verbo «ir» con su mano mientras alarga el brazo. De hecho, al verla hacer ese gesto, y mientras notamos la tendencia de nuestra cabeza a girar siguiendo a su mano, deberemos pensar en escuchar de sus labios la conjugación de algún verbo similar a «ir» (podría ser también el verbo «llegar»), lo cual será muy interesante para hacer «oído», pues en cualquier caso pronunciará uno de los verbos más importantes.

No obstante, recuerda que hemos aprendido a conjugar el presente del singular del verbo «ir» (y de otros), dada la enorme importancia que tiene.

Aprendamos a comunicarnos en nuestros viajes. Quedémonos con la melodía y con la entonación que tienen los nativos al hablar y al expresarse en su idioma. Fijémonos también en su forma de gesticular y de expresarse con el cuerpo, tal y como lo haría un niño. No nos preocupemos por los resultados y mantengamos una buena sensación. Disfrutemos con nuestro aprendizaje (y del viaje) e inyectémonos una buena carga de sentido del humor.

De hecho:

- **El objetivo principal** de nuestro primer viaje al extranjero para aprender un idioma debe ser el de *hacernos entender.*

  Será agradable ver cómo te sonríen cuando algunas veces te expreses como Tarzán (otras muchas lo harás perfectamente) y cuando te digan que te entienden a la perfección. Si tu pronunciación es buena, pensarán de verdad que lo hablas realmente bien.

  Ni te cuento la cara que pondrán cuando les digas que llevas estudiando 7 días. Te dirán que eso no es posible, pero leerán en tu cara la satisfacción de que sí es posible, de que alguna especie de milagro ha obrado en ti. Posiblemente piensen directamente que eres un superdotado de otro planeta que posee una facilidad impresionante para aprender idiomas. Y realmente, de algún modo lo serás.

- **El segundo objetivo** para este primer viaje será obviamente el de intentar comprender lo que ellos nos dicen. En este punto, será muy interesante ganarnos la confianza suficiente para que nos hablen como si fuesen el mismísimo Tarzán, de manera que nos terminemos de soltar muy rápidamente. Nosotros estaremos pendientes de la conversación, sin preocuparnos por si nos perdemos en algún momento. Aunque no entendiésemos alguna palabra, sabremos entresacar con facilidad la idea general de su comunicación, y por tanto estaremos en disposición de responderle. También podremos decirle que nos repita una determinada frase o palabra, pero esto solamente lo haremos en casos muy excepcionales, solo si esa frase o palabra es muy importante, pues es mejor seguir hablando con desenvoltura aunque se perdiese una pequeña parte de la información.

Ciertamente, nuestro amigo o amiga extranjera en algunos momentos se confiará. Sin darse cuenta, dejará de hablarnos como lo haría Tarzán y conjugará algunos verbos. Ello puede hacernos pensar en un primer momento que nos cuesta comprender la información que nos dice, lo cual no es así y el fallo no habrá sido nuestro, sino de la otra persona. Por ello, y con sentido del humor, intentemos llevar otra vez a nuestro interlocutor a la jungla.

NOTA: Aunque empleo con frecuencia la expresión «Hablar como Tarzán», es evidente que nosotros lo hablaremos mucho mejor que él.

Sucederá que si el lector amplía sus conocimientos sobre el idioma y lo practica siguiendo nuestra línea, muy pronto lo perfeccionará de forma extraordinaria.

No obstante, querido amigo, no es necesario correr tanto al principio. Creo sinceramente que es suficiente con que puedas desenvolverte en poco más de una semana, dejando mejor los refinamientos para un segundo viaje, el cual, sin duda, estarás deseando hacer cuando llegues de vuelta a tu casa y te parezca mentira todo lo que has conseguido en tan poco tiempo, y encima disfrutando del aprendizaje. ¡Y además con unas minivacaciones incluidas!

Probablemente también quieras volver porque hayas conocido buenos amigos (dada tu simpática y contagiosa forma de hablar) y por el poco miedo que demostraste tener al comunicarte con ellos, lo que denotará que eres una persona segura, razón por la que todos querrán estar cerca de ti, donde se sentirán bien.

Curiosamente, sucederá que, como habrás hablado y actuado como una persona segura, tu autoestima subirá, no solamente porque has reaccionado de ese modo, sino porque te has demostrado a ti mismo cómo puedes aprender con mucha facilidad, y en tan pocos días, algo que anteriormente podía parecerte casi imposible.

Cómo proseguir aprendiendo

Te recomiendo todas las posibilidades que cito a continuación:

1. Seguimiento de un sencillo curso

Es muy importante para seguir profundizando correctamente en el conocimiento de tu idioma. Puede ser a través de un libro, un curso en CD, un curso a través de Internet, etc., de forma que *ahora sí te será fácil y rápido progresar, puesto que ya no tendrás el freno del vocabulario ni el de la pronunciación.* De este modo, podrás estudiar progresivamente:

— Verbos irregulares, especialmente aquellos que sean los más frecuentemente utilizados.
— Estructuras más complejas de algunas oraciones, suponiendo que te quede algo pendiente que ver aquí.
— Aprender nuevos modismos y expresiones hechas.
— Adquirir nuevo vocabulario. Este se aprenderá de la misma manera que ya conocemos: asociando de forma inverosímil.

2. Ver en casa películas subtituladas en DVD

Este es realmente uno de mis ejercicios preferidos. Una película aportará multitud de diálogos y expresiones interesantes, y encima con voces nativas, pero para escoger una película ideal que te ayude de verdad deberás asegurarte de que cumple los siguientes requisitos:

a) En primer lugar selecciona una película que *conozcas bien* y que, a ser posible, hayas visto varias veces. Procura que no sea muy antigua ni que esté falta de calidad auditiva.

b) Procura, igualmente, que sea una película que trate sobre *temas que no sean demasiado complejos* o específicos. Por ejemplo, si trata sobre la conquista del espacio, es muy posible que incluya un tipo de vocabulario que ahora no sea el más conveniente para ti. No obstante, te valdrá casi cualquier película, y si en algún punto se complican los diálogos y aparece dicho vocabulario complejo, bastará con no hacerle demasiado caso.

c) En la selección del menú de audio del DVD asegúrate de que *está incluido el idioma* que estás aprendiendo, de forma que puedas escuchar la película en ese idioma. En caso contrario, y sintiéndolo mucho, esa película no te servirá para nuestros propósitos.

d) Comprueba finalmente que está *subtitulada en ambos idiomas,* en tu idioma natal y en el que estás aprendiendo, en los dos.

* Un tipo de películas especialmente interesantes son las típicas de Tarzán, pues este personaje hablará aproximadamente como nosotros, y por este motivo Tarzán nos resultará especialmente simpático, ya que será nuestro profesor en persona y nos ayudará en nuestros propósitos de manera directa.

Suponiendo que tu idioma natal sea el castellano y que estuvieses aprendiendo inglés, una vez tengas escogida la primera película, lo mejor será que la visualices del siguiente modo:

— **La primera vez en castellano,** a modo de recuerdo, pero poniendo los *subtítulos en inglés.* Escúchala normalmente y podrás disfrutar de ella, pero presta atención también a dichos subtítulos. Será sencillo y agradable, ¿verdad? Comprobarás cómo muchas palabras te son familiares.

Una doble ventaja que tienen los subtítulos es que, por una parte, están construidos mediante *frases cortas y directas,* y, por la otra, están *perfectamente construidos* gramaticalmente hablando.

— **La segunda vez en inglés,** pero pon ahora los *subtítulos en castellano.* Déjala pasar hasta el final sin detenerla, pues en caso contrario, tarde o temprano este ejercicio llegará a serte pesado. Si no entiendes algo de lo que dicen, no te preocupes, no importa, continúa viéndola y haz trabajar al oído.

Procurar leer los subtítulos lo antes posible, nada más aparezcan en la pantalla, para tener pronto la idea aproximada de los diálogos que vendrán acto seguido. Como la película te será muy familiar, ya que la habrás visto varias veces, esto es algo que te resultará sencillo de hacer. Presta sobre todo atención a aquellas palabras y expresiones que ya conoces, para sentenciarlas definitivamente en tu memoria.

Como puedes ver, te ayudará bastante el conocer bien la película previamente, de ahí que te insista en la importancia que tiene el haberla visto muchas veces con anterioridad.

NOTA: Algunas películas que parecen buenas para estos ejercicios podrían resultarte finalmente poco adecuadas por motivos técnicos. Bien porque las voces de los actores y actrices no se escuchen con nitidez, o bien porque los subtítulos estén poco trabajados y disten bastante de su traducción real, pudiendo confundir al estudiante. Cuando esto suceda, no prestes atención a esas partes de la película.

Será fundamental hacer este segundo ejercicio varias veces, de forma que la primera o segunda vez que veas la película quizá no comprendas bien algunos diálogos, pero esto mejorará muy rápidamente con las próximas veces que la visiones, por lo que debes insistir.

— **La tercera vez en inglés** y con los *subtítulos también en inglés.*

> **IMPORTANTE:** Antes de realizar este tercer ejercicio es muy conveniente que *hayas realizado el segundo de forma aceptable.* No se trata de que entiendas toda la película, pero sí de que te sientas mínimamente cómodo con un porcentaje de sus diálogos. Así es que: ¡A ver cine!

— **La cuarta vez en inglés** y *sin subtítulos.* Realmente esta es la última fase, la fase profesional, y con ella practicarás el último y más difícil de los ejercicios con películas de DVD.

Este ejercicio es idéntico a la vida real, y cuando consigas comprender la película en un alto porcentaje, el nivel de tu idioma será ya excelente.

> **NOTA:** No tienes por qué ver la película de un tirón. Puedes hacerlo en varias veces.

3. Lectura de libros con vocabulario seleccionado

Particularmente, siempre me han gustado mucho estos libros, y su lectura constituye también otro magnífico ejercicio. Son libros sencillos de adquirir, pues se encuentran en muchas librerías, y además son bastante económicos. Constituían para mí, en su día, mi lectura preferida en la cama antes de dormirme, y leía unos minutos casi todas las noches.

Suelen contener bastantes dibujos, y tratan sobre temas sencillos y entretenidos, como agradables aventuras, pero lo más importante, y lo que realmente los hace interesantes para nosotros, es que contienen un vocabulario progresivo, de forma que están divididos, por lo general, en cinco niveles o grados:

— *Grado Inicial.* Contiene un vocabulario restringido a unas 1.400-1.500 palabras.

— *Grado 1.* Contiene un vocabulario de hasta 2.000-2.200 palabras.

— *Grado 2.* El vocabulario se amplía hasta unas 3.000-3.200 palabras.

— *Grado 3.* Puede contener aproximadamente unas 3.700 palabras.

— *Grado 4.* Es el mayor, y generalmente contiene hasta un máximo de 5.000 palabras.

NOTA: La relación de los grados y del número de palabras que contiene cada uno de ellos puede ser diferente a la expuesta aquí, pero, en cualquier caso, cada libro deberá traer indicada la cantidad de vocabulario que contiene.

Aparte de ser progresivos, estos libros tienen además la ventaja de que son fáciles de leer y gramaticalmente perfectos, por lo que enseguida terminarás de familiarizarte con la estructura de todas las oraciones o con determinadas expresiones características del idioma si no lo hubieses hecho ya. Las palabras nuevas que no conozcas podrás traducirlas con un diccionario o con una agenda traductora, y podrás adquirirlas definitivamente asociándolas como ya sabes.

Una buena idea consiste en *apuntar en nuevas plantillas,* como las que hemos usado aquí, aquel nuevo vocabulario que te vaya saliendo y que tú mismo consideres importante.

Yo me haría con un par de libros de cada nivel, y una vez leídos subiría al siguiente nivel. Así sucesivamente, hasta llegar al último de ellos.

4. Un traductor informático con una buena pronunciación de voz

Constituyen una magnífica herramienta junto con los libros anteriores. Una vez instalado en el PC, escribes en el traductor un texto en el idioma que estás aprendiendo, pero hazlo solamente con un capítulo, y, si este fuese muy largo, escribe solo una parte de él.

Para que te orientes mejor:

Como máximo debes escribir el tamaño de un folio cada vez, pues en caso contrario sería un ejercicio muy pesado.

Cuando lo hayas escrito, lo accionas para que sea traducido al castellano, y ya podrás leerlo en los dos idiomas.

Aunque es cierto que como traductores suelen dejar bastante que desear, la verdadera utilidad de estos programas para nosotros no es la traducción, la cual será también importante, sino *su pronunciación.* Si esta es buena (se pueden descargar de Internet voces excepcionales), nos permitirá escuchar cada capítulo de nuestro libro relatado por una bonita voz nativa.

Estos traductores poseen, además, la interesantísima opción de parar la voz cuando lo desees y de repetir alguna frase o palabra suelta las veces que quieras, con solo marcarlo con el ratón, siendo esta, sin duda, la mejor posibilidad que nos ofrecen estos programas, los cuales te permitirán escuchar el libro frase a frase si fuese necesario. Será muy buen ejercicio que las repitas tras oírlas, y de este modo conseguirás progresar a un ritmo extraordinario, especialmente en cuanto a la pronunciación se refiere.

NOTA: Lamentablemente, no puedo hacer aquí publicidad de las marcas existentes en el mercado, porque si tuviese que hacer mención a las mejores películas, libros, diccionarios y demás material aconsejado, esto se parecería más a un libro de publicidad que a cualquier otra cosa, y nada más lejos de mi propósito. Por este motivo, me reservo esta opción para todos aquellos que deseen aprender y profundizar más realizando alguno de mis cursos, los cuales podrán formar parte después del club de alumnos de mi página web, donde, entre otras cosas, encontrarán todo este tipo de información actualizada.

---

5. Una guía rápida de comunicación

Son estos pequeños libros de bolsillo, también muy económicos, que traen un poco de todo: reglas de pronunciación, gramática sencilla, vocabulario de todo tipo, modismos, pequeñas y sencillas conversaciones establecidas por situaciones, un diccionario, etc.

Su gran manejabilidad y versatilidad hacen de ellos unas herramientas de trabajo muy interesantes. Eso sí, ten en cuenta que, si estás aprendiendo noruego, deberá ser de español-noruego, y no de noruego-español.

6. Hablar con personas nativas mediante un chat de Internet

Dispones en Internet de numerosos chats gratuitos, tanto escritos como hablados. En ellos podrás practicar la escritura y la pronunciación con personas nativas, las cuales te solucionarán gustosamente cualquier duda que tengas, ¡seguro!

En estos chats suele haber bastante compañerismo y desinterés, pero si quieres que te sirva para algo, procura que sea un chat específico para aprender idiomas, ¿de acuerdo?

Busca a alguien que sea nativo y que a la vez quiera mejorar su castellano (o tu idioma natal). Así estableceréis una simbiosis de ayuda mutua (y de amistad) muy interesante y beneficiosa para ambos.

7. Ver y escuchar televisión y radio

Para ello tienes dos interesantes opciones:

a) Usar una *antena parabólica.* Tendrá que estar orientada hacia un satélite que te permita ver programas de algún país donde se hable el idioma que estás estudiando (no te preocupes, eso lo hace el técnico con un aparatito). Es la opción más cara, pues puede costarte lo que pagarías durante uno o dos meses en una academia de idiomas, pero es realmente interesante y después ya la tendrás gratis para siempre.

Con ella podrás ver y escuchar noticias, programas, películas, documentales, dibujos animados, anuncios (sí, también anuncios, pues recuerda que esto es para aprender), etc., escuchando siempre muy buenas voces nativas del país. También te permitirá escuchar la radio.

Como la televisión española es actualmente tan mala (bajo mi punto de vista), con poco dinero harás una gran inversión, pues podrás aprender un idioma y entretenerte mucho más al mismo tiempo, ya que incluso te gustarán los anuncios (son especialmente útiles para los idiomas).

b) Visualizar y escuchar televisión y radio *a través de Internet*. Muchos programas gratuitos te permitirán conectar con canales de radio y televisión de multitud de países, los cuales verás en el monitor de tu ordenador por este medio.

Pero, lamentablemente, al día de hoy la velocidad a través de Internet es todavía muy pequeña, y por contra tendrás que sacrificar bastante calidad de imagen y sonido.

8. Profesor particular

Es una opción muy importante, pero a la vez no es fundamental y puede resultar algo cara. Debes escogerla solamente como perfeccionamiento, es decir, cuando ya hables el idioma con la suficiente fluidez. No elijas esta opción para empezar, pues para eso ya tienes todas las tareas y recomendaciones de este libro, el cual te guía sobre cómo han de ser tus primeros pasos. Si empezases con un profesor, lo más probable es que choquéis de manera frontal en la manera de enfocar el sistema de aprendizaje. ¡Tú sabrás mejor que él los pasos a seguir!, pero él difícilmente lo reconocerá así.

Un buen profesor particular te sacará rápidamente de dudas, y además podrá ayudarte a afinar de inmediato cualquier apartado del idioma: vocabulario, pronunciación o gramática, pero procura que sea nativo.

9. Academia ideal

El funcionamiento de una academia ideal está contemplado en este libro. Si algún día la encuentras, y seguro que llegarán a formarse, te ayudará mucho el hecho de trabajar allí con un grupo de personas que estén empleando el mismo método que tú, guiados y coordinados por un profesor experto que esté en la misma onda de trabajo que sus alumnos, y que les haga resplandecer gracias a la correcta aplicación de este sistema de estudio de idiomas tan eficaz, divertido y motivante.

Como opción a esta academia ideal, piensa también en lo interesante que puede resultar estudiar en grupo, de forma que a todos os una la misma técnica y la misma ilusión.

* * *

Como puedes comprobar no te aburrirás. Tienes muchas cosas que hacer y muchas posibilidades distintas para trabajar. En muy poco tiempo, tu nivel de idiomas subirá alarmantemente, y te prometo que te sentirás muy orgulloso de ello.

Finalmente, deseo darte o, mejor dicho, recordarte otra vez un consejo muy importante:

REPASA CON MUCHA FRECUENCIA

Lo ideal es que lo hagas todos los días, aunque solamente sean 10 minutos. Fíjate en esto:

Si estudiases diez minutos al día durante seis días a la semana, estarías trabajando una hora semanal. De este modo obtendrías un resultado mucho más efectivo que el de estudiar dos o tres horas semanales (el triple de tiempo) repartidas en solo dos o tres sesiones de una hora.

Por este motivo, te recuerdo también que un buen ejercicio que puedes practicar todos los días es el de pensar las cosas en el idioma que estudias, diciéndolas mentalmente antes de pronunciarlas definitivamente en tu idioma natal.

CAPÍTULO 19

Estudio de varios idiomas a la vez

❧

APRENDER varios idiomas a la vez es factible; de hecho, conozco a algunos de mis alumnos que, usando esta técnica, se han puesto a estudiar ni más ni menos que ¡seis idiomas a la vez! Y con ello, su capacidad de aprendizaje y de retentiva se ha multiplicado por sí misma varias veces.

No obstante, no soy partidario de hacer las cosas de este modo, porque sucede que aunque la capacidad asociativa que todos tenemos es infinita, hasta establecer la información que vamos estudiando en nuestra memoria de largo plazo, lo más probable es que empecemos a mezclar el vocabulario de todos los idiomas y a confundirnos. Así, podremos dudar si una determinada palabra es holandesa o alemana, por ejemplo, y esto nos obligará a tener que realizar repasos extras y a mayores esfuerzos para ordenar la información que vamos aprendiendo.

Será, por tanto, más complejo centrarnos en varios idiomas a la vez, y nuestro entusiasmo y concentración podrían quedar mermados si nuestro avance y progresión resultasen demasiado lentos, aunque también es cierto que, como las personas que se disponen a aprender varios idiomas a la vez parten con un entusiasmo tan grande, los frenos latentes podrían retrasarse considerablemente.

Así, mi consejo para los que tienen prisa en aprender varios idiomas es el siguiente:

Dejad al menos una semana por medio entre cada uno.

Para que de esta forma tengas el vocabulario del primer idioma bien asimilado y no te confundas de lengua.

No obstante, y a pesar de lo expuesto anteriormente, no tiene nada de malo que intentes aprender varios idiomas al mismo tiempo. Podrás impresionar a más de uno, y quizá incluso consigas hablar tres o cuatro suficientemente bien en el plazo aproximado de un mes. Desde luego, si te acercas a esto, tu capacidad de aprendizaje se habrá multiplicado y te sentirás una persona mucho más segura de sí misma. Igualmente, tu capacidad imaginativa habrá hecho lo propio: se habrá disparado de tal modo que te costará retenerla, y piensa que la imaginación es la capacidad mental más importante que tenemos, la cual sirve de soporte a otras muchas, incluida la inteligencia.

A tenor de lo dicho, dispondremos de dos formas distintas para aprender varios idiomas a la vez:

1.ª Esperar unos días para adquirir soltura

En principio podrá ser suficiente con un espacio de tiempo comprendido entre una y dos semanas, lo que casi equivale a aprenderlos a la vez. Esto es lo que siempre aconsejaré como norma general.

De este modo, antes de aprender tu segundo idioma, tendrías que:

— *En primer lugar,* ser consciente de que has adquirido todo el vocabulario básico del primer idioma, así como de que eres capaz de comunicarlo con la suficiente fluidez.

— *En segundo lugar,* dependerá de la necesidad real que tengas de adquirir conocimientos del segundo idioma, de forma que, si no te es demasiado urgente, sería mejor dedicar ese tiempo extra a repasar y consolidar (incluso a ampliar más) el idioma que aprendiste en primer lugar.

2.ª Utilización de comodines

Emplear imágenes comodines que identifiquen algún rasgo del país cuyo idioma vayamos a estudiar, o cuyas palabras sean similares al nombre de dicho país, nos permitirá adquirir su vocabulario sin la menor posibilidad de confundirnos con el de otra lengua, por muy parecidas que estas sean.

Ten en cuenta que si un idioma se habla en varios países, te será mucho más sencillo obtener algún buen comodín (o varios), pues evidentemente tendrás más donde elegir.

Si te acuerdas, en páginas atrás decíamos que un comodín para el idioma inglés podía ser visualizar la «Torre de Londres», en cuyo caso podría reforzar una asociación entre *«saludar»* y *«greet»* de la siguiente manera:

- *Viendo a la gente obligada a **saludar** a **gritos**, ya que el **reloj de dicha torre** produce tanto ruido que ni deja escuchar ni **saludar** con las manos, pues tienen que taparse con ellas los oídos.*

Observa que siempre que trabajemos con comodines obtendremos asociaciones triples. En este caso tendríamos la acción de *saludar,* la de *gritar* y el *reloj de la Torre.*

Las asociaciones triples son solamente un poquito más complejas, pero no deben representar para nosotros ningún temor. No obstante, el hecho de estudiar varios idiomas a la vez requerirá en proporción más tiempo al día para repasarlos, y recuerda que la práctica y el repaso son normas fundamentales para adquirir desenvoltura en un idioma.

A modo de ejemplo, te voy a proponer los siguientes comodines:

— **Alemán:** Un queso, una jarra de cerveza, etc. Por ejemplo:

Si recuerdas, dijimos que para memorizar que la palabra interrogativa castellana **«¿qué?»** se traducía al alemán por **«Was?»** (pronunciada **«vas»**), podíamos pensar sencillamente en la frase:

*«¿**Qué vas** a hacer?».*

Pero cuando estemos aprendiendo varios idiomas a la vez, para recordar que la fase anterior nos está aportando una traducción alemana (y no sueca, por ejemplo), tendríamos que completarla con el comodín usado para el idioma alemán. En mi caso, este es visualizar un **«queso»**. De este modo, la frase final resultante sería esta:

«*¿Qué vas a hacer con ese queso?*».

Y podemos visualizar a la vez a una persona levantando un gran *queso* por encima de su cabeza, como para lanzárnoslo.

— **Chino:** La Gran Muralla China, Bruce Lee...

— **Español:** Tomar el sol, baile flamenco, una tortilla española...

— **Francés:** La Torre Eiffel, Astérix y Obélix...·

— **Inglés:** La Torre de Londres, el típico lord inglés con su monóculo, el también típico policía inglés, un escocés tocando la gaita, el Oeste americano, las cataratas del Niágara e infinidad de posibilidades más.

— **Italiano:** El Coliseo Romano, la Torre de Pisa...

— **Japonés:** Una katana, una calculadora, un tren monorraíl, el Mazinger Z (si recuerdas la famosa serie televisiva de dibujos animados que tanto éxito tuvo y que incomprensiblemente no han vuelto a repetir)...

Y así con todos los idiomas y dialectos que quieras.

• Otros comodines que utilizo personalmente, no solo para aprender idiomas, sino para aprender también cualquier dato que tenga que relacionar a un país determinado, son los siguientes (te indico a continuación los más importantes):

— **Austria:** Visualizo una ostra de mar.

— **China:** Visualizo su muralla.

— **Dinamarca:** Visualizo la dínamo de una bicicleta. También una «coca-cola», pues me parece una buena marca.

— **Finlandia:** Visualizo una rueda de afilar.

— **Holanda:** Visualizo un tulipán y muchas flores en general.

— **Islandia:** Visualizo un géiser.

— **Japón:** Visualizo una katana.

— **Noruega:** Visualizo un iglú.

— **Polonia:** Visualizo un polo. También un frasco de colonia.

— **Portugal:** Visualizo un puerto donde atraca un enorme barco.

— **Rusia:** Visualizo un pingüino. También una ensaladilla rusa.

— **Suecia:** Visualizo un inmenso puente (como el que une Suecia con Dinamarca). También a gente haciendo caso omiso:

«Haciéndose el sueco».

Etcétera. Como puedes ver, identifico a cada país con algo que le sea característico o con una palabra similar a su nombre.

Ahora bien, estas reglas tienen una excepción:

Cuando puedas deducir que una determinada palabra pertenece a un idioma en concreto (muchas veces te será sencillo saber si un término es francés o alemán, por ejemplo), no te hará falta emplear ningún comodín de apoyo.

Obviamente, tampoco será necesario su empleo si los estudias de uno en uno y dejas el suficiente espacio de tiempo entre ellos.

EN RESUMEN: Solamente deberás usar los comodines si estudias varios idiomas a la vez, y exclusivamente ante los términos para los que no puedas deducir a qué idioma pertenecen.

Capítulo 20

El centro de estudios de idiomas ideal

∽

Los centros de estudios que deseen obtener el mayor rendimiento y motivación de sus alumnos y, en definitiva, los mejores resultados, tendrán que plantearse su forma de trabajo actual, de manera que deberán proceder de modo similar a como hemos visto en este libro.

No obstante, y dado que estos centros contarán con más medios que los estudiantes que trabajen en solitario, las tareas a realizar podrán desarrollarse más eficazmente.

Estas, distribuidas por días, serán las siguientes:

Primer día

Debería explicarse a los alumnos:

— El funcionamiento de la memoria.
— Lo que son los datos puros y cómo pueden memorizarse y mantenerse sólidos en nuestra mente.
— Realizar múltiples ejercicios con los datos puros para que los alumnos comprueben todas las posibilidades y aplicaciones que estos tienen. Desde luego que no solamente ciñéndose a los idiomas, sino empleándolos también en otras materias, como la geografía, la historia, etc.
— Trabajar en grupo la técnica de las asociaciones inverosímiles, explicando qué posibilidades son mejores que otras y por qué. Los alumnos tienen que aprender a fomentar su imaginación,

y, por otra parte, de la habilidad del profesorado de los centros de enseñanza dependerá el desarrollo del instinto asociativo de cada alumno.

— Mostrar todos los recursos y posibilidades con que contarán los alumnos para el estudio de los idiomas, así como las técnicas que se van a emplear.

Para una mayor comprensión, estas deberán explicarse en ambos sentidos. Esto significa estudiar no solamente la forma que tendrán ellos de aprender un idioma, sino también cómo harían las personas extranjeras para aprender el nuestro.

— Enseñarles a repasar. Explicarles la importancia que tienen los repasos en materias que, como el estudio de los idiomas, requieren el manejo de una gran cantidad de datos, de forma que aprendan a invertir el tiempo de la mejor manera posible.

— Formar a los alumnos para que desarrollen todo su potencial mental y no tengan ningún punto débil. Se prestará especial atención a que:

a) Se conviertan en auténticos expertos en técnicas de estudio, de memorización y de lectura antes de empezar a estudiar. Algo que puede conseguirse muy rápidamente si se dispone de personal cualificado para ello.

b) Desarrollen toda su imaginación y creatividad.

c) Aumenten su autoestima y seguridad personal de forma que aprendan a confiar plenamente en ellos mismos. Esto es algo que les será de aplicación no solamente para estudiar o hacer exámenes, sino para toda su vida en general. Yo lo llamo: «Crear Campeones Psicológicos».

d) Aprendan y disfruten haciendo exámenes y hablando en público. Esto último tiene más relación con el aprendizaje de idiomas de lo que pudiese parecer a simple vista.

En definitiva:

> **Tendrán las ideas muy claras sobre cómo funciona la memoria, y más en concreto sobre cómo deben estudiarse los idiomas. Desarrollarán instinto para ello y sabrán que no se trata de pasar horas y horas estudiando solos, sino que podrán aprender todos en grupo, disfrutando del mismo modo que lo harían con cualquier juego de mesa, y desarrollando además el compañerismo y la cooperación.**

También sería conveniente mandarles para casa ciertos ejercicios sobre las asociaciones inverosímiles, de forma que practiquen lo aprendido de manera individual. De este modo surgirán las pegas y las dificultades que ha encontrado cada uno de ellos, las cuales les ayudarán a conocer mejor sus puntos débiles y el consiguiente modo de tratarlos.

Tras este día, los alumnos se irán a casa mucho más motivados y sin la sensación de que les será difícil aprender el idioma. Además, estarán deseando volver al centro de estudios el próximo día.

Segundo día

Tras revisar los ejercicios que se mandaron para realizar en casa, se procederá a realizar conjuntamente, implicando a todos los alumnos, lo que en sí constituye la base del aprendizaje de los idiomas: la adquisición del vocabulario.

Para este cometido, el profesor repartirá unas plantillas similares a las que figuran en este libro, las cuales contendrán el vocabulario básico que todos los alumnos memorizarán mediante las ya conocidas asociaciones inverosímiles.

Estas plantillas deberán figurar en los folios de forma apaisada (colocando el folio horizontalmente) y contendrán unas 12 filas por folio (aunque en este diagrama solamente aparezcan siete a modo de ejemplo):

Dejando aproximadamente **la mitad derecha de cada fila** para poder escribir las asociaciones inverosímiles.

Las plantillas que se repartan a los alumnos **tendrán la tercera columna escrita** (la correspondiente a las palabras del idioma natal), de forma que tengan que ir rellenando en clase el resto de casillas.

El profesor escribirá en clase la *traducción* de cada palabra, y el alumno las irá escribiendo en **la primera casilla** de cada fila, lo cual le supondrá su primera toma de contacto con la escritura del idioma.

Respecto a la **segunda columna**, la cual ya sabemos que hace referencia a la *pronunciación figurada,* se enseñará preferiblemente un sistema de pronunciación como el que recomiendo en el libro, es decir, un sistema que se adapte perfectamente a la pronunciación del idioma natal (evitemos la pronunciación internacional). Así, tras explicar a los alumnos el sistema fonético que se va a emplear, y tras escuchar la pronunciación de cada palabra, cada alumno irá rellenando por orden esta parte de la tabla.

Es importante que las casillas 1 y 2 las vaya rellenando cada alumno en clase, o sea, *que no le vengan ya dadas en las plantillas,* con el fin de que estos vayan adquiriendo una mayor soltura al escribir las palabras y al pronunciarlas.

Para que el alumno pueda escribir correctamente la pronunciación figurada, será suficiente con la explicación que dé el profesor y con su pronunciación, pero recomiendo también que, mediante un sistema de grabación, pueda escucharse cada palabra claramente pronunciada por una o dos personas nativas, pues siempre es bueno contar con varias referencias de voz distintas, y de ambos sexos a ser posible. Mientras estas voces se escuchan, el profesor escribirá la pronunciación figurada de cada palabra en la pizarra.

Es también muy conveniente que en estos momentos iniciales el profesor explique las reglas de pronunciación del idioma en cuestión. La pronunciación de un idioma obedece a unas cuantas reglas que siempre serán fáciles de aprender, y con ello se ha de pretender, además, que el alumno aprenda a leer por instinto y por deducción.

Los idiomas que como el inglés tienen una pronunciación bastante caprichosa, requerirán una práctica más continuada, algo que se conseguirá igualmente al cabo de unos pocos días siguiendo los ejercicios que más adelante iré mostrando.

Inicialmente, se rellenarán todas las columnas concernientes a la escritura y a la pronunciación figurada de cada verbo (columnas 1 y 2), al formar estos el vocabulario más importante.

Después, se pasará a la parte más divertida de la clase: la asociación inverosímil de esos verbos. A tal efecto, la clase deberá ser muy participativa, siendo recomendable que entre todos los alumnos se expongan en voz alta al menos un par de asociaciones inverosímiles, de forma que se pueda elegir alguna de las propuestas, la cual se escribirá en la casilla derecha de la plantilla.

Habrá continuas risas, sin duda, pues la imaginación global de todos los alumnos será muy alta, y de este modo se creará una sensación muy agradable de compañerismo, de bienestar, y por supuesto de avance en el estudio del idioma, pues los alumnos se irán de clase conociendo todo el vocabulario y sabrán además pronunciarlo perfectamente.

Piense el lector que sin vocabulario no podrá progresar adecuadamente. Ni siquiera podría estudiar algo tan sencillo como la forma de construir las oraciones, es decir, su estructura, pues para ello necesitará ver ejemplos, y desgraciadamente se sentirá perdido en todo momento al no saber distinguir qué tipo de palabra es cada una de ellas. Por el contrario, al conocer anticipadamente el significado de todas las palabras de una oración se hará cargo enseguida de su estructura, y también avanzará muy deprisa llegado el momento de abordar el estudio de la gramática más compleja, pues siempre partirá de cosas que ya conoce.

MUY IMPORTANTE: Como los centros de estudios de idiomas no tendrán una hora de dedicación diaria, como sería lo más aconsejable hasta que el alumno adquiriese la suficiente soltura, aquel estudiante que desee aprender de verdad el idioma e invertir bien su tiempo, **tendrá que repasar todos los días su lista de verbos:** las asociaciones inverosímiles, las traducciones y la pronunciación en voz alta de cada palabra traducida (pronunciación figurada). Pero, tranquilo, estos repasos solamente nos llevarán unos diez minutos diarios.

Tercer día

Reunidos todos de nuevo, nadie debería tener ninguna dificultad en saber traducir todos los verbos. También vimos en este libro cómo se estudiaban sus tiempos pasados y futuros, por lo que tras un repaso de ello en los primeros minutos de la clase, realizaremos un ejercicio muy sencillo para el que no será necesario conocer ninguna regla gramatical.

Primer ejercicio

Para este primer ejercicio tendremos que emplear solamente:

a) Los pronombres personales «yo», «tú», «usted», «él» y «ella».
b) Los infinitivos de los verbos ya conocidos.
c) Algunas palabras sencillas a modo de relleno.

Ahora todos los alumnos de la clase tendrán que traducir y pronunciar en voz alta sus primeras frases, las cuales les serán repartidas en el idioma natal. Son las siguientes:

1. *Yo querer estar aquí.*

Obsérvese que la palabra «aquí», como no es un verbo, se pronunciará esta primera vez en castellano. Un castellanohablante diría simplemente «aquí», y, por el mismo motivo, un inglés diría «here».

Una vez leída, el profesor explicará cómo se traduce la palabra «aquí», y los alumnos repetirán la frase una segunda vez, pero ahora de forma completa.

El resto de las frases las cito a continuación. Insisto en que *las palabras nuevas que aparezcan se pronunciarán en el idioma natal,* y acto seguido el profesor las traducirá al idioma extranjero, de forma que los alumnos vuelvan a repetir la frase incluyendo también la traducción de dicha palabra.

Finalmente, cuando aparezca en estas frases *alguna norma gramatical* que haga referencia al orden correcto de las palabras dentro de dicha frase (será siempre muy sencilla), deberá indicarse y explicarse a los alumnos.

Por ejemplo, si la primera frase de este ejercicio que ya hemos visto:

«*Yo querer estar aquí*».

tuviese otro orden distinto en el idioma extranjero, de forma que se dijese:

«*Yo querer aquí estar*» o «*Yo aquí querer estar*».

o de cualquier otra manera distinta, sería el momento de indicarlo para que los alumnos aprendan enseguida a hablar manteniendo el orden adecuado de las palabras.

2. *Yo querer aprender idiomas.*

3. *Yo poder aprender idiomas.*

4. *Yo poder estudiar ahora.*

5. *Tú saber estudiar ahora.*

6. *Usted saber estudiar ahora.*

7. *Yo querer volver a la escuela.*

8. *Él tener ganas de ir a la escuela.*

9. *Yo ser de (nombre del país natal).*

10. *Tú volver a casa después para estar con ella.*

11. *Ella querer hacer los deberes en casa con usted.*

12. *Tú tener ganas de trabajar.*

13. *Yo no tener ganas de trabajar con usted.*

> **NOTA:** Tras esta última frase, deberá explicarse la forma de construir las frases negativas.

14. *Yo querer comer con ella al llegar a casa.*

15. *Tú no querer comer, beber ni dormir en la ciudad.*

16. *Yo llegar a casa y llamar a la puerta, pero no haber nadie.*

17. *Después, yo subir las escaleras y entrar al salón.*

18. *Cuando yo dormir, no querer saber nada.*

19. *Cuando yo comer, no querer hacer nada.*

20. *Cuando él no trabajar, él querer hacer cosas.*

21. *Cuando yo no trabajar, yo querer ir a comprar.*

22. *Usted querer estar allí para ver, oír y decir muchas cosas.*

23. *Yo mirar a mis amigos y querer comprender todo lo que ellos hablar.*

24. *Yo supe después lo que la gente pensar.*

> **NOTA:** Obsérvese cómo esta última frase se puede sustituir perfectamente (y se debe sustituir ahora) por:

«*Yo saber después lo que la gente pensar*».

25. *Yo no saber lo que la gente pensar antes.*

26. *Yo buscar ahora para poder encontrar después.*

27. *Cuando tú llegar, tú llamarme, yo ir, y todos juntos volver.*

28. *Si usted conocer ese país, usted gustar vivir y trabajar allí.*

29. *Tú ayudar a ella a bajar. Después coger su mano y andar juntos por la ciudad.*

30. *Ella tener que trabajar. Después intentar salir pronto para tomar un café y poder continuar.*

31. *Él querer comprar, pero no poder gastar mucho dinero porque no tener. Él necesitar encontrar un trabajo para poder comprar y viajar en vacaciones.*

Después de este ejercicio se repartirán las *tablas de los* **sustantivos** y se repetirá el mismo proceso empleado con los verbos, es decir, escribir la traducción, la pronunciación figurada y hacer entre todos las asociaciones inverosímiles.

Este día, el profesor explicará también la forma de construir el **género de las palabras**, es decir, saber diferenciar si una palabra es masculina o femenina, así como la creación de los **plurales**.

Es conveniente reservar los últimos diez o quince minutos para completar las tablas de las **palabras interrogativas**, así como de las **preposiciones,** de las **conjunciones,** de los **pronombres personales,** de los **pronombres posesivos,** de los **pronombres demostrativos** y de los **artículos.**

Si faltase tiempo, los alumnos deberán *terminar los sustantivos en casa* y traerlos listos para el próximo día. Hay que trabajar un poquito en casa, porque también es bueno hacerlo solo. Además, tiene que cubrirse el tiempo del primero de estos siete días, que, si te fijas, se dedicó a cosas generales y no al estudio del idioma en sí.

Cuarto día

Entre el tercer y cuarto día los alumnos estarán probablemente algunos días sin asistir a su centro de estudios, y deberán aprovecharlos para repasar y consolidar aún más el vocabulario que están aprendiendo.

Hasta ahora hemos tratado el estudio de los verbos, de los sustantivos, de las palabras interrogativas, de las preposiciones, de las conjunciones, de los pronombres personales, de los pronombres posesivos, de los pronombres demostrativos y de los artículos.

Todos los alumnos podrán hablar ahora empleando mucho más vocabulario, y deberán encontrarse con este bien consolidado.

Insisto en la importancia de repasar todos los días (sobre todo los primeros del aprendizaje) para ganar fluidez en los conocimientos adquiridos y para conseguir una inercia que nos permita seguir aprendiendo después mucho más rápidamente.

Segundo ejercicio

Similarmente al ejercicio del día anterior, los alumnos recibirán unas frases por escrito en su idioma natal, las cuales tendrán que traducir y pronunciar en su nuevo idioma.

Para este ejercicio, las frases incluirán:

a) Todos los pronombres personales. Ya se vieron el día anterior: «yo», «tú», «usted», «él» y «ella», y en este día se emplearán todos los que faltan: «nosotros», «nosotras» «vosotros», «vosotras», «ellos», «ellas» y «ustedes».

b) Los pronombres posesivos.

c) Los pronombres demostrativos.

d) Los artículos.

e) Las preposiciones y las conjunciones.

f) Las palabras interrogativas.

g) Los infinitivos de los verbos.

h) Los sustantivos.

i) Palabras sencillas a modo de relleno.

Las frases que se repartirán a los alumnos en un folio, las cuales tendrán que repetir en voz alta, son las siguientes:

1. *Por favor, ¿dónde poder encontrar una cafetería?*

2. *Por favor, ¿dónde estar la estación de autobuses?*

3. *Por favor, ¿dónde estar la calle Brown?*

Aprovechando la aparición de estas frases interrogativas, será muy importante que el profesor explique a los alumnos el adecuado orden gramatical de dichas frases. Tengamos en cuenta que, en otros idiomas, la construcción correcta podría ser como esta:

Por favor, ¿dónde estar la Brown calle?

Es decir, poniendo primero el nombre de la calle. Una vez aclarados estos puntos se continuará normalmente con las siguientes frases:

4. *Por favor, ¿dónde estar la calle Iris?*

5. *Por favor, ¿dónde estar la plaza Circular?*

6. *Por favor, ¿dónde estar el hotel Scandic?*

7. *Por favor, ¿dónde estar el Museo de las Ciencias?*

8. *Buenos días, ¿dónde hay una parada de metro?*

9. *Por favor, ¿cómo poder llegar al centro de la ciudad?*

10. *Buenos días, ¿cómo poder llegar a la estación de trenes?*

11. *Buenos días, ¿cómo poder sacar dos billetes para este tren? Muchas gracias. Adiós.*

12. *Buenos días, ¿cómo poder sacar tres billetes para este tren? Gracias. Hasta pronto.*

13. *Buenos días, ¿cómo poder sacar un tique de estas máquinas? Muchas gracias. Hasta luego.*

14. *¿A (hacia) qué ciudad querer ir usted? Yo ir a (hacia) Múnich.*

15. *Buenas tardes. Por favor, ¿qué decir ese hombre?¿Y esas mujeres? Muchas gracias. De nada.*

16. *Buenas tardes, ¿qué querer decir aquel anuncio?¿Y aquellos? Muchas gracias. De nada.*

17. *Buenas tardes, ¿qué hacer usted aquí ayer?*

18. *Buenas noches, ¿dónde hay un restaurante para poder cenar? Muchas gracias. De nada.*

19. *Buenas noches, ¿cuándo cerrar esta cafetería?¿Y cuándo abrir mañana?*

20. *Buenas noches, ¿a qué hora cerrar este local?¿Abrir ustedes mañana?*

21. *Hola. Por favor, ¿dónde haber un banco para sacar dinero? ¿Cuánto dinero querer usted?*

El profesor explicará cualquier duda que se le presente al alumno ante las pequeñas ampliaciones gramaticales y modismos que poco a poco van surgiendo, así como respecto al nuevo vocabulario. No obstante, deseo recordar que el alumno no debe realizar ningún esfuerzo especial para adquirir el vocabulario que no esté asociado.

22. *¿Quién ser estos chicos? Ser tus amigos. ¿Mis amigos? Sí, tus amigos. ¿Cuales ser sus nombres? Él llamar Tom y ella ser Raquel. Encantado. Adiós. Hasta luego.*

23. *¿Por qué vosotros no venir ayer al cine? Porque no poder ir. Nosotros estar con ellos y trabajar ayer todo el día.*

24. *¿Cuánto costar este menú? ¿Cuál de ellos? Este. Depende, cuántos huevos querer usted? Yo querer dos huevos. Entonces este menú constar lo que poner ahí. ¿Y ese menú que tomar aquella chica? Aquel no ser un menú. Esa chica comer a la carta.*

25. *Este perro es el perro de Tom, y esa moto es la moto de Raquel. Aquella casa es nuestra casa, y aquel balcón es nuestro también.*

26. *No poder ver vuestros pisos desde aquí, pues su edificio es pequeño, y ese edificio de ahí enfrente es muy grande.*

27. *Una vez vi al perro de Tom correr y entrar en la casa de Raquel. Ella primero asustar y saltar, pero después permitir al perro entrar en su casa.*

28. *¡Claro! El perro parecer estar entonces sin dueño, y como la moto de Raquel no tener gasolina tampoco, ella quedar en casa y llamar a Tom desde el balcón.*

29. *Tom estar entre los árboles y, al ver a Raquel, él ir pronto hacia su casa a coger y sujetar al perro.*

30. *Esta ciudad es mi ciudad. Yo nacer aquí y vivir en la calle Mayor, cerca del Ayuntamiento. Ese es el autobús que yo siempre coger para ir a trabajar al hospital, donde tener muchos amigos.*

31. *¿Tú marchar ahora hacia tu casa? Sí. ¿Por qué? Porque cuando yo llegar ya estar ella en casa. ¿Cómo ir hacia allí? En mi coche.*

32. *¿Dónde estar tu coche? Delante de aquel edificio. ¿Detrás de aquella casa? No, junto a ella. ¿Es un Mercedes de color negro? No, es un BMW de color blanco.*

Después de este ejercicio se repartirán las tablas de los **adjetivos,** de los **saludos** y de la **cortesía,** y se repetirá el mismo proceso empleado con los verbos, con los sustantivos y con el resto del vocabulario estudiado, es decir, escribir la traducción, la pronunciación figurada y hacer entre todos las asociaciones inverosímiles.

Una vez más, se terminarán en casa aquellas tablas que hayan quedado pendientes de hacer. Es bueno hacerlo así, ya que cada alumno deberá acostumbrarse también a trabajar solo. Esto no impide que puedan juntarse varias personas para terminar el trabajo pendiente o para repasar.

Quinto día

Tras resolver las dudas que se hayan podido presentar, empezará esta quinta jornada oficial de trabajo. La mejor forma de hacerlo será aprendiendo una mínima gramática esencial que apenas nos llevará dos minutos.

Desde este día, será conveniente utilizar ya siempre las tres primeras personas del singular de los cuatro verbos más importantes: **ser, estar, haber** y **tener,** es decir, emplearemos:

«**Soy**», «**eres**» y «**es**», en vez de «*ser*».
«**Estoy**», «**estás**» y «**está**», en vez de «*estar*».
«**He**» «**has**» y «**ha**», en vez de «*haber*».
«**Tengo**», «**tienes**» y «**tiene**», en vez de «*tener*».

Si el idioma posee una sola traducción para los verbos «ser» y «estar», y otra para «haber» y «tener», estas 12 palabras se transformarán solamente en seis.

El profesor explicará estas sencillas formas y aclarará cualquier duda respecto a su uso. Es importante conocerlas, pues son muy comunes.

También se verán las tres formas del singular de los verbos **querer, desear, ir** y **poder.** Solo son 12.

Finalmente, se explicará la forma general de construir los **participios pasados** y los **gerundios** de los verbos, de manera que puedas decir:

«*Comido*», «*estando*», «*durmiendo*», etc.

Tercer ejercicio

Ahora sí que ya pareceremos auténticos expertos hablando. Las frases previstas para hoy son las siguientes:

1. *Mi coche es de color blanco. Es muy bueno y es el mejor que vi en la tienda. ¿Cómo es tu coche? El mío no es muy bonito, pero es muy grande.*

2. *Su habitación está limpia. Tiene muchos muebles baratos, pero está caliente, pues fuera el día es frío. Parece vacía, pero con esa mesa y con estas sillas está llena.*

3. *Por ser malo, él caer por las escaleras. Ayer estar grave, pero hoy estar mejor.*

   • Obsérvese cómo tratamos fácilmente los tiempos pasados.

4. *En el piso superior hay un niño pequeño que no parar de hablar todo el día. Ayer subir en el ascensor con él.*

5. ....

Ahora el profesor complementará estas frases con otras similares, de forma que vaya entrando en ellas todo lo explicado. Incluirá, además, aquellas palabras o expresiones que a su juicio considere más necesarias o que hayan quedado menos claras.

Después de este ejercicio se repartirán las tablas de los **adverbios** y todas las que quedan, y una vez más se repetirá todo el proceso empleado los días anteriores para completarlas.

Sexto día

Este día lo comenzaremos haciendo tres dictados:

Dictado 1.º Se repartirá a los alumnos un folio con frases escritas en el idioma extranjero (similares a las que hemos visto), para que los estudiantes las traduzcan al castellano. Los requisitos que tendrán que reunir estas frases son los siguientes:

a) Estar confeccionadas en lenguaje «tarzanero».
b) Ser de dificultad progresiva.
c) Usar solamente vocabulario básico (el existente en las tablas).
d) Las frases deberán estar escritas manteniendo el orden gramatical correcto.
e) Contener toda la gramática explicada.

Dictado 2.º Ahora el profesor hará un dictado de frases similares a las anteriores, pero hablando con su propia voz. Los requisitos que tendrán que cumplir estas frases son los mismos que los del dictado anterior.

El alumno tendrá que traducir las frases al castellano del mismo modo que lo hizo en el caso anterior, salvo que ahora lo tendrá que hacer de oído.

Dictado 3.º Finalmente, el profesor hará un nuevo dictado con su voz (igual que en el caso anterior) con otras frases distintas que también reúnan los requisitos de los dictados anteriores.

El alumno tendrá que escribirlas en esta ocasión en el propio idioma extranjero que está aprendiendo, no en su idioma natal. Será el dictado más difícil de todos, pero hay que hacerlo con alegría y motivación, porque «el resultado no importa».

IMPORTANTE: Si el estudiante tuviese dudas sobre la escritura de alguna palabra, no se demorará en escribir y buscará una rápida aproximación. Por ejemplo, si escucha la palabra «vólen» y no sabe si se escribe «vollen», «wollen», «volen» o de cualquier otra forma, no pasa nada. Deberá escribir algo parecido y continuar. Al finalizar el dictado, el profesor entregará una hoja con las frases que dictó, de forma que cada alumno pueda comprobar su aproximación.

Cuarto ejercicio

La clase continuará hasta su finalización con este ejercicio:

Se repartirá una hoja a cada alumno conteniendo dos o tres frases escritas en el idioma extranjero, las cuales deberán reunir también los mismos requisitos que las empleadas en los dictados anteriores, pero se atenderá especialmente a que no sean complicadas.

Este ejercicio consiste en que cada alumno leerá las suyas en voz alta y el resto de la clase las escuchará con atención, intentando comprender lo que significan. El objetivo no es otro que el de hacer oído escuchando muchas voces distintas, lo cual constituye un magnífico ejercicio. El profesor solamente intervendrá si alguna pronunciación es realmente incomprensible.

Para finalizar, se formarán grupos de cuatro personas para hacer alguna representación teatral el próximo día de clase. Cada equipo tendrá que juntarse y preparar una actuación de siete-ocho minutos. Pero esto lo explico con más detalle a continuación.

Séptimo día

Este día realizaremos dos bonitos ejercicios:

Quinto ejercicio

Se repartirá a los alumnos prensa que esté escrita en el idioma que están aprendiendo, de forma que intenten traducirla al castellano. No importa que sea prensa atrasada, pero, a ser posible, debe tratar sobre temas sociales o de actualidad, pues es mejor por el tipo de vocabulario que aparece en estas secciones.

Para sorpresa general, los alumnos podrán traducir casi todo lo que lean, pues el vocabulario que no conozcan podrán deducirlo gracias a la información general que sí han captado. Los verbos regulares tampoco les darán problemas, ya que podrán identificar fácilmente su raíz.

La duración de este ejercicio será de unos diez minutos para traducir y de otros diez minutos para los comentarios posteriores.

Sexto ejercicio

Como último ejercicio, y hasta el final de la clase, los grupos formados el día anterior saldrán a exponer su representación teatral delante de los demás. Hablarán con arreglo a todo lo aprendido, y su función podrá versar sobre los siguientes temas:

— Personas que hablan en el parque sobre el tiempo que hace.
— Preguntando repetidamente para ir a una dirección determinada (hotel, cine...). Lógicamente, alguien del grupo explica cómo poder llegar, pero parece que sigue habiendo dudas y no paran de preguntar a otras personas de forma distinta.
— Alguien hace de policía y explica ciertas normas a los peatones: dice lo que se puede y lo que no se puede hacer en determinados sitios, pone multas, etc.
— Amigos que se juntan y hacen planes para las vacaciones.
— Compras en diversas tiendas.
— ... y muchas más situaciones posibles.

Pero ¡ajá!, ¡ahora viene la sorpresa! La academia ha contratado por una hora escasa los servicios de un hablante nativo del idioma en cuestión, y este se irá infiltrando entre los grupos como si fuese un turista despistado, de forma que dé fe verdadera de que se entera y comprende todo lo que están hablando.

Este nativo también podrá intervenir y hacerles preguntas sobre lo que están representando. Claro que ¡también les hablará como Tarzán! Realmente todos hablarán ya bastante mejor que Tarzán. Divertido, ¿no?

Final

Tras estos intensos y excitantes siete días de trabajo y de ilusión, ¿a ver qué te parece este bonito final?

Si la academia fuese mía organizaría con la matrícula del primer mes un viaje de cuatro o cinco días a un país cercano en el cual se hablase el idioma que hemos estado aprendiendo los siete días anteriores. Ahora sí que todos los alumnos podrán lucirse y experimentar las más variadas conversaciones con nativos auténticos en infinidad de situaciones distintas. Les hablarán como han aprendido y les rogarán que ellos lo hagan igual. Encontrarán mucha gente dispuesta y se asombrarán cuando vean el poco tiempo que llevan estudiando y cómo lo hablan ya.

Sin duda, la motivación y la autoestima que tendrán al volver a casa proporcionará a todos los estudiantes unas ganas enormes de seguir trabajando.

Y si han conseguido ese nivel tras poco más de una semana de trabajo...

¿Qué será de ellos cuando lleven un mes perfeccionando?

Capítulo 21

El idioma ideal

∾

¿Cómo debería ser el idioma ideal de un país?

IMAGINAD que tuviésemos la responsabilidad de crear un idioma nuevo. Los requisitos ideales que tendría que reunir este serían dos:

1.º Que fuese sencillo de aprender, tanto para escribirlo como para leerlo, lo cual haría que todo el mundo pudiese expresarse con mayor corrección y eficacia desde edades más tempranas.
2.º Que facilitase el aprendizaje y la memorización de cualquier materia de estudio, lo cual repercutiría en que todos los nativos de ese país adquirirían conocimientos mucho más fácilmente y de manera más sólida y duradera.

Este segundo punto es realmente importante, pues de la calidad del sistema educativo puede depender todo el funcionamiento de un país. Si el sistema educativo es avanzado y cuenta con una técnica y metodología que lo transforme en una sencilla y agradable tarea, los jóvenes no tendrán ningún reparo en estudiar, incluso, sin duda, disfrutarán realizando esta actividad. Por el contrario, ante un sistema educativo mal planteado e ineficaz, solo puede existir una consecuencia: el desánimo de la mayoría de los estudiantes, y tarde o temprano el abandono final de un importante porcentaje de ellos, con lo que esto supone para la cultura y preparación de los habitantes de un país que se suponen representan el futuro.

Por desgracia, el abandono precipitado de los estudios tiene para algunos una relación directa con una sensación frustrante de falta de capacidad, y para otros puede representar un camino directo hacia la delincuencia, pues pueden ver más rentable y asequible el dedicarse a otras cosas. En efecto, un país que quiera presumir de ser desarrollado y avanzado tendrá que empezar por mejorar su sistema educativo si quiere empezar a ver resultados, pero no precisamente a costa de exigir cada vez menos a los estudiantes, sino mediante la utilización de técnicas adecuadas que les muestren su capacidad para adquirir todo tipo de conocimientos, sin que ello conlleve el pasarlo mal en ningún momento, fomentando a la vez el desarrollo de la personalidad y la autoestima.

* * *

Bien. Si recuerda el lector lo que decíamos en *Desarrolla una mente prodigiosa,* hablábamos de que se debía estudiar de más a menos, y además teníamos que prestar atención primeramente a aquellas cosas que fuesen visualizables.

Voy a poner a continuación un ejemplo práctico que alguna vez nos ha sucedido a la mayoría de nosotros. Todos hemos vivido una situación similar a esta:

Supón que una persona está relatando unos hechos acaecidos sobre alguien, y tú los estás escuchando. Imagina que esta persona empieza diciendo:

«Resulta, que el otro día me llaman y me dicen que un señor mayor se ha caído y se ha roto una pierna. Por suerte no le pasó nada más, pero imagínate que susto. Y bla, bla, bla...».

Y así habla y habla de alguien que en realidad ni menciona, pues esta persona lo que más desea es impresionarnos con los detalles de lo sucedido. Cuando finalmente hace referencia al nombre de la persona a la que le ha sucedido todo lo anterior (a Pepito), el oyente, por lo general, exclama:

«¿No me digas que le ha pasado eso a Pepito? No podía suponer que hablabas de él ¡Haberlo dicho antes!».

Esta persona se habrá encontrado bastante perdida durante el relato anterior, puesto que no ha tenido una imagen concreta a la que hacer corresponder esos detalles. Su mente solo habrá prestado atención al final, a la persona de «Pepito», es decir, a la imagen protagonista de la que cuelga todo el relato. Debido a esto, todo lo que haya estado escuchando sobre Pepito quedará ahora borroso en su recuerdo, pues el subconsciente centrará toda su atención en Pepito despreciando casi todos los detalles anteriores. Por este motivo no es de extrañar que la persona que escucha pida generalmente que le aclaren otra vez todo lo sucedido.

Imaginemos otro ejemplo. Si alguien se incorpora tarde en una conversación ya empezada y no está enterado sobre quién están hablando (como en el ejemplo anterior), si tiene interés en ella, como se sentirá perdido, tarde o temprano interrumpirá con algo así:

«Parar, parar un momento, que yo me entere. ¿Pero de quién estáis hablando?».

O bien con otra frase similar a esta:

«¡Anda! Si resulta que estabais hablando de Jaimito! ¿Pero qué Jaimito?¿El de la churrería?».

Al igual que en el caso anterior, de repente habrá perdido casi toda la información que previamente había escuchado sobre esa persona, la habrá perdido (o, al menos, la sentirá muy lejana en su recuerdo) pese a haberla escuchado solamente unos segundos atrás, debido a que como lo que le llama tanto la atención a nuestro subconsciente es su protagonista final (Jaimito), este se «lanzará en tromba» a por su imagen, despreciando el resto. En efecto, el subconsciente se centra con tanta fuerza en la imagen protagonista que olvidará mucho de lo que de él se ha mencionado. Por otra parte, el oyente no estará centrado mientras escucha la conversación, pues no sabe a quién adjudicarle esos datos que va escuchando, no sabe dónde «colgarlos».

Pues bien, en muchos idiomas tiende a suceder lo mismo que en estos ejemplos. Si sus construcciones gramaticales omiten inicialmente la imagen, el protagonista, facilitarán el despiste del receptor de la información. Permíteme que te ponga otro ejemplo. Si yo te dijese:

«Me lo compré ayer. Es grande y bastante caro, pero es muy rápido y por eso me gusta mucho y ha merecido la pena. ¿Sabes una cosa? También es costoso de mantener y me ha costado bastante conseguirlo. Por cierto, es de color negro».

Si yo te cuento todo lo anterior de esa manera, sin duda estarás perdido y no sabrás de qué estoy hablando. Seguro que algo similar te ha sucedido en alguna ocasión y entonces pensabas:

«¿Pero de qué me está hablando este?».

Indudablemente, con el relato anterior sentirás una incertidumbre que tendrá el efecto de machacar precisamente esa propia información que estás intentando hacer tuya, motivo por el cual apenas conseguirás recordarla, ya que la información anterior es en realidad un conjunto de datos pertenecientes a algo mucho más importante que se ha omitido en ella, una imagen de la que no tienes ni idea. Por este motivo estarás perdido fotográficamente, dado que solamente habrás escuchado los adjetivos de algo que se mantiene en la incertidumbre.

Imagina que te dijese que anteriormente estaba hablando de un caballo. Más de un lector pensaría que estaba describiendo un coche, y posiblemente un coche deportivo. Pero al ver ahora que se trata de un caballo, dicho lector posiblemente me diría, si estuviese delante:

«¡Ah, que me estabas hablando de un caballo! No me lo imaginaba».

Y de modo similar, otros lectores podrían decirme:

«¡Anda! Si resulta que me estabas hablando de un caballo. Pensaba que te referías a que te habías comprado un coche. Pues haber empezado por ahí».

Lógico, ¿no? ¿Verdad que esto nos ha sucedido a todos más de una vez? Sobre todo con la gente que cuando habla suele dar muchos detalles y apenas hace referencia a lo más importante, a la imagen protagonista. Con ello, lo que se consigue realmente es que los oyentes se pierdan, que se desconcentren y que su imaginación les haga irse a otro sitio como resultado de un instinto de supervivencia, el cual, invariablemente, surgirá ante el relato de cualquier aburrida película similar a esta que no aporte ninguna imagen donde referenciarse y que mantenga una intriga sostenida sin razón de ser.

Si a continuación le digo a mi lector que me repita todos los datos del caballo al cual he hecho alusión unas líneas atrás, es probable que le cueste bastante hacerlo, a pesar de que acaba de leerlos. ¿Quieres intentarlo?

* * *

En realidad, en este caso no sería demasiado difícil que me los repitiese, ya que solamente hace unos pocos segundos que los leyó y también porque le he dado muy pocos datos de él, los cuales están además relacionados con cierta lógica (no mantienen una relación pura entre sí).

Pero ¿qué sucedería si estuvieses leyendo un libro o un informe que estuviese construido de la misma manera? Pues pasaría que, tras su lectura, toda la información leída quedaría muy lejana en tu memoria, en tu recuerdo, debido a las causas que ya hemos explicado.

Obsérvese que no estamos hablando de mantener la atención como sucede en el cine con algunas películas de suspense, sino de encontrar la mejor manera de poder repetir una información tras escucharla una vez, de forma que se pueda memorizar fácilmente. De hecho, estas películas tienen que estar muy bien diseñadas para que los espectadores no se desesperen y se aburran. Cuando al final se desvela el misterio, puede sucedernos que, de repente, muchas cosas de las que sucedieron en la película nos parezcan especialmente lejanas en nuestro recuerdo.

Evidentemente, nada más terminar de verla nos podremos acordar de muchos detalles, pero estos tenderán a desaparecer muy rápidamente de nuestra memoria, ya que nos encontrábamos bastante perdidos mientras la veíamos. Pruebe el lector a recordar una película de intriga y otra que se desarrolle con mucha lógica, de forma que en este último caso unas escenas puedan dar pie a las que vengan a continuación. Evidentemente, observará cómo le será mucho más sencillo recordar y contar esta segunda película a otra persona. Pues bien, lo mismo nos sucederá si estamos leyendo un temario con la idea de memorizarlo.

Fíjate en que si ahora invierto el proceso anterior, es decir, si lo primero que hago es centrar fotográficamente a mi oyente (en este caso a mi lector) y después le aporto todos los detalles, la cosa cambiará radicalmente. El receptor de mi mensaje estará atento y concentrado todo el tiempo, y entenderá perfectamente la información, de forma que es casi seguro que podría repetírmela después con toda facilidad y seguridad. Así, la información anterior sobre el caballo fantasma mejoraría expuesta del siguiente modo:

«Te voy a hablar de un caballo que me compré ayer. Es grande y bastante caro, pero es muy rápido y por eso me gusta mucho. ¿Sabes una cosa? También es caro de mantener y me ha costado bastante conseguirlo. Por cierto, es de color negro».

Esta información transmite la misma idea, pero por un orden bastante más lógico que la anterior, pues obedece a la importante regla ya mencionada de hacer referencia primero a aquellas cosas que podemos visualizar.

No obstante, aunque la información anterior está claramente mejorada, todavía tiene ciertos defectos que harían que igualmente fuese difícil de repetir. Imaginemos lo que sucedería si tuviésemos que estudiar largos textos con estos defectos de orden.

La manera correcta de expresar la información anterior sería haciendo referencia en primer lugar a aquellas cosas que podamos visualizar, dejando para el final las que no podamos visualizar y las que nos sean más difíciles de imaginar. De este modo, si yo te dijese ahora:

«Te voy a hablar de un caballo que me compré ayer y que me ha costado bastante conseguirlo. Es grande, de color negro y muy rápido, por eso me gusta mucho. Pero ¿sabes una cosa?, también es bastante caro y costoso de mantener».

Como puede comprobarse, estoy repitiendo la misma información pero mencionando en primer lugar la parte protagonista: la imagen del caballo, algo que se puede visualizar fácilmente y cuyo efecto será que el receptor de mi información esté centrado desde el primer momento en él y sabrá que le voy a hablar de ciertos detalles que atañen a los caballos, pudiendo intuir algunas cosas de las que le cuente a continuación (hay pocas intrigas).

Cuando cuelgo los adjetivos en la imagen diciendo:

«Es grande, de color negro y muy rápido»,

obsérvese que primeramente hago mención a lo que se puede visualizar e imaginar mejor. Es fácil visualizar algo *grande* (será por tanto el primer adjetivo), bastante más difícil será visualizar algo de color *negro* (por eso es el segundo adjetivo), y finalmente diré que es *rápido,* porque esto sí que no se puede visualizar.

Por este orden será mucho más fácil memorizar texto y estar concentrados en él, lo cual no nos sucedería si nos encontrásemos desorientados desde el primer momento (quizá andaríamos pensando aún en si es de gasóleo o de gasolina).

Así, y resumiendo, tras las imágenes siempre daré primero aquellos detalles que se puedan visualizar mejor (caballo grande y negro) y, finalmente, lo haré con aquella información que sea más abstracta. Ante la igualdad expondré en primer lugar aquellos detalles que correspondan a ideas más amplias o generales.

Si no mantenemos este orden y damos los detalles aleatoriamente, cuando a mitad de la información aparezca un detalle visualizable, nuestro subconsciente se centrará en él exclusivamente y machacará toda la información inmediata anterior que no hayamos podido visualizar, haciéndola caer en un rápido olvido.

Recuerda que nuestra mente se centra en las imágenes, especialmente en aquellas que le llamen poderosamente la atención.

Aplicando estas ideas a la construcción de la lengua ideal, resulta que el idioma inglés, entre otros, tiene una clara desventaja en el orden de los datos, y es que en este idioma los adjetivos aparecen delante de los sustantivos, lo cual dificultará la retención de la información por la desorientación que producirá en el receptor, tal y como ya hemos explicado, pues las imágenes (sustantivos) vendrán dadas después.

Un inglés nativo no será muy consciente de esto, puesto que siempre ha leído y estudiado con un orden que él considerará lógico, y posiblemente creerá que su lengua no tiene ningún inconveniente en este sentido. No obstante, sí que lo tiene, y será más difícil memorizar o recibir información de textos escritos en inglés que si estuviesen escritos en otro idioma en el que los adjetivos calificativos fuesen detrás del sustantivo, es decir, detrás de las imágenes principales a las que describen.

Si algún lector tiene alguna duda sobre esto, puede escoger cualquier texto sencillo (si quiere, un cuento) y colocar todos los adjetivos calificativos delante de los sustantivos. Después debe tratar de leerlo, y comprobará en el acto cómo se siente incómodo de ese modo. Si intenta contar un cuento así a un niño, será más probable que este se le despiste. Por supuesto que también se pueden contar cuentos a los niños ingleses, y sin duda recibirán toda la información, pero será a costa de un mayor esfuerzo de su subconsciente.

Dicho esfuerzo será aún mayor para aquellos estudiantes a los que les cuesta concentrarse, siendo más probable que tengan mayores dificultades que otros, tanto para mantener su atención como para su posterior comprensión y memorización.

No obstante, el idioma inglés tiene una ventaja muy importante sobre el castellano y otras lenguas similares, la cual consiste en el uso de su típico genitivo. En el idioma castellano nosotros decimos: «La casa de Antonio», y los ingleses dirían: «Antonio, su casa».

Observa que, de este modo, en castellano diríamos:

«La casa, el perro, y la moto de Antonio».

En cambio, los ingleses dirían:

«De Antonio su casa, su perro y su moto».

Puede observarse que, gracias a la información ordenada al estilo inglés, ningún oyente estará perdido, y todos sabrán que el emisor de la información va a transmitir una información que concierne a Antonio. El oyente estará centrado y prevenido, y como resultado de ello entenderá la información de manera más clara y lógica, y por supuesto con mucho menos esfuerzo, requiriendo además una menor concentración por su parte.

En cambio, en el idioma castellano sí aparece esta información de manera ilógica, es decir, la imagen principal de la cual se está hablando figura en último lugar, por lo que no sabremos de qué se está hablando.

Recibir datos sin saber de qué se está hablando es bastante molesto, aunque haya un desfase de un solo segundo y parezca que solamente sucede con alguna frase de vez en cuando. Una persona que lea mucha información mal ordenada podrá sufrir una sobrecarga de desinformación, pues se somete a muchos pequeños errores de orden, y tras terminar de leer sentirá que no se ha enterado de casi nada. En cambio, si la información está correctamente ordenada, podremos recordarla con prácticamente leerla una sola vez, tal y como demuestro en mis cursos presenciales.

A propósito de recibir datos sin saber de qué se está hablando, observa este último ejemplo para que veas lo molesto que es:

—*«¿A que no sabes de lo que me enteré el otro día en la carnicería? Una auténtica desgracia, ¿tú crees? ¡Para haberse matado!».*

Y tú le contestas:

—«*¿Pero qué ha sucedido?¿De quién me estás hablando?*».

Solo tienes dudas. Esta persona te replica a continuación:

—«*Te lo voy a contar. Pues resulta que el otro día iba a la carnicería a comprar un pollo para cenar, pues tenía invitados en mi casa para celebrar lo de mi hijo. ¿Te acuerdas? Ese que te dije que había hecho el lunes un buen examen y que estaba pendiente de recibir una beca...*».

Como primero estás recibiendo los detalles menores que ahora no te interesan, tú seguirías pensando:

—«*Sí, ¿pero qué ha sucedido?*».
—«*Pues bien, como te decía, resulta que me encuentro en la cola de la carnicería a la Encarna, y me dice que, paseando el otro día por la calle Mayor, de repente oye un estruendo a sus espaldas y ve a una persona en el suelo que se acababa de caer de unas escaleras y se había roto una pierna. ¡Imagínate qué susto! Por suerte no le pasó nada más, pero figúrate qué situación tenía la pobre cuando lo ve a él.*»

Y mientras el oyente está pensando en cómo eliminar al verdugo que tiene delante, finalmente escucha:

—«*¿Y a que no sabes de quién se trataba?*».
—«*No, pero lo estoy esperando desde hace diez minutos.*»

Etcétera. No continúo porque no quiero someter a más tortura a mi querido lector. Esto se trata de un ejemplo real, y aunque quizá lo haya exagerado un poco, simplemente deseo demostrar cómo el hecho de mantener intriga en la recepción de una información solamente servirá para producir en el receptor una falta de concentración (por saturación de esta) y diversos bloqueos, como el de la memoria.

Después de la «información» anterior, el oyente solamente se habrá quedado con el nombre de la persona protagonista y con el hecho de que esta se ha roto una pierna. No podrá retener más datos, y como mucho le sonará también la palabra «carnicería», curiosamente porque esta corresponde a una imagen que se puede visualizar fácilmente.

Recuerda que si la información importante aparece al final producirá un aplastamiento de toda aquella que le precede.

Obsérvese ahora que, cambiando el orden de la información anterior, se puede conseguir que el oyente se entere de todo (incluso del rollo), mostrando además interés e iniciativa. Para ello tendremos que saciar fotográficamente al receptor lo antes posible, hablándole al principio de aquellas cosas más importantes que se van a desarrollar a continuación y de aquellas que correspondan a imágenes claras. De este modo dejemos para el final del relato aquellos detalles menos importantes y que a su vez sean más difíciles de visualizar o de imaginar.

Véase, por tanto, la diferencia si el emisor contase su relato de este modo:

—«¿*Sabías que el otro día Jaimito, el de la churrería, se cayó de unas escaleras y se rompió una pierna?*».
—«¿*No me digas? No lo sabía. ¿Y le pasó algo más?¿Cómo está?*»

Es evidente que en este caso hemos enviado una información muy clara y fácilmente visualizable, logrando despertar el interés del receptor. Esta persona estará ahora muy concentrada y podrá seguir sin esfuerzo todo lo que escuche a continuación, siempre que sea en un orden adecuado. De este modo, tras oír la información una sola vez podría repetirla con mucha facilidad, ya que habrá captado perfectamente la idea general en forma de una secuencia lógica. Obsérvese la importancia de lo que estamos diciendo a la hora de elaborar un resumen que tuviésemos que estudiar o exponer.

—*«Se encuentra bien, y aunque podía haberse matado; por fortuna, no le pasó nada más.»*

Incluso sucede ahora que nuestro receptor, una vez saciado (pues ha recibido y comprendido toda la información importante), empezará a interesarse por los detalles menores:

—*«¿Y cómo te has enterado de eso?».*
—*«Me lo dijo el otro día Encarna.»*
—*«¡Ah, sí, Encarna! ¿Te encontraste con ella?»*
—*«No, la vi casualmente en la carnicería.»*

Seguimos despertando el interés y la iniciativa del receptor, justamente al contrario que sucedía en el primer relato.

La información será finalmente la misma: el nombre del accidentado, la caída de las escaleras, la rotura de la pierna, la carnicería, etc. Incluso tras ella, es muy probable que el receptor pregunte más cosas a su amigo y que este le hable de la beca de su hijo y de otras cosas más, pero todo habrá sido gracias a haber mantenido el orden adecuado de los datos en la exposición, despertando al mismo tiempo la concentración y el interés del oyente.

Así, nuestro receptor podrá recordar perfectamente toda la información recibida, incluso los detalles menores (como la compra del pollo), pues ninguna información habrá sido machacada por otra más importante que haya sido citada con posterioridad.

También ganarán ambos en amistad, incluso nuestro receptor tendrá una buena sensación de esa charla cuando se despidan y considerará a su emisor como una persona sincera.

Por el contrario, tras la primera conversación no sabría qué contarte al respecto. Quizá, si ambos volviesen a encontrarse de lejos, el receptor se daría la vuelta y se iría por otro camino. Nunca se sabe.

Como resumen de lo dicho anteriormente, y con relación al orden de las palabras dentro de las oraciones, un idioma ideal usaría los *genitivos,* ubicaría los *adjetivos siempre detrás de los sustantivos* y dispondría los *verbos también tras los sustantivos,* pero lo antes posible, no al final de las frases, tal y como sucede con el alemán.

Sobre la gramática

Si un país posee un idioma con una *gramática difícil,* y si además la mayoría de sus habitantes no hablan inglés, la lengua más importante del mundo, siempre existirá una barrera que hará que muchas personas extranjeras se muestren reacias a visitarlo, pues comprobarían que aprender ese idioma les supondría un gran esfuerzo, y además tendrían un riesgo continuo de quedarse incomunicados durante su visita, ya que en dicho país solamente se hablaría esa difícil lengua. Por otra parte, ¿para qué estudiarla si casi nadie la habla?

Por el contrario, si un país tiene una lengua creada con lógica y que sea sencilla de aprender, y si además la mayoría de sus habitantes hablan de forma aceptable el inglés (y cuantos más idiomas, mejor), el resultado no puede ser otro que el de un país próspero y con atractivo para los turistas. Primero porque pensarían que les resultaría sencillo aprender esa lengua, y eso les motivaría a aprenderla, y segundo porque si tuviesen alguna dificultad o contratiempo, como la gran mayoría de los nativos sí hablarían inglés, siempre tendrían la posibilidad de comunicarse con alguien. Indudablemente, el uso del idioma y la posibilidad real de comunicación a gran escala, son focos atrayentes del turismo que todos los países deberían fomentar.

Según lo expuesto anteriormente, tantas excepciones gramaticales absurdas y sin sentido, las cuales abundan sobre todo en las conjugaciones de los verbos de muchos idiomas, y que fueron elaboradas en su día por «técnicos especializados» y otros «eruditos», deberían ser suprimidas de los idiomas y no enseñadas en las escuelas, pues no sirven para nada positivo.

Así, si para conjugar en castellano el pasado del verbo **«cantar»** decimos **«yo canté»,** y para el verbo **«mandar»** decimos **«yo mandé»,** de igual modo deberíamos decir, para el pasado del verbo **«andar»,** **«yo andé»,** lo cual es mucho más lógico y coherente (y también más utilizado) que la estupidez oficial de **«yo anduve»,** expresión esta resultante de la conclusión de algún «experto» o «expertos» con poderes para ello, que ese día no usaron demasiado su cerebro. Curiosamente, al que diga «yo andé» se le considerará una persona inculta o poco preparada, y al que concluyó que debería decirse «yo anduve» se le considera un experto bien preparado. ¡Con qué facilidad se cambian los papeles!

Para algunas de las personas acostumbradas a la conjugación «adecuada» del verbo «andar» quizá les pueda resultar un poquito más difícil de entender lo que estoy diciendo, pero del mismo modo sucedería si conjugásemos los pasados de los verbos similares a «andar» eligiendo este modelo. Así, si decimos **«yo anduve»,** deberíamos decir también **«yo cantuve»,** o **«¿**les **manduvisteis** vosotros que **cantuvieran** esa noche?».

Lo mismo podríamos decir para otros verbos. Así, si para **«estar»** decimos «yo **estuve»,** para el verbo **«restar»** deberíamos decir «yo **restuve»,** o **«¿**restuviste esa cantidad de la factura?».

Suena sumamente ridículo, ¿verdad? Pues lo mismo sucede con otros muchos verbos. Pensemos en lo que le sucede a un niño pequeño que está aprendiendo castellano. Enseguida, y por instinto, conjugará todos los verbos del mismo modo. Los hará todos regulares, y a no ser que todos los instintos naturales de todos los niños estén equivocados, concluiré que va contra toda lógica y natura el tener y mantener actualmente esas irregularidades, las cuales solamente sirven para retrasar el aprendizaje de los niños y de los extranjeros que deseen estudiar nuestro idioma, y aportará un granito de arena para una posible frustración escolar. También aportará su granito de arena para que existan adultos aparentemente «medioanalfabetos» que no sepan hablar ni escribir correctamente, curiosamente debido a que no han «estudiado» esa lengua el tiempo suficiente, y por tanto no han podido cambiar su instinto natural, el lógico (el mismo que poseen los niños), por otro artificial declarado oficial.

Por citar un último ejemplo, en castellano tenemos la palabra **«atmósfera»,** de modo que se pronuncia «at*mós*fera» (para que se aprecien mejor los ejemplos voy a destacar la sílaba tónica, aquella que recibe la fuerza de la pronunciación). De igual modo que las capas de la atmósfera se denominan «estrato*sfera*» (sin acento y pronunciando con fuerza en la sílaba «*fe*»), «tropo*sfera*», etc., debería decirse «atmo*sfera*», y así todas estas palabras tan similares obedecerían a una misma regla lógica (del mismo modo que se dice «atmos*férico*», «estratos*férico*»...). Es decir, o las acentuamos todas: «at*mós*fera», «tro*pós*fera», «estra*tós*fera», o no. ¿En qué quedamos?

Pero para mi sorpresa, y para la de muchos, actualmente la Real Academia de la Lengua Española admite tanto «at*mós*fera» como «atmo*sfera*» (como puede comprobarse fácilmente en su página web), lo cual supone, bajo mi entender, tapar una falta con otra mayor, pues es ilógico que una palabra se pueda escribir y pronunciar de dos formas distintas y que ambas sean consideradas como válidas. Dicho de otro modo, podremos elegir entre acentuar o no algunas palabras para las que existe una bula especial, y si las pronunciamos cada vez de una forma distinta no sucede nada tampoco. Pero esto solamente puede hacerse con algunas, claro. Si nos cuesta entender esto a nosotros, ¿les costará a los extranjeros que estudien nuestra lengua?

NOTA: Desde luego que todos los idiomas tienen algún tipo de irregularidad innecesaria como las de los ejemplos mencionados.

En vez de permitir este tipo de arbitrariedades en el lenguaje, este se debería definir claramente por la lógica, eliminando las excepciones y unificando gramaticalmente todas aquellas palabras que tengan los mismos padrones de construcción.

¿Y por qué no cambiar esto desde ya? Todas las lenguas están en evolución y cada vez se introducen palabras nuevas mientras otras caen en desuso.

Ya que las Reales Academias de las Lenguas se van adaptando (aunque muy lentamente) a los tiempos que corren, no tiene sentido mantener trabas y dificultades ilógicas e insensatas que dificulten a las personas el aprendizaje de algo tan importante como es el idioma y la comunicación.

Si una lengua fuese sencilla de aprender, no solo las personas nativas podrían expresarse, estudiar, comprender y memorizar mucho mejor (siendo, en definitiva, más cultas y eficientes), sino que se despertaría además el interés para estudiarla por parte los nativos de otros países. Sería atrayente para ellos porque comprobarían que se trata de una lengua sencilla, con mucha lógica y carente de irregularidades y complicaciones absurdas.

Realmente, esto es algo mucho más importante y profundo de lo que pudiese parecer a simple vista, pues un idioma ejemplar pertenecerá a un país ejemplar e inteligente, y sin duda fomentaría su estudio (junto con el de la cultura de su población), el turismo, el interés por los productos nacionales, y desde luego la fama en todo el mundo.

CAPÍTULO 22

Sección de ayuda

⚮

ESTA sección tratará de ayudarte si tienes algún problema o alguna dificultad, respondiendo para ello a las dudas más frecuentes que pueden plantearse a los lectores de este libro. Las dudas o preguntas más usuales son las siguientes:

1. **Creo que me falta capacidad para aprender un idioma.**
   Olvídate de esto y de tus experiencias pasadas, pues es seguro que no te falta ninguna capacidad.

   ¡Y no quiero discutir más sobre este asunto!

2. **Posiblemente me falte imaginación para asociar y poder adquirir todo el vocabulario.** Por supuesto que no estoy de acuerdo en absoluto. Todas las personas tienen la suficiente imaginación y capacidad para ello. Esa sensación que observas es porque te está sucediendo al menos una de estas circunstancias:

   a) **Eres demasiado perfeccionista y buscas una palabra sustitutiva perfecta.**

   SOLUCIÓN: Las palabras «perfectas» que han de sustituir al vocabulario extranjero no existen. Busca solamente pequeños indicios, pequeñas aproximaciones. Te será suficiente, y a medida que ganes en práctica cada vez necesitarás esforzarte menos, en cuanto a que todas las transformaciones de palabras que realices, aunque te parezcan débiles, te funcionarán perfectamente, pues tu potencial mental crecerá mucho gracias al desarrollo de la imaginación que habrás conseguido con lo trabajado.

b) **No estás usando todos los recursos posibles para encontrar una palabra sustitutiva.**

SOLUCIÓN: Recuerda todas las posibilidades que teníamos:

b.1) Encontrar *una palabra que fuese parecida* a la del término extranjero. Es preferible que sus letras comunes sean el inicio de ambas palabras.

b.2) Construir *una frase sencilla* en la que, al menos de forma aproximada, entren los términos de ambos idiomas. Esta opción es muy interesante cuando tienes que traducir palabras cortas, como las preposiciones, conjunciones, preguntas interrogativas, etc.

b.3) Ampliar las palabras por *otras sustitutivas de mayor tamaño.* Por ejemplo, la preposición «de» podrías sustituirla por una palabra mayor, como «dedo».

b.4) Sustituir la palabra que te está dando problemas *por otra sinónima.* Puedes ver el ejemplo que hemos puesto con el término «aún» en el capítulo 12, dedicado a la orientación con los adverbios.

3. **¿Tendré que pensar siempre en las asociaciones inverosímiles cuando quiera recordar una palabra?**

No. Después de unos días de repaso (normalmente tres o cuatro), las palabras que hayas adquirido como vocabulario estarán asentadas en tu memoria de largo plazo, y entonces podrás disponer de ellas de forma espontánea.

4. **¿Cuál es la mejor forma de aprender idiomas difíciles como el chino, el japonés, el árabe, etc.?**

a) Primeramente aprende su pronunciación y olvídate de escribirlo. Verás que su pronunciación es tan sencilla como la de cualquier otro idioma.

Realmente puedes intercalar el aprendizaje de su escritura a los pocos días de empezar, pero hazlo solamente con cosas muy básicas y sencillas.

b) Una vez que sepas hablar el idioma, para escribirlo tendrás que aprender el alfabeto (puede que también tengas que asociar) y las reglas particulares de cada uno de ellos.

c) Si la traducción de alguna palabra incluyese varias de ellas, por tratarse de palabras muy largas (esto es válido para todos los idiomas), deberías mirar inicialmente la forma de descomponerlas en palabras básicas, las cuales posiblemente conocerás.

d) Para escribirlas te sería de gran utilidad un buen entrenamiento de la memoria y de la capacidad fotográfica en general, como el que realizan mis alumnos en los cursos de Internet con mis simuladores fotográficos de competición.

Esto es así, porque una memoria bien entrenada no tiene precio y te hará fácil lo difícil. No olvidemos, pues, desarrollarla, máxime teniendo en cuenta que con ella vendrá desarrollada por añadidura la capacidad para leer rápidamente, la imaginación, la capacidad para adquirir datos a mayor velocidad y el fortalecimiento general de nuestra mente, incluyendo una gran mejora de la autoestima, de la seguridad personal y de la confianza en uno mismo.

CAPÍTULO 23

Zona de control

∾

G RACIAS a esta sección, trataré de asegurarme que mantienes el orden correcto en la lectura de este libro. Su funcionamiento es muy simple:

Encontrarás unos cuadraditos que tendrás que ir marcando con un lápiz a medida que cumplas lo que se dice tras ellos.

◻ Cuando llegues al capítulo 7, rellena y completa las dos primeras casillas de todas las filas en cuya casilla derecha encuentres un asterisco; solamente esas filas. Piensa en alguna asociación inverosímil *durante cinco segundos* y escríbela en la casilla de la derecha (tras el asterisco), visualizándola a la vez en tu mente. Si tras esos cinco segundos no se te ocurriese nada, deja esa fila para otra vuelta y continúa traduciendo el resto del vocabulario básico (todas las tablas) sin entretenerte.

◻ Rellena completamente todas las filas de las tablas anteriores en otra vuelta (o en varias), suponiendo que tengas alguna pendiente (solamente las filas que tengan el asterisco).

◻ Lee el libro hasta el final, pero no puedes entrar en el capítulo 17 (los siete días de práctica) hasta que tengas todas las tablas del capítulo 7 completas.

◻ No rellenes las tablas del capítulo 7, las cuales hacen referencia a las «CONJUGACIONES ESENCIALES», hasta que llegues al séptimo día de práctica (capítulo 17).

Currículo

~

- Mentalista profesional, realizando exhibiciones desde el año 1980 hasta el día de la fecha. Actualmente, Ramón Campayo es poseedor de numerosos récords del mundo de memorización, tanto de velocidad como de fondo.

- Memorización de una cadena de 23.200 palabras en 72 horas tras oírlas una sola vez, recordando la posición exacta de cada palabra y su número de orden. (Ejemplo: ¿Cuál es la palabra n.º 18.327?) Contestó a 500 palabras escogidas al azar, con el resultado de 498 aciertos y dos fallos, en la exhibición realizada ante notario en las pruebas de selección del programa *Rompiendo Récords,* Barcelona, 1987.

- Memorización de 6 mazos de cartas de la baraja española (240 cartas en total) extendidas sobre una mesa (sin verlas, con los dos ojos vendados) tras oírlas una sola vez y de manera salteada. El tiempo de memorización récord fue de 18 minutos exactos, y consiguió recitar todas las cartas sin errores.

- Exhibición en directo, el día 4 de diciembre de 1998, en Madrid, en el programa de Televisión Española *¿Qué Apostamos?,* donde memorizó cinco mazos de cartas (sin verlas) con dos errores. En ensayos previos sin errores, y además batiendo el récord mundial de velocidad al lograr memorizar un mazo en 40 segundos (el récord Guinnes era de 43 segundos).

- Exhibición al memorizar (tras oírlas una sola vez y con los dos ojos vendados) las 84 fichas de tres juegos de dominó manteniendo el orden exacto de los dos dígitos de cada ficha (es decir, la ficha 3/5, por ejemplo, la distingue de la 5/3, aun siendo la misma), en ocho minutos. Prueba realizada en enero de 1999, en directo, en los estudios de la cadena de televisión T.V.A.

• Su récord personal con fichas de dominó es de siete juegos completos (196 fichas) en 18 minutos y medio, en las mismas condiciones que la prueba anterior.

• 15 récords mundiales de memorización rápida el día 9 de noviembre de 2003 conseguidos en Starnberg (Alemania) en cuatro pruebas distintas, una tras otra, en un intervalo de tiempo inferior a una hora. Los récords finales para cada prueba fueron:

a) Memorización en tan solo un segundo de un número decimal (7934625...) de 16 dígitos. Actualmente tiene 19 dígitos como récord mundial.

b) Memorización en tan solo un segundo de un número binario (10010110...) de 30 dígitos. Actualmente tiene 40 dígitos como récord mundial.

c) Memorización en tan solo dos segundos de un número binario 42 dígitos. Al día de hoy tiene 46 dígitos como récord mundial.

d) Memorización en tan solo tres segundos de un número binario 48 dígitos. Al día de hoy tiene 50 dígitos como récords mundial.

• Todos estos récords los va superando poco a poco en cada competición, y en todas las pruebas que realiza bate alguno de ellos, ya que sus marcas personales son muy superiores a los récords del mundo homologados que posee.

• Asimismo, cuenta con haber memorizado de forma ordenada un número de 1.000 dígitos en 15 minutos, guías de teléfono, signos raros, gamas con infinidad de colores, reconocimiento de personas con su D.N.I., libros de todo tipo, etc.

• Su velocidad de lectura es superior a las 2.500 palabras/minuto, equivalente a más de diez veces la rapidez de un estudiante universitario.

• Es miembro de la Sociedad Internacional «MENSA», y tiene un C.I. de 194 puntos en la escala de Cattell, uno de los cocientes intelectuales más altos del mundo.

• Como especialista en técnicas de estudio, lectura y memorización, prepara a multitud de estudiantes y opositores, enseñándoles también los secretos que rigen nuestra mente, los cuales obtienen unos brillantes resultados gracias a sus cursos.

• Hipnoterapeuta, ejerciendo la hipnosis clínica desde 1992. Aparte de los tratamientos que realiza, sus conocimientos le permiten preparar psicológicamente a todos sus alumnos, los cuales aprenden las mejores técnicas dirigidas a obtener un máximo control de su cuerpo y de su mente. Mejoran rápidamente su autoestima y su positivismo, y aprenden a eliminar todo tipo de miedos y de temores, como, por ejemplo, los que poseen la mayoría de los estudiantes ante los exámenes.

• Realiza frecuentes apariciones en distintas cadenas nacionales de televisión, principalmente en TVE, Antena 3 TV y Canal Satélite Digital, así como en las autonómicas Visión 6, T.V.A. y Canal Castilla-La Mancha. También a través del Canal Satélite Internacional y en otros programas del continente americano, tales como *Despierta América.*

• Otras apariciones suyas son para diferentes programas de radio de distintas emisoras internacionales. En España habla principalmente en espacios de Radio Nacional, Onda Cero y la Cadena COPE.